人性的弱点

HOW TO WIN FRIENDS AND INFLUENCE PEOPLE IN THE DIGITAL AGE

〔美〕戴尔·卡耐基◎著

刘颖◎译

中国出版集团

现代出版社

图书在版编目（CIP）数据

人性的弱点 /（美）戴尔·卡耐基著；刘颖译 . —北京：现代出版社，2019.1
ISBN 978-7-5143-7201-4
Ⅰ . ①人… Ⅱ . ①戴… ②刘… Ⅲ . ①心理交往－通俗读物 Ⅳ . ①C912.11-49
中国版本图书馆 CIP 数据核字 (2018) 第 144287 号

人性的弱点

著　　者：[美] 戴尔·卡耐基
译　　者：刘　颖
图书策划：王传丽
责任编辑：阎　欣
封面设计：吉冈雄太郎
出版发行：现代出版社
通信地址：北京市安定门外安华里 504 号
邮政编码：100011
电　　话：010—64262325　010—64245264（传真）
网　　址：www.1980xd.com
电子邮箱：xiandai@vip.sina.com
印　　刷：三河市宏盛印务有限公司
开　　本：880mm × 1230mm　1/32
印　　张：9.25
字　　数：223 千字
版　　次：2019 年 1 月第 1 版　2019 年 1 月第 1 次印刷
书　　号：ISBN 978-7-5143-7201-4
定　　价：38.80 元

成就此书的姻缘

20 世纪的前 35 年的时间里，美国共出版了 20 多万种图书。绝大部分书都是枯燥无味甚至是无人问津的，一点都不夸张，是绝大部分。全球最大出版集团的总裁曾说，虽然他们有着 75 年的丰富经验，还是面临每出版 8 本图书就有 7 本赔钱的问题。

你可能会问，出版业面临如此困境我为什么还要坚持写下这本书呢？我怎么能保证您能在 20 万种图书中拿起我的这本呢？

下面我就来回答您的这两个问题。

我从 1912 年开始，就为纽约的商务精英们上培训课，开始我教的是公共演讲。课程的主要目的是通过实践增强成年人独立思考的能力，便于他们在商务洽谈及公众场合更加清晰明朗地表达自己的观点。

随着课程的逐渐开展，我发现成年人欠缺的不仅是沟通上的技巧，他们在处理人际关系方面同样需要加强。

就在那个时候，我发现自己也非常渴望这方面的培训。回首往昔，我为自己待人接物的笨拙和同情心的缺乏感到羞愧。如果 20 年前我的面前能有这样一本书，那该有多好！我一定将它视作无价之宝。

人际关系是你我生活中面临的最大的问题，对于从商者，这点尤其重要。也许您是个家庭主妇、建筑工人或者工程师，无论您是做什么的，人际关系都无处不在。几年前卡耐基教学基金会出资做了一项调查研究，他们得出的结论后来被卡耐基科学技术学院加以证实。调查结果显示，即使是在以技术为主的岗位，比如工程行业，取得成功也只有15%是因为个人的专业能力，另外的85%是因为“人类工程学”，就是人格的魅力和领导能力。

多年来，我每个季度都会给费城的工程师和美国电气工程师协会纽约分会的会员们讲课，有大约1500个人参加过我的培训。因为多年来的工作经验让他们发现，他们中收入最高的工程师并不是专业能力最强的，所以他们向我寻求帮助。其实无论是工程师、会计师、建筑师还是其他行业，都是专业性很强的，有较强的专业水平都能顺利找到工作。但是如果想拿到高薪，除了较强的专业能力外，他们还需要具备表达能力、领导能力和激发他人热情的能力。

约翰·洛克菲勒在他人生最辉煌的时候曾经这样说过：“如果说人际交往能力是像糖或咖啡那样能够买到的商品，我愿意付出高于任何其他商品的价格购买。”

你也许会想，既然这种能力这么重要，那么在我们的大学校园应该设有培养这种能力的课吧？至少在我写这本书的时候，我还没发现有哪所学校开设了这个实用性这么强的课。

芝加哥大学曾联合美国基督教青年会学校发起过一项调查研究，他们研究的就是成年人渴望学到什么。这项历时两年的调查耗资2.5万美元。他们调查研究的最后一站选在了美国一个典型的小镇——康涅狄格州的梅里登市。这个小镇上的每个成年人都参与填写了一份有156个问题的调查问卷。问卷的问题涵盖从事的行业、接受过的教育、休闲方式、收入状况、业余爱好、职业规划、生活难题和渴望学习的领域等。最终的调查结果显示，成年人最关心的是健康问题，其次就是人际交往的问题，比如说怎样待人接物、怎样理解他人、怎样讨人欢心以及怎样让他人赞同自己的观点。

项目调查委员会最终决定就在梅里登市开设关于人际关系的课程。决定后他们就想找到一本合适的书作为教材，却一直没有找到，所以他们向成人教育领域的权威人士求助，询问有没有合适的书推荐给他们。权威人士答道："没有，我们知道成年人渴望学点什么，但是满足他们需求的书到现在还没出现呢。"

我的亲身经历证明他说的是实话，我曾花了好几年的时间想要找到一本关于处理人际关系的书，也一直没遇到。

由于市面上没有我想要的书，所以我决定自己亲自为我的课程编撰教材，这就是我写这本书的原因，真心希望您能喜欢。

在写这本书的前期，我做了大量的准备工作。我阅读了与这个课题有关的所有材料，包括报刊文章、民事诉讼案件记录、古哲学家文献和现代心理学家名著等。除此之外，我还聘请了一个能力超强的研究员，陪同我在各大图书馆补了一年半时间的被我遗漏的知识。我们潜心钻研心理学，查阅了上百本期刊文摘，研究了无数的传记，想要找到从古至今取得卓越成绩的领导们在人际交往中的独到之处。我们研读了所有伟人的生平事迹，涵盖范围从尤利乌斯·恺撒到托马斯·爱迪生，光是关于西奥多·罗斯福的传记我们就读了上百本。我们不遗余力地深入挖掘从古至今人们处理人际关系的实践经验。

我自己采访过多位名人，其中不乏举世闻名的各界领袖，包括马可尼、爱迪生等发明家，富兰克林·德拉诺·罗斯福、詹姆斯·法雷等政治家，欧文·扬这样的实业家，克拉克·盖博及玛丽·碧克馥等电影明星，以及包括马丁·约翰逊在内的探险家。我希望通过访谈的方式能总结出他们处理人际关系的技巧。

掌握了这些资料后，我准备了一次主题为"如何赢得朋友并影响他人”的小座谈，这个座谈后来持续了一个半小时。多年来，这个座谈一直在继续，我每个季度都会在纽约的卡耐基学院开展这个座谈。

我会时常提醒学员们在商务洽谈和日常生活中实践这些原则，然后在课堂上给我们分享他们的实践成果。学员们都将这些实践当成一种有趣的实验，这是他们第一次接受有关人性方面的实验，他们都跃跃欲试，享乐其中。

所以这本书绝不是简单的语言堆砌，而是像孩童成长起来般有血有肉，通过对世界的探知逐渐构建起来的。这些探索包含着上千名学员的亲身经历。

开始，我们将总结出来的经验印在小卡片上，但是很快小卡片已经装不下了。我们将小卡片扩大到明信片大小，接着又扩大到海报大小，又装不下了我们就做成了一个个小册子。这就是这本书的成长历程，它是历时十五年的试验与研究。

我们在此的经验之谈，绝不是纸上谈兵。这些经验能产生奇迹，我就曾目睹这些经验如何改变了人们的生活。

我举例说明一下。我有一个学员是名企业家，他手下有340名员工。多年来，他对员工毫不客气，常肆无忌惮地责骂员工，从未对他们表示过感谢，也没说过鼓励的话。在学习了本书中的经验之后，他的为人处世发生了翻天覆地的变化，公司面貌焕然一新，他的员工变得热情起来，团队合作紧密起来。他多了340个朋友，少了340个敌人。他引以为豪：“以前在公司里大家都不爱理我，看到我走近就扭过头假装没看见。现在我们是无话不谈的好朋友，连清洁工都敢直呼我的姓名了。”

这位企业家的事业如日中天，生活也越来越幸福。最主要的是他从家庭和工作中获得了比以往更多的快乐。

掌握了我们的技巧，销售人员的业绩能取得显著增长，那些曾拒他千里之外的企业也都变成了他的新客户。管理者的职责更多待遇更高了，其中有位管理者告诉我们，这些技巧给他带了提薪的机会。另一位费城天然气公司的管理者，在参加我们的培训时已经65岁了，他在培训前因为自己的强硬态度和领导能力的欠缺正面临着降职，培训后他成功摆脱了这一危机，还得到了升职加薪的机会。

每年我们的结业典礼上，都会有人过来特意告诉我，谢谢我们的培训，因为他们的伴侣自从参加了培训后，他们的家庭生活变得比以前愉快多了。

学员们对自身改变给他们带来的影响感到震惊，他们称之为奇迹。他们如此迫不及待地想要和我分享他们的喜悦，有时候都等不及第二天上课，周日就打来电话。

我们有一节课讲的技巧让一位学员如获至宝，和同学们讨论到深夜。凌晨三点，人们陆续离去，他还陷入思索中。他在那一刻似乎一下意识到了自己之前的种种不对，顿时觉得豁然开朗起来了，好像美好蓝图正在面前展开，那天他激动得一宿没睡。

是因为这名学员太过肤浅幼稚，才会对新观念这般痴迷吗？显然不是，他可是一位博学多才的艺术品经销商，也是当地的社会名流。他先后在两所欧洲大学里读书，能熟练使用三种外语。

在写这篇序言的时候，我收到了一封来信，这位德国贵族绅士的先辈曾在霍亨索伦王朝的军队中担任要职。他在横渡大西洋的游轮上给我写了这封信，字里行间都充满着兴奋与感激。

一位生长在纽约，拥有大型地毯工厂的富豪经销商说，他在14周里学到的东西比他在哈佛四年学到的还要多。可能你会觉得这种说法很可笑，不管你是怎么想的，我都想告诉你，这个功成名就、严于律己的哈佛毕业生是在1933年2月23日晚上，在纽约的耶鲁俱乐部当着600名听众说出这句话的。

哈佛大学著名教授威廉·詹姆斯曾经断言:"与人类所拥有的潜能相比，人们仍旧处在蒙昧阶段。人类的潜力只有很小一部分得到了发挥。换句话说，受自身习惯的影响，人类能力远远没发挥到极致。"

这本书的唯一宗旨，就是要帮助您挖掘您"与生俱来的各种能力"，帮助您最大限度唤醒您的潜能，让您从中受益。

普林斯顿大学前校长约翰·希本博士曾经说过:"我们教育的目的就是为了解决生活中遇到的问题。"

在您读过本书前三章后，如果并未觉得解决生活问题的能力有所增进，那么本书对您而言堪称失败。诚如赫伯特·斯宾塞所言:"教育的最大目的并非增进知识，而是增进行动。"

这本书，就是一本改变行动的书。

戴尔·卡耐基

1936年8月

阅读本书的九个提议

1. 如果想从此书中获益最多，有一项您要注意。这一点比书中的任何原则和技巧都重要。您一定要满足这个要求，不然就算给您一千条理论可能都毫无意义。满足了这一点，不需学习任何技巧您也可能成就自我。

这个要求指什么呢？指的就是强烈的学习欲望和你渴望提高自身人际交往能力的坚强决心。

学习的欲望怎样培养呢？需要你在日常生活中经常自我提醒，告诉自己这些原则很重要，它能带给你更丰富、更充实、更幸福、更能够实现自我价值的生活。反复提醒自己：“人际交往的能力决定了我的受欢迎程度，能够增强我的幸福感，让我找到自我价值。”

2. 阅读之前快速浏览全篇，大致了解本书结构。浏览完你可能有种想要马上通读全篇的冲动，请你克制一下自己，当然如果您把读这本书当作一种消遣除外。如果你读这本书的目的是提高自己人际交往的能力，那就请你静下心来仔细阅读。从长远看来，这样做能取得事半功倍的效果。

3. 在阅读过程中别忘了不时停下来思考，问问自己这些技巧在什么场合适用。

4. 随身携带一支笔，在阅读时标记出对自己有益的建议。如果你觉得这个建议十分重要，那就用下划线或者星号标记好。边读书边标记会让你读书的过程更加生动有趣，也有利于重温。

5. 我认识一位女士，她是一家大型保险公司的业务经理。十五年来她坚持每月浏览公司当月签订的保险订单。这些保单有很多内容都是重复的，她却坚持每月浏览所有订单。她为什么这么做呢？因为工作经验告诉她：书读百遍其义自现。这样做她就能将那些条款铭记于心。

在我花费两年时间撰写公共演讲方面的书时，我总会在写的过程中反复回头看，不然我就会忘记一些自己写过的内容，人的遗忘速度是挺可怕的。

所以，如果你想从本书中学到点什么，只匆忙地阅读一遍是远远不够的。通读本书后，最好每个月都能抽出点时间温习一下。建议您将这本书放在显眼的地方，有时间了就拿出来翻一翻，提醒自己的进步空间还很大。一定记住，只有不断地重温并实践，才能将理论转化为习惯。

6. 萧伯纳曾说过："人们要学的东西绝不是'教'会的。"他说得没错。学习是自愿的，人们在实践中学习。如果你想从本书中获益，就请你付诸行动，抓住每一个实践理论的机会。如果你不实践，过段时间可能就忘了。只有实践过的知识才能深深在你脑中扎根。

当然，本书中的建议不是在所有场合都适用。我在写书的过程中也意识到了这点，有些时候实践起来还是有难度的。你生气的时候，发火和指责别人要比试着去理解容易多了；挑错也比夸奖要容易得多，因为我们习惯性地讲自己想要说的，而不是对方想要听的事。所以在你读本书的时候要提醒自己，你不是在学习知识，而是在给自己养成习惯，让自己形成一种全新的生活态度。这是需要时间的，更需要你持之以恒地坚持实践。

综上所述，请把这本书当成一本行为指南，经常翻阅。当你需要解决诸如怎样管教孩子、说服家人，或者如何挽留客户这些问题的时候，不要由着自己的性子，尝试一下这些技巧，看看它们能带给你什么。

7. 你可以和家人或者同事打个赌，每当你违反一个原则的时候，你就给他们 1 角或者 1 元钱，把牢记这些原则当成一个小游戏。

8. 有一次上课，华尔街一家银行的总裁和我们分享了他自我提高的方法。这个总裁没读过几天书，却成了全美最著名的银行家之一。他说他的成功取决于他独特的方法，我尽量用他的原话给大家描述：

“很多年以来，我都有一个习惯，就是记录我每天的日程。我的家人了解我，每个周六都留给我自己，他们知道我需要时间进行自我反省和自我评判。周六吃过晚饭，我就会打开日程本，回顾这一周所做的事，我会自问：‘我有哪些做得不好？’‘我哪些方面做得不错？’‘我怎样才能做得更好？’‘这次的经历我学到了什么？’”

“开始这样做的时候，我感觉很不开心，我为自己做过的很多事情感到懊恼。随着时光流逝，我懊恼的次数越来越少了，我真想拍拍自己的肩膀，给自己一个肯定，告诉自己做得很好。我一直坚持着做自我分析，注意自我教育。这个习惯改变了我，让我获益匪浅，比其他任何方法都有用。”

“我这么做自己的决策能力得到了很大提高，我的人际交往能力也取得了进步，所以我向大家强烈推荐这个方法。”

为什么不用这样的方法对待这本书呢？这样做能为你带来两大好处：

第一，这个学习过程充满乐趣而又让我收获颇丰。

第二，你会发现自己在人际交往上的能力飞速提高。

9. 请写下你的姓名、日期和你取得的进步，这些能激励你不断向前。过几年后，当你在某个深夜看到自己取得的进步，这是多么有意义的事啊！

总结：如果想要本书最大限度发挥作用，请记住以下九条：

（1）培养自己强烈的学习欲望；

（2）每章用心读两遍，再阅读下一章；

（3）阅读过程中经常思考，如何将理论应用于实践；

（4）标记重点；

（5）每个月抽空温习；

（6）把握每次将理论应用实践的机会，把这本书当成行为指南；

（7）将学习过程看成玩游戏一样轻松，让家人朋友参与其中，犯错了你就给他们 1 角或者 1 元钱；

（8）每周进行自我反省，回顾自己获得的——犯了什么错，有哪些提高，收获了什么；

（9）在本书的最后记录一下自己实践后的心得体会。

Contents | 目 录

Chapter 01

为人处世的基本技巧

Section 01

守住蜂箱采蜜甜

截至1931年5月7日，最为轰动纽约的大搜捕行动进入决胜阶段，数周搜捕过后，杀手“双枪”克罗利，那个不吸烟不饮酒的持枪歹徒走投无路，被困在位于西区大道的情人家里。

150名警察和侦探包围了他藏匿的顶楼。他们砍坏了屋顶，并试图用催泪弹把这个“弑警犯”熏出来。同时，他们把机关枪架设在四周的建筑上。之后有一个多小时的时间，手枪和机关枪的激烈交火声响彻了纽约这个幽静的住宅区。克罗利蜷蹲伏在厚重的沙发背后面，朝警察不断地开枪。上万名激动的百姓目睹了这场战斗。这种场面在以往的纽约街头从未发生过。

当克罗利被捕的时候，警察局局长马尔鲁尼宣称，这个双枪暴徒是纽约有史以来最危险的罪犯之一，“他杀人不眨眼”。

但是“双枪”克罗利是怎么进行自我评价的呢？我们知道他对自己的看法。因为当警察向公寓开枪的时候，他写了一封信《致有关人士》的信。并且当他写这封信的时候，鲜血从他受伤的左臂流下来，在信纸上留下了一道深红的血迹。在他的信中，克罗利这样说：“我的大衣下面装着一颗疲惫的心，一颗疲惫却善良——不会给任何人带来伤害的心。”

就在这不久之前，克罗利和女友在长岛的乡间小路上耳鬓厮磨。突然一名警察走上车前说：“请出示一下您的驾照。”

克罗利默不作声，拽出手枪朝警察连开数枪。当垂危的警官中枪倒地后，克罗利从车里跳出来，拔出警察身上的手枪，又朝倒地的警察身体开了一枪。这就是那个自称“我的大衣下面装着一颗疲惫的心，一颗疲惫却善良——不会给任何人带来伤害的心”的杀人犯的行为。

克罗利被判决处以电椅死刑。当他抵达星星监狱的时候，他是否说过：“这是我杀人的应得下场？”没有，他反而说：“这就是我正当防卫的结果。”

这个故事重点要说的是：“双枪”克罗利竟对自己的所作所为毫无忏悔之意。

你是否认为他只是众多罪犯中的个例？如果你这样认为，请你听听下面这一段：

“我穷尽毕生的美好时光为别人提供快乐，帮助他们度过美好时光，而我所得的却是辱骂，过着终日逃亡的生活。”

这句话出自阿尔·卡彭。没错，就是那个美国臭名昭著的全民公敌——芝加哥最阴险的黑帮头目。他从不曾谴责自己。事实上，他将自己尊为大众救世主——一个不被感激而又备受误解的大众恩人。

达基·舒尔茨在纽瓦克同黑帮火并命丧前也是这么自我评价的。达基·舒尔茨，这个纽约臭名昭著的卑鄙小人，在一家报社的访问中，将自己称为大众恩人。他对自己的这一称号深信不疑。

我与看守声名狼藉罪犯的星星监狱的典狱官路易斯·劳斯有很多次有趣的信件往来。他已在星星监狱工作多年，就这个问题，他说：“星星监狱里几乎没有人认为自己是坏人，他们和你我一样都是人。因此他们努力寻找借口为自己开脱，为自己辩驳。他们会告诉你他们为什么要撬开保险箱或者为什么会随时扣动扳机。他们中的大多数都尝试用一系列谬论或者合乎逻辑的借口，为他们那些反社会的行为辩解，气宇轩昂地坚持认为他们根本就不应该被送进监狱。”

如果阿尔·卡彭、“双枪”克罗利、达基·舒尔茨，以及监狱里关押的那些丧心病狂的罪犯都认为自己从没做错过什么，那么你我身边日常接触的普通人又怎能是个例外呢?

约翰·沃纳梅克是以他名字命名的连锁商场的创始人，曾经坦陈：“三十年前我便懂得责怪是愚蠢的行为。光是克服自己的种种缺点就已经让我足够忙碌了，哪里还有精力去抱怨上帝对每个人智慧分布不均。”

这个沃纳梅克很早就参透的道理，我自己却探索了几十年才领悟到——99% 的情况下，无论错得有多离谱，人们都不会责怪自己。

批评是没有用的，因为它会让人急于辩解，并通常会使人急于证明自己。批评是危险的，因为它挫伤人们宝贵的自尊心，削弱人的存在感，并且会引起人们的愤恨。

世界著名心理学家博尔赫斯·费雷德里克·斯金纳，通过实验验证了这一观点，即得到奖励的行为正确的动物比受到惩罚的行为错误的动物学习起来要快得多，在学习效率上也更高。之后进一步的研究表明这一结论同样适用于人类。批评不能带给我们永久的改变，反而常常会引起怨恨。

另一位心理学家汉斯·塞利也曾说过：“我们对他人的肯定有多渴望，同样的，对批评就会有多恐惧。”

批评所引发的怨恨只会使雇员、家人和朋友意志消沉，却依旧不能改变已经发生的状况。

俄克拉荷马州的乔治·约翰斯顿是一家工程公司的安全检查员。他的职责之一是监督在工地上的员工们无论何时都要戴好安全帽。他说每次遇到不戴安全帽的工人，他都会告知他们许多权威的规章制度，强制对方服从。员工虽然不情愿地接受了他的纠正，但通常他一离开，他的工人们就会立即把帽子摘下来。

于是约翰斯顿决定尝试着换一种方式。当他再发现部分员工不戴安全帽时，他就询问员工他们帽子是不是戴起来不舒服，或者尺寸不合适。然后他用令人轻松的口吻告知员工安全帽是用来保护他们远离伤害的，并建议他们在工作中要一直戴着安全帽。这样做取得的效果比以前好很多，工人们不满和抵触的情绪也都消除了。

在上千页的历史纪录中，批评无用的例子数不胜数。以西奥多·罗斯福和塔夫脱总统之间那次著名的争论为例，正是那次争论分裂了共和党内部，伍德罗·威尔逊趁机入主白宫，然后在第一次世界大战中留下了不可磨灭的痕迹，改写了历史的走向。让我们快速回忆一下那段历史。当西奥多·罗斯福在1908年入主白宫的时候，他支持塔夫脱当选了美国总统。随后罗斯福前往非洲猎狮。当他回到美国后，极其愤怒。他公开指责塔夫脱保守主义的执政方式。努力为自己谋得第三任总统职位的提名，组建了国家进步党，摧毁了共和党。在接下来的大选中，塔夫脱和共和党仅得到了佛蒙特州和犹他州这两个州的选票。共和党面临成立以来最为惨痛的失败。

西奥多·罗斯福责怪塔夫脱，那么塔夫脱是否自责呢？当然没有，他热泪盈眶地说道："假如一切再重来一次，我所做的不会和现在有什么不同。"

应该怪谁呢？是罗斯福还是塔夫脱？坦白说，我也不知道，并且我也不在乎。我所要强调的重点是，所有西奥多·罗斯福的严厉指责都没有让塔夫脱承认自己确实错了，结果反而使塔夫脱竭力为自己辩护，使其眼含泪花强调："假如一切再重来一次，我所做的不会和现在有什么不同。"

呃，让我们拿蒂波特山油田丑闻来说吧。在20世纪20年代初，这一事件震惊了全国上下，报社为这件事情抨击报道了多次。在一代人的记忆中，在美国大众生活记忆中，任何事件都无法与之相比。

这件丑闻的实情是这样的：当时，美国内政部长艾伯特·福尔，效力于哈定总统内阁，并负责埃尔克山和蒂波特山地区油田的开采招标项目，那些开采的石油是保留给海军未来使用的。谁知这位内政部长就此项目并未公开招标，他干脆把这份美差私下承包给了他的朋友——爱德华·多希尼。多希尼是怎么做的呢？多希尼给了福尔十万美元，他自己喜欢称这笔钱为“贷款”。然后，福尔带着专横的态度，命令海军陆战队进入该区，暴力驱赶附近的开采油田的竞争对手。在刀枪威逼下被迫放弃开采的商人们涌进法院，揭发了这一丑闻，至此蒂波特山丑闻天下大白。这一丑陋交易闹得满城风雨，摧毁了哈定政权。几乎瓦解了共和党。福尔也因此锒铛入狱。

福尔因此被舆论骂得狗血喷头——史上还没有哪个官员像他这样惨。他对此反悔了吗？丝毫没有！许多年后，赫伯特·胡佛在一次公开演讲中，暗示哈定总统是因为朋友背叛，才思虑过度离开人世的。当福尔夫人听到这些话时，从椅子上跳起来，紧握双拳哭喊道：“什么？哈定被福尔出卖了？根本不是！我丈夫从未出卖过任何人。就算是满屋黄金在眼前，都无法诱使他产生歹念。他才是被出卖的人，而你们却让他背上了违背道德的枷锁！”

你看吧，人性展露无遗。做错事的恶人，将所有的罪过都推给别人，却不知自我反省。我们都是一样。所以下一次，当你和我要批评指责别人的时候，让我们想一想阿尔·卡彭、“双枪”克罗利和艾伯特·福尔。指责就像是家鸽，它们早晚都会回来的。我们要清楚地认识到，我们要指正和批评的人们总会找借口为自己开脱，然后反过来责备我们；或者，就像绅士塔夫脱那样，会说：“如果一切重来，我不认为我所做的会有什么不同。”

1865 年 4 月 15 日清晨，亚伯拉罕·林肯躺在一家廉价公寓的走廊尽头的客房里，生命垂危。福特剧院位于公寓对面，林肯就是在那里遭到了约翰·沃克斯·布斯枪击。林肯那瘦长的身体斜卧在那张显短的床铺上，床头上方，悬挂着一幅罗莎·邦赫《马市》的廉价复制品，一盏破旧的煤油灯摇曳着惨淡的黄晕。

在林肯奄奄一息之际，斯坦顿部长说："这里躺着的是人类有史以来全世界最为优秀的领袖。"

林肯为人处世获得成功的秘诀是什么？我曾花了整整十年的时间研究林肯的事迹，并投入三年时间写作、修改终著成了《你所不了解的林肯》这本书。我已经竭尽全力对林肯做了详尽的了解和透彻的研究。我特别对林肯的与人相处之道做了深入的研究。他会批评别人吗？这毋庸置疑。当他还是个居住在印第安纳州彼金湾的年轻气盛的小伙时，他不仅当面批评别人，甚至还写信和作诗嘲讽别人。他故意把这些信丢在人们必经的乡村小路上，有一封信令对方记恨了他一生。其中的一封信带来了使林肯悔恨终生的严重后果。

在林肯成为一名职业律师，生活在伊利诺伊州的斯普林菲尔德之后，他还在报纸上公开抨击对手，为此差点被害死，但是他却屡次这样做。

在 1842 年秋天，林肯嘲讽詹姆斯·谢尔兹——一位自负而又好斗的政客。林肯给《春田时报》写了一封匿名信嘲讽他，文章见报，谢尔兹马上成为整个镇上的笑柄。这个敏感而自负的人被气得怒火中烧。他找出写信者后，跳上马背就要去找他，要求与他决斗。林肯本不愿打架，但他不得不硬撑下来以保存颜面。对方给他选择武器的权力。因为他的手臂较长，他选择了骑兵用的长剑，并向一位西点军校的毕业生学习剑术。决斗的那天，林肯和谢尔兹按照事先的约定来到密西西比河畔的沙滩，准备拼个你死我活。还好在紧要关头，他们各自的助手及时到达事发地点，阻止了惨剧的发生。

这是林肯一生中最可怕的私人事件。它也教会了林肯与人相处最宝贵的一课。他再也没有写信嘲讽别人，也不再取笑别人了。从那以后，他几乎从未因任何事情批评过任何人。

在美国内战期间，林肯先后任命波托马克军团的统帅——麦克莱伦、波普、伯恩赛德、胡克、米德统领全军，他们却相继惨败，林肯绝望地在房间里踱步。半数的国民都在指责这些将军能力不佳，然而林肯却秉承“不怨天尤人，宽容以待”的原则，对此始终一言不发。他最喜爱的格言之一是“不要随意论断他人，才不会被他人论断”。

当林肯夫人和其他人对南方叛军有所指责时，林肯回答道：“不要苛责他们。他们所做的不过是我们身处同样环境所做的。”

然而如果说只有一个人有资格去抱怨，那么这个人只能是林肯。让我们来看一看下面这个事例吧。

葛底斯堡战役爆发在1863年7月初的前3天里。7月4日晚间，罗伯特·李将军的部队溃败，一路向南撤退的时候，黑云密布，风雨交加。当罗伯特·李将军和残兵败将退到波托马克时，他发现他们的退路被湍急的河流挡住了。前有河流水位暴涨，后有手握胜券的追兵，他们陷入困境，无路可逃。林肯发现这真是个拿下这些残兵败将、结束战争的天赐良机。林肯发电报命令米德将军不要召开军事会议，立即出兵围剿，同时打去电话特别嘱咐必须火速采取行动，不得贻误军机。

那么米德将军是怎么做的呢？他竟然违背上级命令，私自做了决定。他不顾林肯的命令私下召开了军事会议。他犹豫不决，故意寻找借口拖延。在电报中他为自己寻找了诸多借口，解释不能直接出兵攻打李将军的原因。最后，波托马克河水位下降，李将军及其残余部队跨越波托马克河成功逃脱。

林肯气得暴跳如雷。“这到底是什么意思！”他咆哮着，对儿子大声嚷道，“我的天啊，你说他这是什么意思！敌人就在我们掌控之中，我们只需向前伸伸手指，他们就是我们的俘虏了。然而不管我说什么或者做什么都指挥不动这支军队。在这种环境下，几乎任何军人都能轻易打败李将军。要是当时我在现场，我自己就能消灭他们！”

在极度痛苦的失望中，林肯坐下来，给米德将军写下了这封信。要知道，这时的林肯在努力克制自己的情绪，注意自己的言辞，因此，在 1863 年林肯所写的这封信可以说是相当严厉的斥责了。

亲爱的将军：

我并不相信你能体会到李将军逃跑所引起的严重后果。本来他已经尽在掌握，如果我们蜂拥而至将他擒获，加上之前我们所取得的其他胜利，战争可能早已结束。现在呢，战争可能被无期限地延长下去。你在上周一都不能击败李将军，又如何以你手里那仅存的三分之二的极少兵力，在其渡河到南岸过后击败他呢？对此根本不能抱任何希望，现在我已经不再相信你能有所作为。你就这样错过了天赐良机，我对此感到极其失望。

你猜米德将军读到这封信会有什么反应？

其实米德从未读到这封信。林肯并没有寄出这封信。在他去世后，这封信被人们在文件堆里发现了。

我猜是这样的——当然，这只是猜想。在写完这封信之后，林肯望着窗外，对他自己说：“稍等一下。也许我不应如此草率，我坐在安静的白宫里命令米德进攻非常容易，但假如我像米德一样置身于葛底斯堡，如果我像米德一样在上周的一周里目睹着血流成河，如果我的耳边充斥着伤者和生命垂危的军人撕心裂肺的哭号，也许我也不会如此急于出兵；如果我像米德一样胆小怕事，或许也会像他一样犹豫不决。无论如何，水位已经下降了。寄出这封信，我固然发泄了自己的情绪，但这只会使米德为自己辩解。会使米德反过来责怪我。这样将会给我们之间带来不快，并且有损他作为指挥官的形象，甚至有可能迫使他离开军队。"

因此，正如我综上所述，林肯将信放在一旁。以往的经历告诉他，尖刻的指责和批评往往总是于事无补，毫无用处。

西奥多·罗斯福总统曾经说过，当他担任美国总统时，每当遇到棘手的难题，他常常往椅背上一靠，抬起头看着他在白宫办公的桌子上方那巨幅林肯画像，问自己"如果林肯和我处于相同的位置，他会怎样做，他会用什么办法解决这个问题"。

下次当我们想要训诫某人的时候，不妨先从口袋里拿出一枚五美元的钞票，看看钞票上林肯的照片，问问自己："如果林肯遭遇这个难题，他会怎么处理？"

马克·吐温也经常大发脾气，写信时火气大得能将信纸烧成灰烬。例如，他给一个激怒他的人写信说："你现在要做的是找来一张死亡埋葬许可证。你只要一张嘴说话，我就知道这张证明有用处了。"又有一次，他写信给一位编辑，信中他抱怨校对人员竟敢"改写我的标点和拼写"，他以命令的口吻写道"务必按照我的底稿把这件事情解决好，并且一定把我的建议深深刻在那个满脑糨糊的校对的脑子里"。

写完这些伤人的信件后，马克·吐温感觉好多了，这些信让他发泄了不满，不过这些信并没有给别人带来实质性的伤害，因为他的妻子偷偷把信从邮箱里拿了出来，一封也没寄出去。

你是否曾劝过某人改变自己，调整并提高自己？太好了！那真的太棒了。我非常赞同你的决定。但是你为什么不从自己开始改变呢？站在自私一点的立场来说，改变自己远比改变他人能更令你从中受益，并且这样做的风险会更小。孔子曾说过：“苟正其身矣，于从政乎何有？不能正其身，如正人何！”

我年轻时为了给人留下深刻的印象，曾经写了一封愚蠢的信给美国文坛的泰斗级人物理查德·哈丁·戴维斯。当时我正在给杂志写一篇关于作家的文章，我请求戴维斯和我谈谈他的工作方法。在那几周之前我刚刚接到一封别人的信，文章末尾附上一句“根据录音整理，未经本人审阅”。我被这句话深深吸引，感觉作者一定是个不寻常、忙碌的又非常重要的人物。我当时一点都不忙，但我急切渴望给戴维斯留下深刻印象，所以自以为是地在信末引用了这句“根据录音整理，未经本人审阅”。

他没有回信的苦恼。他只是简单地寄回我的信，在文末初附上一句：“你恶劣的态度已经超过了人类的承受范围，差到了极点。”的确如此，我的确是做错了事，我这是咎由自取。但是，作为人，我痛恨他这样对我。我一直痛恨着，直到十年后，我得知戴维斯离世的消息——尽管我羞于承认这一点，但他带给我的伤害仿佛就发生在昨天。

如果你我想激怒对方，对方的痛苦可能会一直持续至今后数十年甚至直到死亡。不管我们多么有理有据，对方都可能会怀恨在心。

与人相处时，请谨记我们不是在和理性生物打交道。我们是在和有情感、有偏见、会被傲慢和虚荣驱使的生物交往。

托马斯·哈代是英国文坛史上最耀眼的作家之一，却因为别人的责备而永远不再创作小说；面对尖酸刻薄的责备，英国诗人托马斯·查特顿结束了自己的生命。

本杰明·富兰克林年轻时拙嘴笨腮，之后却变得能言善辩，为人处世灵活的他被任命为美国驻法大使。他成功的秘诀是什么？他说：“我从不揭他人短处，我会赞赏所有人的优点。”

批评、指责和抱怨是愚蠢之人天生就会的，并且大多数人都会；而自我控制和理解包容却是对个人的最大考验。

卡莱尔曾说过：“从一位伟人对待小人的方式中可以看出他的伟大之处。”

鲍勃·胡佛是闻名世界的试飞员，飞行演习中总能看到他的精彩表演。然而，据《飞行操作指南》书中记载，有一次飞行表演结束后，胡佛像往常一样从圣地亚哥飞往洛杉矶，没想到在三百英尺的高空里，飞机的两个发动机突然间同时停止了运转。胡佛计上心头，他凭借多年的飞行经验成功迫降。飞机损毁相当严重，万幸的是机上乘客无一人受伤。

飞机停下来后，胡佛马上检查飞机的燃料。正如他所预料的那样，这架他所驾驶的“二战”时期的螺旋桨飞机被误加了喷气式发动机的燃油，而它本应使用汽油。

返回机场，胡佛马上叫来负责这架飞机的工人。那位年轻的工人正为自己致命的失误吓得瑟瑟发抖，胡佛刚一到他面前，就瞬间泪流满面。他的失误不仅导致一架造价高昂的飞机损毁，还差一点要了三个人的性命。

不难想象胡佛有多愤怒。工人原本以为这位战功赫赫、行为严谨的飞行员会将他痛骂一顿，但没想到的是，胡佛并未责怪他，甚至没和他说一句狠话。相反，胡佛搂着机修工的肩膀，对他说，“你要向我证明你再也不会犯这么愚蠢的错误了，明天起你为我的那架F-51服务吧。”

通常每个家长都试图去批评他们的孩子。可能你在等着我说“这样做不对”，我不会的，我只是有个小小的要求，请你在批评孩子之前，先读一下美国杂志上的这篇经典文章《父亲的忏悔》。它最早刊登在叫作《人类家园》的杂志上。经过作者许可和《读者文摘》缩编，我们将这篇文章转载在这里。

《父亲的忏悔》以其短小精悍的故事，表达了真挚的情感，在众多读者心目中引起了强烈的共鸣，深受大众欢迎，并成为经久不衰的经典作品。文章首刊之后，《父亲的忏悔》被一次次地重新刊登。作者利文斯顿·拉尼德表示："在全国上百家的报纸媒体上和几百种期刊中，这篇文章几乎被翻译成各国文字刊登。我个人授予上千个场所包括学校、教堂使用它，在讲座中使用它，这篇文章在法庭和电视节目中被屡次使用。在大学期刊上，高校的杂志上，这篇文章被一次次地重温。有时候，一篇短文也可以动人心弦。这篇文章就做到了这一点。"

父亲的忏悔

利文斯顿·拉尼德

请听我说，我的儿子：我说这些话时，你已经进入梦乡。脸蛋下面是你的小手，被汗水润湿弯曲的头发蜷在你的额头。我独自一人偷偷走进你的卧室。就在几分钟前，我还坐在书房里读报纸，我满心愧疚以至于坐立不安。所以此时此刻，我满怀愧疚地来到你的身边。

我的心头始终装着这件事，我的儿子：我责备你的穿着，因为你上学之前不好好洗脸骂你；我还因为你没有把鞋收拾干净骂你；当你把你的东西随意丢弃在地板上时我又骂了你。

吃早饭时我也在数落你的不是——你掉东西了，你狼吞虎咽，你把胳膊肘放桌子上了，你把面包上的黄油涂得太厚。当你吃完饭去玩的时候我正要赶火车，你转过身来，挥动小手冲我喊道："再见，爸爸！"我却愁容满面，回了你一句："站直了！别驼背！"

当天下午我又是这样。回家途中，我监视着你，你正跪在地上玩打弹珠的游戏，你的袜子上有好几个洞。我把你强拉回家，让你在小伙伴面前毫无尊严。“袜子很贵的！等你需要自己赚钱买的时候你就知道加小心了！”想象一下，我的儿子，这句话出自一个父亲之口！

你是否还记得？晚些时候我坐在家里读报纸，你小心翼翼地走过来，满眼的伤心难过。我抬起头看了你一眼，对你的到来显得很不耐烦。你在门口犹豫了一阵，而我却厉声责问：“你又有什么事啊？”

你一句话都没有说，只是以最快速度跑进来，搂着我，在我的脖子上亲了又亲。你的小胳膊紧紧缠绕着我，心中充满了对我的爱意，连我的冷言冷语也没令你就此松手。之后你就跑开了，屋子里回响着你啪嗒啪嗒跑上楼的声音。

就从那时起，我的儿子，我的手失去了握住报纸的力量，我的心里满是愧疚和自责——我从什么时候起变成了这个样子？鸡蛋里挑骨头、总是斥责你的不对，以此来作为对你的回报。我是爱你的，我的儿子，但我总是对你抱有那么多的期望，总是习惯于用衡量大人的尺度来衡量你。

你的性格中有那么多的优点，那么纯真，那么诚恳。你跑进卧室亲我，睡前和我说晚安，你那颗幼小的心灵就像太阳升起时照亮阴霾的光亮。今晚，所有事情都已不再重要，我的儿子。我在你的床边跪下，感觉非常惭愧。

我知道这忏悔无济于事，我知道在你醒来的时候如果我告诉你这些事情你也不会理解，但是明天起，我决心一定要做一个合格的父亲。我要和你做密友，悲伤你的悲伤，欢乐你的欢乐。当不耐烦的话语再次溜到嘴边，我会咬住舌头，我会时刻提醒自己："他不过是个孩子，一个小孩子！"

我为自己一直把你当作大人来对待感到愧疚。现如今，正如我所看到的，我的儿子，你正蜷伏在婴儿床里，你还只是个孩子。好像就在昨天，你还躺在妈妈的臂弯里，头枕着她的肩膀。我对你要求得太多了，实在是太多了。

不要总是指责别人，试着多去理解吧。我们该设身处地地去想一想对方为什么会这么做——这比批评要更有效率，也更有趣。同情、宽容和善意将会由此萌生。"了解了一切，就能原谅一切。"

就如约翰逊博士所说的："上帝本人，不到末日之时，是不会审判世人的。"

那么你我又哪来的资格随意批评别人呢？

原则 1：请勿批评、指责和抱怨。

Section 02
赞美词是顺心丸

纵观天下，能让别人为你做事的方法只有一个。你不敢相信吗？是的，仅此一个，就是这个方法让别人甘心情愿为你去做事。

请记住，这是唯一的方法。

当然，你可以直接拿枪抵着他强迫他把手表给你；你可以用开除来威胁你的员工，使他们在表面上配合你的工作；你当然也可以责骂或是恐吓一个孩子，让他听你的话。但是这些粗鲁的方式所带来的后果却是致命的。

我能让你为我做事的唯一方法，就是给你你想要的。

你需要什么呢？

西格蒙德·弗洛伊德说过，你我所做的所有事都源于两种动机：一是性冲动，二是对成功的渴望。

约翰·杜威是美国哲学家之一，他对此有不同的看法。杜威博士说，人性中最本质的冲动就是“渴望变得重要”。这一观点将在这本书中，用很多相关的例证加以验证。

你到底需要什么呢？人类真正需求的其实并不多，但你追求的几种东西，会使你停不下来，一直探索着。大多数人的欲望都包括如下几方面：

1. 健康长寿；

2. 美味的食物；

3. 高质量的睡眠；

4. 金钱，以及金钱能够买到的东西；

5. 还有来生；

6. 性生活得到满足；

7. 子女平安幸福；

8. 被重视的感觉。

这其中的很多欲望，在一般情况下，都是能够实现的，唯独有一种是例外；它如同睡眠、食物一样既迫切得到又难以得到满足。这一点，就是弗洛伊德口中的“对成功的渴望”，杜威称它为“对重视的欲望”。

林肯曾在信的开头就开门见山地写道：“每个人都喜欢被表扬。”威爵士詹姆斯亦曾说过：“在人性的心灵深处，都强烈渴求着别人的赞赏。”这里提醒你注意一下，他并没有说“希望”“想要”或是“向往”等言辞，他原话说的是“强烈渴求”。

这是一种深切的渴求如此强烈，每个人对此都蠢蠢欲动，而真正明白其中道理的人却凤毛麟角。假如有人能理解他人的心，就算他不幸辞世，“连素未谋面的人都会为他感到难过”。

人与动物的最大分别之一就是希望自己受人尊重。举例说明：当我是个居住在密苏里州的一个乡下的小男孩儿的时候，我的父亲在农场里饲养了杜洛克红猪和纯种脸部白色的牛。我们把家养的动物带到中西部的乡村集市和家畜展会上展出时，多次赢得头等奖。父亲把这些蓝色绸带的荣誉奖章用别针别在白棉布上，当亲戚朋友来家里做客时，他都会拿出这块棉布。他拉着棉布一端，我拉着另一端，把长长的棉布上的那些荣誉奖章展示给宾客们看。

那些红猪当然不会在意它们赢得的那些奖章，但是父亲在意，因为这些荣誉让他父亲感受到了他的重要性。

要不是我们的祖先感受到人性的召唤，对成就感有着强烈的渴求，我们就不会有当今时代的文明。没有这一渴望，人类与动物就没有什么分别了。

就是这个渴求，使从未接受过教育的穷小子拿出好不容易攒下的 50 美分，买下了被人丢弃在杂物室里的二手法律方面书籍。你可能听说过这个穷小子的名字——林肯。

就是这一渴求，激励狄更斯著成了不朽名作；使克里斯托弗·雷恩设计建造了气势恢宏的建筑，使洛克菲勒积攒了取之不尽的万贯家财。也正是这一渴求，让你那个有钱的邻居建造了一栋浮夸的豪宅，其实他可能根本用不上那么大的房子。

正是这种被重视的欲望，让你穿上最时髦的服装，驾驶豪华的轿车，在外人面前炫耀你那聪明伶俐的子女。

正是这种被重视的欲望，使很多年轻人误入歧途，走上了犯罪道路。纽约市警察局长穆鲁尼曾经说，这些年少的罪犯都在盲目地追求虚名，他们锒铛入狱后提的第一个要求，竟然是阅读一下那些把他们称为英雄少年的三流报纸。他们为自己的照片和名人们出现在同一张报纸上倍感荣幸，漫长的刑罚对于他们来说远没有那个重要。

如果你告诉我你是怎样获得重要的感觉的，我就能了解你是什么样的人。这一点决定了你的性格，对你来说，这是件最要紧的事情。约翰·洛克菲勒就是个例子。为了感觉自己很重要，约翰·洛克菲勒捐钱在北京建起一座现代化医院，成千上万与他素未谋面的穷苦人得到了照顾；迪林格却走上了截然相反道路，他通过当劫匪、抢劫银行、做杀手获得存在感。当联邦调查局的警察抓获他时，迪林格冲进明尼苏达的一间农户家里，大声地喊道："我就是迪林格！"他为自己被当作头号公敌而沾沾自喜、狂妄自大的宣称："我不会伤害你们，因为我就是迪林格！"

是的，洛克菲勒与迪林格采取了完全不同的方式，证明了自己的重要性。

历史上有很多名人为此也闹出了趣闻逸事。甚至连乔治·华盛顿也喜欢被人称为“美国最伟大的总统”，哥伦布主动请求给予自己“印度总督、海官大臣”这样的称号，凯瑟琳大帝拒绝拆开那些未尊称她为“女皇陛下”的信件，而林肯夫人在白宫中像母老虎一样对格兰特夫人大吼道：“没有我的允许，你竟胆敢擅自坐下！”

1928 年，富豪出资资助伯德上将争霸南极，条件是新发现的冰山要以他的名字命名；作家维克多·雨果甚至希望巴黎为了纪念他而改名；连呼风唤雨的莎士比亚，为了光宗耀祖，也曾试图为他的家族争取一枚荣誉徽章。

人们有时会假装弱小，可能仅仅是为了博得同情和关注，继而获得存在感。以麦金莱夫人为例，她就曾要求当时的美国总统，弃国家大事于不顾，在床上搂着她哄她睡觉，浪费好几个小时的时间什么都不做。在麦金莱夫人看牙医时她坚持让丈夫陪在旁边，博得丈夫的同情。甚至有一次她大发雷霆，只因为丈夫要和国务卿约翰·海伊开会，将她一人留在了牙医那里。

作家玛丽·罗伯茨·莱因哈特曾经跟我讲过这样一个故事。一个能干的姑娘为了得到丈夫的关注总是把自己弄成病态。“天长日久，姑娘心理压力越来越大，”莱因哈特夫人说，“突然有一天，她觉得未来的生活毫无意义，决定独自一人孤独终老。”

“十多年间，这个姑娘每天窝在三楼的卧室里，借口生病常年卧床。她的老母亲每天上下三楼侍候她。有一天，她的老母亲由于操劳过度，倒地死去。开始的几周时间里，这个姑娘十分沮丧，之后她不得不起床，穿上衣服，重新获得了新生。”

一些专家宣称，当人们在残酷现实中寻找不到存在感的时候，一些人就会转而在虚幻的梦境中追求，导致最后的发疯。在美国的一些医院中，精神疾病的患者要远多于患其他疾病的患者。

是什么导致精神疾病的发生？这个问题太过深奥，我想没有人能正确地回答这个问题。但是就目前掌握的情况看来，有多种疾病会破坏脑细胞，进而导致精神分裂，比如说性病。事实上，大约超过半数的精神疾病原因可归咎于这一类物理损害，其中包括脑部受损、醉酒、中毒以及其他种种原因造成的伤害。然而令人无法相信的是，专家在另外半数的病例中完全没有发现任何脑细胞方面的异常。他们用高倍显微镜观察到，这些精神病患者的细胞组织如你我一样健全，但是这些人为什么会有精神疾病呢？

究竟是什么原因致使这些脑细胞看起来正常的患者患上精神病呢？我咨询了知名精神病医院的主任医师这个问题。这位医师在这一领域相当权威，曾获得这一领域的最高荣誉。他对我说，说实话，我也不知道为什么这些人会得精神疾病，但是他也这样说，许多精神分裂患者在发病时确实能够在疯癫状态下得到了现实世界中无法获得的被重视感。他还告诉了我下面这个故事：

“我有个病人，她的婚姻及生活很悲惨。她渴望在婚姻中得到爱情、性满足、孩子和社会地位，但是无情的生活什么都没有给她。丈夫和她没有一点感情，甚至拒绝与她一起吃饭，还强迫她将饭菜给他端到楼上。她没有孩子，在社会上也没有立足之地，于是她疯了。在她的想象中，她觉得自己已经离婚了，跟着娘家姓。现在她坚信自己成了皇亲国戚，并坚持让我们称她为‘史密斯夫人’。”

“至于孩子，如今每天晚上她都臆想自己有了小孩儿。我每次去看望她，她都会说：‘医生，我昨天夜里生了一个孩子。’”

生活残酷地将她的希望撕成碎片。她的愿望在现实的尖石上撞得尸骨无存。但是在她自己虚构的世界里，她沐浴阳光，船帆高高飞扬，海风围绕着桅杆欢快地吟唱。

悲惨吗？我不知道。那位大夫这样和我说：“就算我有本事能够治愈她的疾病，我也不愿意这样去做。她现在这样获得了她梦寐以求的快乐。”

人们如此渴求他人的肯定，甚至可以因此发疯。可以看出，人们有多么渴望被重视，真诚的称赞能创造的奇迹是你我无法估量的。

查尔斯·施瓦布是整个美国率先进入“百万美元俱乐部”的传奇人物之一。那时还不用缴个人所得税，一周能有五十美元进账就已经非常了不起了——而施瓦布一年的报酬却比一百万美元还要多，平均下来就是每周两万美元，是前者的四百倍。施瓦布 38 岁那年，他被安德鲁·卡内基相中，担任董事长，掌管成立于 1901 年的美国钢铁公司。（此后不长时间，施瓦布受伯利恒钢铁公司邀请，离开美国钢铁公司。他使伯利恒钢铁公司实现盈利，助其一跃成为整个美国最赚钱的公司之一。）

为什么安德鲁·卡内基要付给施瓦布百万年薪？因为施瓦布是天才吗？不是因为这个。施瓦布比别人对钢铁有特殊专长吗？也不是。施瓦布本人亲口对我说，他手下的员工在钢铁方面比施瓦布懂行得多。

他之所以有这样的薪水，施瓦布说，是因为他能够妥善地处理人际关系。我问他是如何做的，他是这样回答我的。每一个家庭、学校、商店和办公室都应当把他的话刻在铜碑上，悬挂起来；孩子们应该将这些话铭记于心，而不是浪费时间背诵拉丁语的动词变化和研究巴西的年降水量；假如我们按照这些话去做，我们的一生将会发生改变。

“我有能力调动周边人的激情，”施瓦布说，“我最大的本领，就是赞赏和鼓励他人，通过赞赏和鼓励我成功地激发了人们的潜能。”

“一个上司的批评最能打击一个人的积极性。我从来没有批评过谁。我认为鼓励人们对工作起着至关重要的作用，所以我喜欢鼓励别人，不愿意鸡蛋里挑骨头。假如我看到别人的长处，我会由衷地肯定，绝不吝啬赞美之词。”

这就是施瓦布的为人处世秘诀。听起来并不复杂，但是普通人在人际交往中是怎么做的呢？恰恰相反！稍有不如意，他们马上劈头盖脸地斥责下属；而顺心顺意的时候，他们对下属的努力也没有给予肯定。老话说得好：“好事不出门，坏事传千里。”

“我交了各界的朋友，认识的有识之士遍及世界各地，”施瓦布说，“我发现无论对方是多么厉害的人物，都会在得到夸奖后工作得更加尽力，而遭到批评时则垂头丧气，无心工作。”

施瓦布所说的这一点，也正是安德鲁·卡内基取得卓越成就的原因之一。不管在公众场所还是私底下，他总是赞美同事和下属。

安德鲁·卡内基不忘记赞美他人，甚至是在墓碑上。他的墓志铭是这样写的：“在此处长眠者，因为有智者常伴左右而倍感荣幸。”

由衷的赞美也是老约翰·戴维森·洛克菲勒为人处世的诀窍之一。他的合伙人爱德华·贝德福德在南美的买卖亏本，公司遭受了上百万美元的损失。洛克菲勒本该大发雷霆，但他明白贝德福德已经竭尽全力，责怪与否，都无法挽回曾经的损失。于是他发自肺腑地鼓励贝德福德，对他成功地保住了60%的投资加以称赞。“你已经做得很好了，”洛克菲勒说，“即使作为公司的高管，也有比这个情况更糟糕的时候。”

我从报纸中剪下来并收藏着这样一个小故事，虽然故事情节是虚拟的，但却蕴含着真理。让我在此与各位一起分享。

这个听起来有些枯燥无味的故事是这样的。农妇辛苦劳作了一整天后，回到家里，往老少爷们儿的饭桌上扔了一捆干草。男人们愤怒地斥责她一定是疯了，她回答说：“真是的，你们倒在这儿抱怨起来了！过去二十年我一直给你们这些男人们做饭，没听到过你们说一句感谢。我还以为吃饭或者吃草对你们来说并无差别呢。”

几年前曾经有人做过一个调研，研究妻子们为什么离家出走。你能猜到她们离家出走的最主要原因是什么吗？答案是“不被重视”。我想男人们离家出走大概也都是因为这个吧。我们总是习惯于伴侣为我们付出，却忘记了要称赞他们、鼓励他们、感激他们。

我们班上的一位学生把他的妻子和他之间的小故事讲给我们听。他的妻子和教会的教友们一起参加了一个培训——自我提升。课后作业是，请丈夫指正她的六点不足，协助她成为更好的妻子。这位学员对全班同学说：

“刚听到这个作业的时候，我觉得很奇怪。老实说，要找出她的六个缺点那简直太容易了——要知道，她在我眼里毛病成千上万。但是我没有立刻回答。我跟她说：‘让我想想，明天早上再告诉你。’”

“第二天，我很早就起来了，悄悄给花店打了个电话，让花店帮我准备六枝红玫瑰，并附上卡片，写上：‘我认为你无须做任何改变，你的一切我都爱。’”

“当天晚上我回到家，你们猜我的妻子会跑出来迎接我吗？没错！她感动得要哭了。毋庸置疑，我很庆幸我并没有像她要求的那样挑她的毛病。”

“那个周日，她去教堂做礼拜的时候，她对教友们讲述了我们的故事。和她一起参加培训的女孩儿们纷纷走向我，对我说：‘你真的实在是太贴心了！’那时我才突然发现，原来称赞是这么的重要。”

制作人佛罗伦兹·齐格菲尔德因其具有“称赞美国女人”的能力在百老汇风光无限。在他的调教下，一个个其貌不扬的怯懦少女摇身一变成为耀眼巨星，在舞台上绽放出神秘性感的迷人光彩。他深信赞美与自信的力量是强大的，因此体贴殷勤得无微不至，令女人深信自己有魅力。他的关切不但实际而且浪漫——他曾把歌舞团女演员的工资从每周30美元提到了每周175美元，也曾在《富丽秀》首映当晚亲自为每个人打去电话祝贺，还给每位参加演出的姑娘送上了一大捧娇艳欲滴的红玫瑰。

有段时间，我对备受欢迎的禁食很感兴趣，就学别人那样，六天六夜没有吃饭。做起来还是相当容易的，到了禁食的第六天，我饥饿的感觉和第二天相比没有多少区别。但换句话说来，众所周知，如果连续六天工作却不给家人或员工吃饭就相当于犯罪，而让家人或者员工连续六天、六周，有时甚至是六十年工作而不给他们真诚的称赞就太残忍了，人们对这种称赞的渴求不亚于对食物的渴求程度。

那一时期当红明星亚弗雷德·伦特在电影《重聚维也纳》中担任主演，他曾经这样说过："我对自尊的重视程度远大于其他任何事。"

我们重视孩子们、朋友们和员工们的营养，却很少对他们的自尊给予充分的尊重；我们给他们吃土豆炖牛肉为他们提供营养，却拒绝为他们提供赞美之词，这些赞美的话在他们的记忆中就如同闪耀的星辰一般。

保罗·哈维在他所主持的电视节目《之后的故事》中讲到，真诚的称赞能够改变一个人的生命轨迹。他说，这个故事发生在几年以前的底特律。史蒂夫·莫里斯的老师让他帮助在教室里寻找一只丢失的小老鼠。很明显，这位老师相信史蒂夫具有别的孩子不具备的天赋，那是上天的恩赐。大自然确实赋予了史蒂夫比别人更敏锐的听力，以弥补这个男孩儿双目失明的遗憾。如今，很多年过去了，史蒂夫说，那是他人生中第一次有人肯定他的价值，给他的生活掀开了全新的一页。你看，从那天起史蒂夫致力于探索自己在听力上的天赋，以史蒂夫·旺达为艺名在舞台上光彩夺目，成为70年代著名的歌手和作曲家。

部分读者读到这里可能在心里暗自说："又是老一套，不就是阿谀奉承，拍马屁嘛！这些方法我都用过，一点用都没有——至少对受过教育的知识分子是没用的。"

阿谀奉承，拍马屁那一套，明眼人一下就能看穿其肤浅与虚伪，当然会经常失败。当然，也有些人恰恰相反，他们对赞美的渴求如此强烈，以至于蒙蔽了双眼，辨别不了真伪，正如将饿死之人会饥不择食一样，让那些拍马屁的人有机可乘。

就连维多利亚女王也容易被恭维的话搞得晕头转向。英国首相本杰明·迪斯雷利曾经透露说，每次他与维多利亚女王相处时，总是竭尽全力地阿谀奉承，他自己也说："就像是要将水泥抹成镜面一般。"迪斯雷利能力过人，在治理国家上有着极为出色的成绩，但是他那种与维多利亚女王相处时使用的方法却不是每个人都能效仿的。从长远看来，奉承可能会起到短时间的作用，但时间一长，它就会给人际交往带来危害。虚情假意的殷勤就像虚假的钞票，花出去之后，麻烦就找来了。

那么称赞和奉承两者之间有什么区别呢？前者真心实意，后者虚情假意；前者没有目的，后者目的明确；前者是肺腑之言，后者是谄媚之语；前者被后人所歌颂，后者被世人所不齿。

近来，我在墨西哥城的查普尔特佩克宫殿亲眼见到了一尊阿尔瓦罗·奥夫雷贡将军的半身雕像。雕像下方镌刻着他的不朽名言："不要对城下的敌人感到恐惧，也要对善于奉承的人加以戒备。"

你可能会误解我说的话，我的意思并不是让大家学会投机取巧。我想向大家传递的是一种全新的处事方法。我还想再次加以强调——这是一种全新的处事方法。

在乔治五世白金汉宫的书房的墙上有六句格言。其中一句这样阐述："澄明吾心，溢美之言，不受亦不予。"不吝赞美之词就是奉承的本质。我曾经在一本书上看到“奉承”一词的定义，在此与大家共享：“奉承就是准确地说出他人对自己的真实看法。”

拉尔夫·瓦尔多·爱默生曾经说过：“无论用什么语言表达，你所使用的每一个字都带着自我的印记。”

倘若人际关系只是阿谀奉承般讨好那么简单，那么我们每个人都能成为天生的专家。

人们把绝大部分时间都用在为自己考虑上。其实只要留点时间给别人，想想别人的看法，我们就不会说些阿谀奉承的、虚伪的话。这些话我们刚开口说出，就已经被对方识破了。

夸奖他人是在平日生活里最容易被人们忽视的美德。当孩子交给我们一张成绩优异的卷子时，我们总是忘记给他们肯定和鼓励；当他们因第一次烘焙成了很成功的糕点或是自己因搭建的巢穴而欢呼雀跃时，我们也忘记对他们的进步给予充分肯定。孩子对父母的关注与认可的渴求是很迫切的，而我们却常常忽略这一点。

下一次，当你在餐厅吃到火候恰好的美味牛排时，请让服务生把你的称赞转告给厨师；当劳累了一天的店员依旧对你彬彬有礼，热情地招待你时，不要忘了对他表示感谢。

每一位曾经当众演讲的人都对此体会颇深——你在台上激昂陈词，台下观众却毫无反应，满腔热情顿时转化为满腹委屈。对我们的同事、家人、朋友，同样的冷漠会让人加倍的难过。与人交往时请时刻铭记，我们身边的每个人都是渴望得到认同的凡夫俗子。普天之下的每一个人，都会因他人的赞许而快乐。

请在你所到之处，让感恩之情如火种般挥洒，它们会燃起友情的火焰，以温暖来回报你。

帕米拉·邓纳姆在康涅狄格州的一家商场里工作，她的工作之一是监督门卫的工作状况。有名门卫的工作能力很差，经常浪费很多时间。其他店员都喜欢捉弄他，故意在他工作的门口乱丢垃圾，以表示对他的不满。

为了激发门卫工作的积极性，帕米拉尝试了许多方法，但都不起作用。一次，她偶然发现门卫的工作效率比平时高了许多，于是故意当众对他提出表扬。从那以后，这名门卫每天都有进步，不久工作做起来就得心应手了。现在工作尽在他掌握之中，还得到其他员工真诚的称赞和认同。批评和嘲讽于事无补时，真诚的赞许发挥了巨大的效用。

我们不提倡伤害人们感情的做法，它也不会改变对方。我在报纸上看到了下面的这句谚语，我把它剪下来贴在了镜子上，用于时刻警醒自己：

此生之路，我即将走完，走过这一次，一切便再也无法重来。所有力所能及的善举，所有充盈于心的善念，我将毫不保留，全部给予。我将不再拖拉，不再冷漠，只因为这条路，我再也没有机会重新走一次。

爱默生曾经说过："我遇见的每个人都必定在某一方面比我强。正因为是这样，每个人都值得我学习。"

如果这句话适用于爱默生，那么也同样适用于我们。让我们暂时将自己的得失和欲望搁置一旁，想一想他人身上值得称赞的地方。请收起奉承的话语，用最真挚诚恳的态度称赞他们。"由衷地称赞美，不吝惜赞美的词汇。"人们会将你的称赞珍藏一生，也许你会忘记自己曾经说过什么话，可对方会将这些话一遍又一遍地在心里重温。

原则 2：真心真意地对他人感恩、给他人赞美。

Section 03
交换立场再命令

夏天的时候，我经常去缅因州钓鱼打发时光。我自己非常喜欢草莓和奶油的味道，但我发现有件事很奇怪，那就是，鱼类居然对我们这些人间的美味丝毫不感兴趣，它们只喜欢吃虫子。所以每次去钓鱼的时候，我从不会考虑自己爱吃什么，而是考虑鱼爱吃什么。我不会用草莓或奶油当作诱饵，而是把挂着虫子或蚱蜢的鱼钩伸到它们面前摇晃，问它们:“想尝尝味道吗？”

你可能觉得我刚刚说的事，是个连三岁小孩儿都懂的道理。用什么钓鱼我们都清楚，那么“钓”人的时候，我们为什么不试着采用钓鱼的方法呢?

英国前首相劳埃德·乔治在第一次世界大战时，就使用过这个方法。有人问他，当威尔逊、奥兰多、克里蒙梭等战斗中的将军都已被人们渐渐淡忘时，他凭什么大权在握?劳埃德回答说，如果一定要为他的成功找个理由，那就是因为他早就懂得的“因鱼下饵”这个道理。

为什么我们总是说出自己想要什么呢?那是三岁小孩儿才做的幼稚可笑的事情。你当然在乎你想要的全部，这是人之常情，正常人永远都只在乎自己想要的。但是其他人并不在乎你想要什么，他们和你一样，只在意自己想要什么。

所以普天之下唯一能够影响他人的方法，就是找出他们想要的，并且教给他们如何获得。

下次你再想让别人做什么事情的时候，不妨用这个方法试一试。假如你不想让孩子们吸烟，请别说不许吸烟，也别说你不希望看到他们这样做；你只需要简单地告诉他们，抽烟了他们就进不了篮球队，也无法在百米赛跑中获胜。

这个道理不仅适用于孩子，对其他任何生物也都适用。有这样个例子：一天，拉尔夫·瓦尔多·爱默生和他的儿子想把小牛赶进牛棚，但是他们犯了一个正常人都会犯的错误——只想着自己想要什么。爱默生在后边推，儿子在前面拉，小牛却纹丝不动。小牛也只想着自己想要的——留在外面吃青草。爱默生家的爱尔兰女仆见他们为此一筹莫展，跑过来帮忙。女仆写不出打动人心的文章，但她比爱默生更懂常识——她懂得小牛想要什么。她像对待婴儿一样，让小牛吮吸着她的手指，温柔地将小牛牵进了牛棚。

从呱呱坠地开始，每一个人的行为举止，都根源于他内心的欲望。你可能会反驳说，向红十字会捐款可不是为了满足我自己。但是，捐款不仅仅因为你想为别人做贡献，而是因为你的内心深深期待着这个善良无私的举动能给你带来精神上的满足感。《圣经》里说："如果你能对我众多弟兄中最小的一个都能这么做，那就像对我做了这样的事情一样。"

你对这一满足感的渴求比对金钱的渴求要大，所以你才会做出捐款行为。当然，捐款有时是因为碍于情面，或是受人所托，但无论是因为什么原因，你都希望用这种举动获得特定的心理感受，这一点不会变。

哈里·奥弗斯特里特在他的著作《影响人类的行为》的书中说："行为是由我们人类的基本欲望决定的，无论在商业界、政界，还是家庭或学校中，对那些想要说服别人的人而言，说服别人的最佳方法，就是掌握对方最迫切的需求。能做到的人拥有全世界，做不到的人只能孤独前行。”

安德鲁·卡内基曾是个每小时只有2美分收入的苏格兰穷小子，后来他捐赠的财产竟然超过3.65亿美元。究其原因就是，他很早就明白一个道理，那就是——想要影响他人，唯一的方法就是掌握对方的需求。他虽然只读过四年书，却学会了如何与人相处。

曾经发生过这样一件事。安德鲁·卡内基有两个就读于耶鲁大学的侄子，他们总以念书太忙为借口，不仅从不主动给家里写信，也没有给他们母亲的信以回复。他们的母亲为此十分难过。卡内基拿出100美元打赌，说他能让两个侄子回信，而且他保证绝不会在信中对他们提出“回信”这个要求。有人表示愿意跟他打赌，于是他给侄子们写了一封信，通篇都是闲谈，只在信的最后面附上了一句话，说他给每个人随信寄出了五美元的钞票。

然而他寄信的时候，他并没有放钞票。

侄子们很快就回信了，在信件开头感谢叔父的来信，在后面写了一句“并没有收到五美元钞票”。

我们班上有个来自俄亥俄州的学员。我来讲一讲他与我们分享的亲身经历。一天晚上，斯坦下班回到家后，发现他的小儿子提姆正躺在地上打滚，嚷嚷说不想去幼儿园上学。以往的斯坦，通常会用暴力把孩子赶回房间，命令他去幼儿园。而那天晚上，斯坦觉得那样做是不对的，那样做不能让提姆带着好心情去上学。他坐下来，心里想：“如果我是提姆，怎样才会高高兴兴地去幼儿园呢？”他和妻子一起将提姆在幼儿园里觉得有趣的事情一一列举出来，比如手指画画、唱歌、交新朋友等。做完这些之后，他们行动起来。他说：“我和妻子莉尔还有我们的大儿子鲍勃坐到餐桌边，开始画手指画，我们乐在其中。起初提姆在角落里偷偷看我们，不大一会儿，他就跑来想要和我们一起玩。‘可是，不行啊。你得先上幼儿园，学会怎么画手指画才能加入我们。’我用他能听懂的语言竭尽全力地给他讲解列表上列出的幼儿园里所有好玩的事儿。结果，第二天早上，我本以为我是第一个起床的，就在我起身下楼时，却看到提姆睡在客厅的沙发上。‘你怎么睡在这儿呢？’我问他。‘我想上幼儿园……我不想迟到……’提姆说。全家人的热情激发了提姆上幼儿园的强烈渴望，如果我们当时采用探讨或是威胁的方式，一定不会取得这样的成效。”

下一次，你要劝别人去做某件事的时候，在你张嘴之前，先问问自己：“我怎样让他甘愿去做这件事情呢？”

每个季度，我都要租用纽约某家大酒店的宴会大厅，使用二十个晚上，用来开展系列讲座活动。

有个季度之初，我接到了饭店的通知，我租用地方的租金要比以前涨价三倍。在得知涨价消息的时候，入场券已经全部印发，邀请函也都已经寄出。对他们的要求我当然不满意，这个价格昂贵了太多。可是告诉酒店我的想法，说“我不想”又有什么用呢？他们只在乎自己想要的，并不会在乎我想要什么。于是几天之后去找酒店经理。

我对他说：“我接到你来信时很震惊，但是我一点也不怪你。如果我是你，我可能也会写这样的信。我知道，你身为酒店经理，身上压力重大。完不成任务就有被开除的危险。但在涨价之前，我们不如先来算一算你这样做之后的利与弊。”我拿出一张信纸，画下一道竖线，在一端写下“利”，另一端写下“弊”。

在“利”下面，我写下“大厅空闲”几个字，对经理说：“你可以空出大厅，把它租给别人开舞会或者开商务会议使用。租给这类人要比租给我们做讲座利润高很多，你赚的钱也会更多。如果我一下子占用二十个晚上，那你一定会失去那些更多的利润。”

“现在我们来看一看弊是什么。首先，将宴会厅租给我并不能让你们的收入增加，反而会减少，如果你们坚持要涨价的话，我只能另寻他处，也就是说，你们将失去我这部分的租金。

“除此之外，你还有一个更大的损失。我办的这系列讲座会吸引那些受过高等教育的知识分子来到你的酒店，这对你们来说绝对是最好的宣传。实际上，就算你花五千美元在报纸上打广告，也不会吸引比听我讲座更多的人来你的酒店。而我的讲座可以做到。这对酒店来说，很有价值，不是吗？”

我一边讲一边把这两点损失写到“弊”的那一栏，然后把那张纸递给经理说：“我希望您能再好好考虑一下，晚些时候给我个答复。”

第二天我就收到了饭店的来信，信中说租金只增加一半，而不是原来的3倍。

请注意，我始终没有提起想要减少租金，就达到了减少租金的目的。我所说的都是对方想要什么，以及怎样做他能够得到自己想要的。

假如我当时像普通人一样，冲动地找到酒店经理，带着怒气对他说：“我邀请函都发了，你这会儿涨价是什么意思？明明知道我的入场券已经发出去了，通知也已经公布了，你突然要涨租金，竟然还涨了3倍之多！无稽之谈！我不同意！”

如果我这样做结果会怎样呢？在我们之间一定会引发激烈的争吵。吵架过后结果又会是什么样子呢。即使我能够让他相信的确是他错了，可为了维护他的自尊，他很难做到主动认错。

关于与人相处，这里有句亨利·福特的忠言，值得我们所有人铭记在心：“如果成功有什么诀窍的话，那么这个诀窍就是能够站在他人立场看问题，将对方的观点看成自己的，并加以斟酌。”

这句话是如此精辟，因此我想再重申一下：“如果成功有什么诀窍的话，那么这个诀窍就是能够站在他人立场看问题，将对方的观点看成是自己的，并加以斟酌。”

这句话简单明了，其中道理很容易读懂。但90%的人在90%的时间里都将这句话抛在了脑后。

举例说明一下吧，明天早晨留意一下你桌上的来信，你会发现大多数来信都违反了这一常识性的规则。以一封信为例说明一下。这封信由一家拥有众多分公司，规模极大的知名广告公司的无线电部主任写的，他把信写给全国各个地方广播电台的负责人（我在括号里标明了我读了每段之后的看法）。

约翰·布兰克先生

布兰维尔

印第安纳州

亲爱的布兰克先生：

本公司希望能在无线电界始终保持广告业务的领军地位。

（谁会关心你们公司“希望”什么啊？我自己烦恼的事情一大堆——银行取消了我继续抵押贷款的资格，害虫们正在啃噬我的花花草草；昨天交易市场股市大跌；今天早上我又错过了8点15分的那班火车；昨晚琼斯家的舞会没有邀请我；医生说我患有高血压、神经炎和头皮屑过多的毛病。结果，接下来会怎么样？我心烦意乱地走进办公室，打开邮箱，看见这个纽约来的名不见经传的家伙写来的信，废话连篇地说他们公司想要怎样。真是可笑！把信写成这样，还好意思留在广告界？赶紧改行去给羊洗澡吧！）

本公司在全国各地拥有的众多广告客户，保障了各无线电台的运作，本公司营业额逐年攀升，位居前列。

（你不就是在炫耀，你们公司又有名又有钱又厉害是吗？跟我有关系吗？就算你们公司有全国通用汽车、全国通用电气和美军总参谋部加起来那么大，也和我没什么关系。连傻子都知道，我只关心我自己的有多大，而不是你们公司有多大！自命不凡地强调说你们公司有多大，有多成功，是为了凸显我的渺小和微不足道吗？）

我们希望把无线电台的最新消息传递给客户，为我们的客户服务。

（你们希望！你们希望！你这个蠢货。我根本不在乎你们希望什么，连美国总统希望的是什么我都不屑一顾。我最后强调一次——我只对我自己希望的事情感兴趣，可是在你的信里我没看见一句和我有关系的话。）

所以，您可以将我们公司列入优先行列，给我们提供有用的细节？

（优先行列？还真好意思说啊！先是自吹自擂，让我感受到自己的渺小，然后又要求进入优先行列——甚至连个“请”字都没有说！）

即刻回信，告知您的近期活动，这对我们双方都有好处。

（你们是笨蛋吗？在我满脑子想的都是房产抵押、蜀葵、高血压的时候，我收到这样一封群发的信，通篇胡说八道，还胆敢要求我“即刻”坐下来写一封回信？你什么意思啊？我的时间很宝贵——就算我有时间，我也会装作我没有时间！换句话说来，你凭什么对我指手画脚的？最后你还说“对我们双方都有好处”。你终于想起我想要什么啦？那你也没说对我究竟有什么好处啊！）

你诚挚的，

××

广播渠道部门总监

再启：随信附上《布兰克维尔日报》一篇文章的复印件，如果您对它感兴趣，愿意在贵台播出的话，可供参考。

（在最后的这段附言里，我终于看到可能对我有点用的东西了。为什么你在一开始不用这个开头呢？任何广告公司如果有人犯了你这种错误，那他的神经一定是错乱的。）

如果一个人一生致力于广告事业，自以为能够左右他人，却写出一封这样的信，那这世界上的厨子和屠夫们，他们的生意可能要经营不下去了吧？

这儿还有一封信，来自一家极具规模的货运站的总监，是我课上的学员爱德华·沃迈伦分享给大家的。看到这封信的人会怎样想呢？让我们一起来读读看。

泽雷格公司

前街28号

纽约布鲁克林1120

致爱德华·沃迈伦先生：

我们公司的外运收货工作遭遇了一点麻烦。眼下，大批量货物都是在傍晚时分被送到我们的站点，这就导致了收件拥塞，员工不得不加班加点，也耽误了卸货和货物的运输。11月10日，我们接收到了贵公司的510件货物，这些货物是在下午4点20分被送到的。

为了解决延迟交货带来的一系列问题，我们在此请求您配合我们的工作，一同解决收件拥塞的问题。以后当你们要运输大宗货物时，能否早些时候将货物送来，或将货物做分批处理，把部分货物推迟到第二天早上再送？

这样对你们的好处是，可以大大缩短你们货车卸货的时间，我们也会确保收到你们的货物后当天就能安排发送。

您诚挚的，

××

读完后，沃迈伦对这封信写出了这样的见解，交给我看：

这封信所取得的效果，与他想要取得的效果恰恰相反。这封信一开始就讲述了目前收货站的困难，而我对此丝毫不关心。接下来对方要求我们合作，并不考虑是否会给我们带来不便。在信的最后一段，对方才提到对我们的好处是能让我们的货车迅速返回，并保证我们的货物能够在收到当天就发出去。

换句话说，对方在最后才提到我所感兴趣的东西。这样很容易引发人们的反感，而不愿配合。

让我们看看把这封信重新修改一下，看看站在对方的角度该怎么写。不要浪费时间描述只谈自己遇到的问题，想想福特曾经说过的这句话："如果成功有什么诀窍的话，那么这个诀窍就是能够站在他人立场看问题，将对方的观点看成是自己的，并加以斟酌。"

下面是修改过的信。这或许不是最好的修改方式，但是取得的效果却有很大改观。

泽雷格公司

前街28号

纽约布鲁克林1120

亲爱的沃迈伦先生：

14 年来，贵公司一直是备受我们欢迎的好主顾。我们非常荣幸承蒙你们的光顾，并非常乐意为您提供最高效便捷的服务。让我们感到遗憾的是，如果您的货车像在 11 月 10 日下午那样的时间段运来大宗货物，我们并不能保证完成任务。这是有原因的。因为还有很多客户都选在下午给我们送件，导致货物堆积。在这种情况下，您的货车不得不在码头排队等候，有时甚至会耽误发货时间。

我们对此感觉很抱歉，其实这个问题是可以避免的，如果您能在方便的情况下改下午送货为上午送货，您的货车就能够一路畅通，货物也能得到及时有效处理。这样一来，我们的工作人员也能够早点下班回家，与家人一同品尝贵公司出品的美味意面。

不管您的货物何时送达，我们都会全心全意地为您服务，竭尽全力迅速配送。

请千万不要认为这封信是在向您抱怨，也不要觉得我们在多管闲事，我们只是希望通过努力能给贵公司提供更加优质快捷的服务。

无论你们的货物何时送达，我们仍愿竭尽全力为您服务。

您的公务一定十分繁忙，请您不必费工夫回信。

您诚挚的，

× ×

芭芭拉·安德森在纽约的银行工作，为了儿子的健康，她计划举家迁至亚利桑那州的凤凰城。她将在课堂上学到的知识运用到这封信中，给凤凰城的十二家银行写了下面这封求职信：

尊敬的先生：

本人从事银行业务十年有余，相信定能在你们银行更有成效运转上献计出力。

我在纽约信孚银行的工作多年，丰富的经历令我对银行运营有自己的见解。作为分行经理，我在储户关系、信用、借贷及行政管理等方面都具备丰富的实践经验。

我将在五月搬家至凤凰城，我相信我能够为贵公司的利润增长做出卓越贡献。4 月 3 日至 7 日我会待在凤凰城，如有面谈的机会，我将感激不尽，并将进一步详述我将怎样帮助贵行达成既定目标。

您诚挚的，

芭芭拉·安德森

安德森女士的这封信产生了什么效果呢？十二家银行中，有十一家邀她面谈，通过面谈后，为她提供了工作机会。她是怎么做到的呢？请注意她在信中只字未提她的家庭状况，而是强调了她将如何让银行更好发展，她在信中没有强调自己想要什么，而是专注于银行的需求。

很多人为了生计辛劳地四处奔波，却终日为了完成业绩而愁容满面。因为什么？因为他们只想着自己所需要的，而忽略了这点——人们其实什么东西都不需要。如果我想买东西，我会很早出门买回来。人们真正需要的，是解决问题的方法。人们在生活中总是要面对各种问题，永远都需要解决这些问题的办法。如果销售人员能够证明他的服务或产品有助于解决人们的问题，不用销售人员推销，我们会主动掏钱购买。对消费者来说，“想要买”比“被推销”的感觉好得多。

许多销售人员苦苦地叫卖着，却从未想过要站在消费者的角度考虑。举个例子吧。我曾在森林岗住过很多年，那是处于纽约州中心的一个安静富裕的小区。有天早上，我在前往车站的路上，遇到了一位房产管理员。他一直在这小区工作，对森林岗的状况十分了解。于是匆忙中我问他，我家别墅建筑时采用的是钢板还是空心砖。他说他不了解这个情况，告诉我可以打电话给森林岗园艺协会。我知道这个办法，根本不用他说。第二天早上，我的信箱里收到一封他的来信。他是写信告诉我答案吗？不是。用不了一分钟，他就可以问到答案，但是他没有这样做。在信里，他再次告诉我，我可以自己打电话询问，然后劝我将保险交给他打理。

他在信中没有关心我想看到怎样的答案，他只在乎怎么能让他自己受益。

从下面这两个亚拉巴马州的霍华德·卢卡斯分享的故事中，你会看到两种销售员处理问题的不同方式：

“几年前我在一家小公司当主管，我们公司旁边是一家大型保险公司的总部。他们的保险员负责不同地区的销售业务，负责我们这一片区域的是卡尔和约翰。”

“有一天，卡尔来我们公司拜访，闲聊的时候提到他们公司推出了一种新型人寿保险，专门针对高级管理人员。如果我们想要购买，等他得到更确切的消息再过来告诉我们。”

“就在当天，约翰在午休回来的路上看见我们，远远地对我们打招呼：‘嘿，卢卡斯！等一下，我有个好消息要告诉你！’他飞快地跑过来，兴奋地向我们介绍当天新推出的高管人寿保险——就是卡尔早上去我们那说的那个险种。他耐心地给我们介绍了有关这一保险的细节，包括保险涵盖内容和保期等，希望一正式发行就立刻与我们签约。最后他强调说：‘由于这个险种刚刚推出，明天我就请总部的人来给你们详细讲解一下。能不能先麻烦你们填一下申请表，按照这个申请表，总部的人就能针对每个人的具体情况介绍最合适的产品了。’他的热情周到引起了我们对这个保险的兴趣。保险正式开始售卖的时候，总部的人向我们确认了约翰所介绍的细节都是准确无误的，于是我们公司的每人都购买了一份保险，还追加了投保额。

“回想一下，这个机会本来是卡尔的，他完全可以在约翰之前促成这笔生意，但遗憾的是他并没有花心思引起我们的兴趣，错失了良机。”

这世界有很多贪婪成性、自私自利之人。能够站在他人角度考虑问题、真诚地帮助他人解决问题的人并不多。因此后者必定比别人出众，无人能敌。美国知名律师、商界领袖欧文·扬曾说过这样一句话：“未来已经准备好了给这样的人奖励——那些想他人之所想，急他人之所急的人。”

如果本书能够给你一些提示，让你开始关注他人的想法和处境，那将有助于你未来事业的发展壮大。

了解对方想要的，从而激起对方对你的兴趣，与操控别人，满足自己的欲望是不同的。沟通的最终目的是双赢。比如货运站的那封信提到的建议，货运站能够减少运输防止道路拥堵，沃迈伦先生的公司能够及时卸货并按时送达，双赢；银行聘用安德森女士这位有经验的员工，安德森女士得到一份可心的工作，双赢；保险员约翰成功签单，卢卡斯先生获得保障，双赢。

迈克尔·惠登的例子同样能够说明了解客户需求是多么的重要。惠登先生是一名壳牌石油公司的销售人员，负责罗德岛区域的销售工作。他想成为公司的金牌销售，但是罗得岛区的某个服务站业绩不佳对他产生了不好的影响。这家服务站已经运营了很多年，站内陈旧不堪，销量因此逐年下降。运营经理因上了年纪，不愿意再出钱维修服务站。

迈克尔恳求了多次，这位经理都坚持不肯更新设备。迈克尔动之以情，晓之以理，都收效甚微。于是他想到了一个办法，那就是邀请这位经理参观他辖区内其他家新建的壳牌加油站。

这个方法一下子就见效了。经理见到新加油站的现代化设备，佩服得五体投地，回去就将他的服务站重新维修，重新维修的服务站业绩逐年攀升。迈克尔如愿成为该地区的最佳销售。他让经理参观新加油站，全新的感觉激发了那位经理的兴趣和好胜心，迈克尔不仅自己当上了最佳销售，也让对方的收入大幅提升。

人们在大学里读过维吉尔的诗篇，学过微积分的解法，却从来没有认真思考过他们自己的头脑是如何运作的。我曾经接到一个邀请，给一家空调制造商——开利公司的新员工讲上岗培训课，教他们怎样掌握语言艺术。这些员工大多都是刚毕业的大学生。培训中有一个训练是你会怎样说服对方，让他愿意在业余时间出来打篮球。其中一名员工是这样说的："我想让你出来陪我玩会儿篮球。我特别喜欢打球，但上次去体育馆时那里的人特别少，不够组成一个队。前天晚上，我们三两个人玩投篮，结果我的眼睛都打肿了。我希望你们明天晚上都能来。我太想打篮球了。"

你看，他有顾及你的感受吗？完全没有。你既不想去没人爱去的体育馆，也不想被打肿眼睛。你关心他有多么想打篮球吗，那跟你毫无关系！

同样是邀你一起去体育馆打球，怎样说才能引起你的兴趣呢？篮球能够带给你活力，让你变得有胃口，能令你时刻保持头脑清醒，从中能够得到消遣和乐趣，等等，这些都能激起你的兴致。

我再重申一下奥弗斯特里特教授的话："想要说服别人，就要吸引对方的兴趣，能者坐拥天下，愚者孤独前行。"

培训课上的一位学员家里的孩子乔尼，他很挑食，导致体重过轻，家人担心他会营养不良。父母尝试过很多方法，教育他，责骂他，整天没完没了地重复着"妈妈要你吃这个，吃那个。""爸爸希望你长得又高又壮"。

孩子会理会这些吗？当然不会，他根本就听不进去。

众所周知，三岁孩子的世界观和三十岁成人的世界观是截然不同的。然而这位父亲却用大人的标准要求孩子。这位父亲终于认识到了自己的可笑之处，于是他问自己："孩子想要的是什么呢？怎样能将他想要的和我想要的结合起来呢？"

这位父亲能想到这一点，事情就好办多了。乔尼有一辆三轮脚踏车，他很喜欢在室外骑，但是邻街一个大男孩儿总是欺负他，这些个子比他儿子稍高的男孩儿经常粗鲁地把他从车上拉下来，把车抢过去，骑上就跑。每次被欺负后，乔尼都哭喊着跑回家找妈妈，妈妈会立刻冲出来，将男孩儿拉下车，抢回三轮车。这种情况几乎每天都在发生。

如果你足够聪明，就应该知道乔尼想要的是什么了。小孩子有着同大人一样敏感的内心。他渴望自尊。他的愤怒，他遭受的侮辱，需要找个出口发泄。他想要报仇，想要用自己坚硬的拳头砸在对方的鼻梁上。于是父亲对他保证，如果他听妈妈的话好好吃饭，早晚有一天能将那个坏孩子打得跪地求饶。听了父亲说的话后，他果然不再挑食了，父母再也没担心过孩子的饮食问题。菠菜、腌菜、咸鱼以及其他任何事物。乔尼认认真真吃每一顿饭，期待变得越来越强大，早日狠狠地揍一顿那个羞辱他的男孩儿。

这个问题解决了，这位父亲还面临另一个问题，他的儿子有尿床的坏习惯。乔尼和奶奶同住一起，每天早上起来，祖母查看床单后，都会责备他："你瞧瞧，乔尼，看看你昨天晚上干了什么！"

乔尼就会气呼呼地反驳："不是我干的，是你干的！"

责骂，羞辱，打屁股，三令五申，这些方法父亲都试过了，全都无济于事。怎么才能让孩子有意地控制自己的尿床行为呢？父母为此毫无头绪。

他想要什么呢？第一，乔尼想穿像父亲那样的睡衣睡觉，而不是穿和奶奶一样的睡袍，奶奶答应他，如果他改掉尿床的坏习惯，就给他买一身新睡衣。第二，乔尼想要买一张自己的小床，祖母当然也没有反对。

于是母亲带乔尼来到布鲁克林的商场买东西。她对售货员使个眼色，然后大声说："这个小伙子想要买些东西。"

售货员以一种尊重的口吻问道："这位年轻的绅士，请问有什么可以帮到您吗？"

乔尼的自尊心得到了前所未有的满足，于是站直了身体，说："我要给自己选一张床。"

售货员领会了母亲的眼神，将她看好的床样品给他看，极力劝说乔尼买那张床。第二天，那张床就送到了。那天晚上，当父亲下班回家时，乔尼就跑到门口，大叫着："爸爸！爸爸！快来看我自己买的床！"

父亲对乔尼的新床夸赞了一番。他谨记施瓦布的劝告，真诚地给了儿子称赞。

"你才不会尿湿这张床的，对不对？"父亲问。

"是的是的，当然不会！"乔尼无比坚定。那是他的床，是他自己选的，自己买的。现在他穿着和父亲一样的新睡衣，也希望自己真的像个大人一样信守诺言，他做到了。

还有一位通信工程师德茨曼，他是我们班上的另一名学生，也是一位父亲。他 3 岁的女儿总是不愿意吃早餐，他毫无办法。责骂、请求、哄骗，都不管用。于是他开始问自己，我要怎样能让女儿乖乖吃早饭呢？

父母注意到小姑娘很喜欢模仿妈妈，喜欢让自己看起来像个大人一样。于是一天早晨，他们把女儿放到椅子上，让她自己做顿早餐。爸爸也特意在这个时候走进厨房。女儿兴奋地说："过来看看，爸爸，这是我做的早餐！"

那天早晨，没用任何方法，小姑娘主动吃了两碗粥。她从自己做早餐中找到了自我，让她获得了表现自我的方式，得到了内心渴望的重视与关注。

威廉·温特曾经这样说："每个人都渴望自我表现。"在商界，这一心理同样适用。当我们有好主意时，想方设法让主意从别人口中说出来，而不是让对方觉得这是我们想让他们做的。这样一来，他们会因为是自己的想法乐于去做，或许还会再多吃上两大碗呢。

请牢记："把握住对方的迫切需求，就能找到说服别人的途径。能者坐拥天下，愚者孤独前行。"

原则 3：满足别人的需求。

【小结：为人处世的基本技巧】

原则 1：请勿批评、指责和抱怨；

原则 2：真心真意地对他人感恩、给他人赞美；

原则 3：满足别人的需求。

Chapter 02

讨人喜欢的六种方法

Section 01

怎样让自己备受欢迎

为什么要读这本书，从这里找出交朋友的方法呢？为什么不向世界上最著名的会交朋友的人学习这项技能呢？你可能会问他是谁？明天上街说不定你就会遇到他——当它离你还有十英尺远的时候，它就开始欢快地摇起尾巴；如果你停下来碰碰它，它会上蹿下跳，让你知道它有多喜欢你。要知道在它摇尾乞怜的背后，它没有任何目的。它没想让你买东西，也没想要嫁给你。它只是单纯地想对你示好，让你感受到它满满的爱意。

你曾经是否这样想过，狗不用为了生计外出工作。母鸡得下蛋，奶牛得产奶，金丝雀得唱歌。而狗的唯一使命，就是把它全部的爱都给你。

当我 5 岁的时候，我父亲花 50 美分给我买了一只小黄毛狗。它给我的童年时代带来了很多欢乐。每天下午大约四点半的时候，它都会坐在前院，一双美丽纯洁的眼睛目不转睛地注视着过道，当它听到我的脚步声，或看到我摇荡着饭盒走过矮树丛的时候，它就一下子跳起来，气喘吁吁地跑上山丘来迎接我，高兴得欢蹦乱跳。

这只名叫蒂比的家伙跟我做了 5 年的好伙伴。后来，在一个我永远忘不掉的黑夜，它在离我不到 10 英尺的地方被雷电击死了。蒂比的离去，给我的童年时代留下了不可磨灭的阴影。

需要说一下，蒂比从未读过一本心理学方面的书，它也不需要读，它凭直觉就知道，那是它天生就会的。一个人只要对别人产生兴趣，他在两个月之内交的朋友，就能比让别人对自己感兴趣的人，在两年之内所交的朋友还要多。我再重复一下我的观点，你只要出自真心对别人感兴趣，你的朋友就有很多。

但是就如你我知道的那样，很多人都想办法使别人对他们感兴趣。当然，这种方式根本没用，无论在什么情况下，别人都不会对你感兴趣的，因为他们只对他们自己感兴趣。

纽约有家电话公司，曾经对电话交谈做了一项调查研究，想找出哪一个词在电话中使用次数最多。你可能猜到了，这个词就是第一人称的“我”。在接受调查的500个通话记录中，这个“我”字被使用了3950次。当你拿起一张有你在的集体照时，你最先看的是谁呢？肯定是你自己。

但我要提醒你的是：如果我们只是一味要在别人面前表现自己，让别人对我们感兴趣的话，我们将永远不会交到真诚的朋友。

拿破仑就曾试过这种方法，在他跟约瑟芬最后一次见面时，他说：“约瑟芬，我觉得自己是有史以来最幸运的人，但是，在此刻，你是这个世界上我唯一能够信赖的人了。”

而历史学家们都怀疑其实拿破仑可能连约瑟芬也不信任。

已过世的维也纳著名心理学家阿尔弗莱德·阿德勒，写过一本叫作《活着对你来说意味着什么》这本书。在书中，他写道：“对别人不感兴趣的人，他一生中遭遇的困难最多，给别人造成的伤害也最大。所有人类的失败，都源于这种人。”

你也许读过几十本关于心理学方面的书籍，却还没见到哪一句话对你我来说比这一句更有意义。我不喜欢重复，但是阿尔弗莱德·阿德勒这句话太意味深长了。

“对别人不感兴趣的人，他一生中遭遇的困难最多，给别人造成的伤害也最大。所有人类的失败，都源于这种人。”

有一次我在纽约大学选修一门短篇小说写作的课程，在有一次上课时，来了一位杂志的主编给我们讲课。他说，他每天拿起放到他桌上的数十篇小说，只需读上几段，就能感觉出作者是否喜欢与别人相处。他说：“如果作者不喜欢别人，别人就不会喜欢他写的小说。”

这位经验丰富的主编在讲授小说写作课程的过程中，曾经两次停顿，为他的言语致歉。他说，“我现在想告诉你们的，跟你们的牧师所告诉你们的是完全一样的。但是，请牢记，如果你要成为一名成功的小说家的话，你必须对别人感兴趣。”

如果小说写作是如此，那么你可以确定，待人处世更是如此。

霍华德·瑟斯顿最后一次在百老汇上台表演魔术的时候，我花了整个晚上待在他的化妆间。瑟斯顿，被公认为是魔术师中的魔术师。40 年来，他到世界各地巡演，一再地创造奇迹，观众被惊呆，吃惊得喘不过气来。共有 6000 万人买票去看过他的表演，而他的利润也超过了 200 万美元。

我请瑟斯顿先生给我讲讲他成功的秘诀。这一点与他接受的学校教育当然一点关系也没有。因为他很小的时候就离家出走，成为一名流浪汉。扒火车流浪、睡在干草堆里、挨家挨户求乞。他坐在车中向外看着铁道沿线上的标志，才认识了字。

他的魔术功底是否十分深厚？不见得，他告诉我，关于魔术手法的书市面上有很多，有的人懂得比他还要多。但他有两样其他人没有的特质。第一他能在舞台上把他的个性显现出来。他是一个表演大师，他深谙人类天性。他的所作——每一个手势，每一个语气，每一个眉毛上扬的动作都在上台前很仔细地演练过，而他的动作也配合得天衣无缝。但，除此之外，瑟斯顿还对别人真诚地感兴趣。他告诉我，许多魔术师会看着观众，而对自己说：“啊，坐在底下的那些人是一群傻子，他们都是笨蛋，都被我骗得团团转。”但瑟斯顿的方式完全不同。他跟我说，每次一走上台，他都告诉自己："我很感恩，因为这些人来看我表演。因为有他们，我才能过上舒适的生活。我要把我毕生所学的精彩表演，毫无保留地展示给他们看。"

他告诉我，他每次走上台，都在反复告诉自己："我爱我的观众。我爱我的观众。"可笑吗？荒谬吗？随便你怎么想。我只是原原本本把一位有史以来最著名的魔术师所拥有的秘诀告诉你而已。

舒曼·海恩克夫人对我说过相同意义的话。虽然生活中充满着饥饿和痛苦，虽然生活中充满着这么多的悲剧，她曾因为这些差点杀死她自己和她的孩子。即使这么不幸，她还是一直坚持唱下去，终于变成有史以来最卓越的华格纳歌唱者。而她也坦陈，她成功的秘诀之一：就是无限地对别人感兴趣。

宾夕法尼亚州贝华伦城的乔治·迪克，在一家加油站工作。因一条高速公路的建设需要占地，他被迫从加油站退休。没过多长时间，他就承受不了退休的那种无聊日子，所以他开始找出他那把旧的小提琴来打发时间。然后，他又到处旅行去听音乐，和许多有名气的提琴家们见面。他以谦虚和友善的态度与大家都相处得很好，他对每位他遇见的提琴家和他们的背景都产生了浓厚的兴趣。虽然他自己并不是什么著名的提琴家，他却因为提琴结交到了很多朋友。他还参加了众多的比赛。很快地，痴迷美国东部的乡村音乐的粉丝们就知道"乔治叔叔"这个人了。当我们听闻乔治叔叔的鼎鼎大名时，他已 72 岁高龄了，却依旧在享受着他生命的美好。

由于持续对别人迸发出浓厚的兴趣，当大部分的人都认为他们的时代已经成为过去时，有一个人却为自己的生命创造了一个新的开始。而这也是西奥多·罗斯福备受欢迎的原因之一，甚至他的贴身管家都对他感兴趣。他的贴身管家詹姆斯·阿莫斯曾经写了一本叫《西奥多·罗斯福，我心中的英雄》的书。在这本书里，阿莫斯描述了下面这个趣事：

“有一次，我太太问总统关于鹌鹑的长相。她从没有见过鹌鹑，于是他详细地给她描述了一番。过了一段时间，我们屋里的电话铃响了（阿莫斯和他太太住在牡蛎湾，罗斯福家宅的一栋庄园内）。我太太接起电话，打电话的居然是总统本人。他说，他打电话来是要告诉我太太，在我们的窗外正好有一只鹌鹑。告诉她如果她往窗外看的话，可能会看得到。他时常做出与这类似的事情。每次他经过我们的小屋，即使他看不到我们，我们也会听到他轻声叫出：‘噢，安妮！或者嘿，詹姆斯！’这是他的一种独特的友善的打招呼方式。”

侍从怎么会不喜欢像他这样的一个人呢？任何人怎么可能不喜欢他呢？

有一天，罗斯福到白宫拜访，碰巧塔夫脱总统和他太太都不在。但他还是真诚地与每个人，包括身份卑微的洗碗工都打了招呼。他记得他们每个人的名字，甚至厨房的小女仆也不例外。

当他见到厨房的亚丽丝时，阿莫斯写着：“就问她还做不做玉米面包。亚丽丝回答他，她有时会为仆人做一些，但是‘楼上的人’都不爱吃。”

“他们的品位太差了，”罗斯福有些愤愤不平地说，“等下次我见到总统的时候，我会这样告诉他。”

亚丽丝给他端出一块玉米面包，他一边向办公室外走去，一边吃，同时在经过园丁和工人的身旁时，他还跟他们问好……

他对待每一个人的态度，就同从前他在时一样。仆人们仍然会小声讨论这件事，而在白宫效力40年的总管艾克·胡佛亚眼含热泪说：这是将近两年来我们拥有的最快乐的日子，这段岁月如此珍贵，我们中的任何人，都不会因金钱把它交给别人。

查尔斯·伊里特博士是有史以来一位最成功的大学校长。他从南北战争结束后一直到第一次世界大战的前5年间一直担任哈佛大学的校长。下面是伊里特博士处事方法的一个事例。有一天，一名大一学生克兰顿到校长室去贷款50美元，这笔贷款批准了。后来，就在我千恩万谢准备起身离去的时候，伊里特校长说：“再坐会儿吧。”接下来说的话让我有些惊讶：“听说你会在自己的寝室里亲手做饭吃。我觉得这样也很好，前提是你所吃的食物是适合的，而且足够你吃的话。在我读大学的时候，也曾这样吃过。你做过牛肉狮子头吗？如果你能把牛肉煮得很烂，这就是一道很好的菜。当年我就这么煮过。”接着，他告诉我如何挑选牛肉，应该用文火去煮，然后切碎，用锅煮成一团，放凉再吃。

还有一件同样的事，一个看起来一点也不重要的人，却帮了新泽西强森公司的业务代表爱德华·赛克斯一个大忙，让他重新获得了一位代理商。“许多年前，”他回忆着说，“在马萨诸塞地区，我帮强森公司拜访了一位客户。这个经销商在音姆的杂货店里。每次我到店里去，我总是先和卖冷饮的店员说上几分钟，然后再跟店主洽谈订单的事。有一天，我正要跟这位店主谈订单，他告诉我不要打扰他，他不想再买强森的产品了。因为他觉得强森公司都把活动集中在了超市和折扣店上，而忽视了他们这种小杂货店。我垂头丧气地出了门，然后到城里逛了几小时。后来，我决定再回去一趟，至少要跟他解释清楚我们的误会。

“当我回去时，我像平常一样跟卖冷饮的店员都打了招呼。当我走向店主时，他竟然向我微笑表示欢迎。之后，他又给了我比平常多两倍的订单。我很诧异地望着他，问他在我离开的几小时发生了什么事。他指着在冷饮机旁边的那个年轻人说，打我走了之后，这个年轻人就过来对他说：很少有推销员像他这样，到店里来还会费事地跟他和其他人打招呼的。他跟店主说，假如有人配得上与他做生意的话，那一定就是我。他觉得男孩儿说得很有道理，于是就继续做我的客户。我永远都不会忘记，真心对待别人，会是推销员最重要的品格——对其他人也是如此，至少从这件事看来是这样。”

在现实生活中你也许不是音乐家、总统、校长或代理商，但你的心情完全可以同他们一样。我的个人经历告诉我，一个人只要对别人真诚地关心，就可以从别人那得到宝贵的合作机会——即使这个人可能很忙。我来举例说明一下：

几年前，我在布鲁克林文理学院教小说写作这门课，我们希望能邀请凯瑟琳·诺瑞斯、范妮·赫斯特、艾达·塔贝尔、阿尔伯特·佩森·特修和鲁珀特·休斯等著名作家来到布鲁克林，传授给我们他们的写作经验。我知道他们工作繁忙，因此我们给他们写了一封信，说明我十分仰慕他们的作品，深切地希望能得到他们的指点，以及获知他们成功的秘诀。

每封信都有全班150名的学生的亲笔签名。我们在信中说，我们知道他们忙得可能无法准备一篇演讲，因此，我们附上系列在写作方法方面的问题，请他们回答。他们很喜欢我们的做法。有谁会不喜欢吗？因此，他们匆匆从家里赶到布鲁克林，来助我们一臂之力。

以同样的方法，我让西奥多·罗斯福任期时的财政部长莱斯利·肖、塔夫脱、总统任内的首席检察官乔治·威克沙姆、威廉·詹宁斯·布赖恩、富兰克林·罗斯福以及许多其他的知名的大人物到我的演讲班来，跟学生们一起交流。

每个人都会对欣赏自己的人感兴趣——不论你是工人、职员还是总统，皆是如此。例如德国皇帝威廉二世，“一战”末期，举国上下痛恨他，全天下人都觉得他是战争的罪魁祸首。他流离失所逃到荷兰，德国民众对他恨之入骨，恨不得将他碎尸万段。就在大众的怒火熊熊燃烧之际，一个小男孩儿给威廉二世写了一封信。这封信淳朴而温暖，每个字都洋溢着对他的崇拜之情。小男孩儿在信中写道，他才不管别人怎么想，他永远将威廉视为他心中的国王。威廉二世感动得热泪盈眶，他邀请小男孩儿和他见面。小男孩儿在母亲的陪伴下拜访了威廉。不久以后，威廉二世与男孩儿的母亲走到了一起。小男孩儿不用学习怎样为人处世，他天生就懂得如何与人相处。

想要得到友谊，就多付出些，别嫌麻烦，真心实意地为他人做点事情。哪怕要为此付出时间、精力、耐心。温莎公爵被封为威尔士亲王之后，曾受邀出访南美。为此他预先花了几个月的时间学习，坚持用西班牙语发表演讲，赢得了南美民众的敬爱。

好多年来，我一直都在记着朋友们的生日，怎样能知道他们的生日呢？虽然我一点也不相信星象学，但是我会先问对方，是否相信人的生辰跟一个人的个性和性情有关系，将话题转移到对方生日上。然后我再请他把他的生日告诉我。举例来说，如果他说他出生于 11 月 24 日的话，我就一直在心里重复："11 月 24 日，11 月 24 日。"等他一转身，我就把他的姓名和生日记下来，事后再转记在一个生日本子上。在每一年的年初，我就把这些生日标明在我的日历上，因此它们能够很明显地引起我的注意。当某人生日到了的时候，就会收到我的信或电报。他们得多么惊喜呀！我常常是世界上唯一记得他们生日的人。

如果我们要交朋友，就要以热情和诚恳去感染别人。当别人打电话给你的时候，就利用同样的方式，说话的声音要显出你接到他的电话十分高兴。纽约电话公司开了一门课，训练他们的接线生在说"请问您要拨几号？"的时候，口气要显出"早安，我很高兴为您服务的感觉"。我们明天接电话的时候别忘了试一试。

对别人显示你的兴趣，不但可以让你交到更多朋友，还可以为你的公司增加客户的信任感。纽约一家北美国家银行出版的刊物中，登出一位名叫玛德琳·罗斯黛尔的存户信件（该信刊登于北美国家银行，于1978年3月31日发行的期刊《鹰》中）：

我真希望您知道我是多么欣赏您的员工。每一个人都是如此彬彬有礼、态度积极。在排了一列长队后，有位员工亲切地跟你问好，那真是令人感到愉快的事。

去年我母亲住了5个月的院。那段时间，我经常去的那家银行的柜台出纳员玛丽·佩德赛罗，她很关心我母亲的身体，经常打听她的情况。

罗丝黛是否会继续和这家银行保持业务往来？这是毋庸置疑的。

查理·沃尔特斯，在纽约市一家大银行工作，他奉命写一篇有关某公司的调查报告。他知道他所需的资料掌握在一个人手中。于是，查理·沃尔特斯去拜访那个人，他是一家大工业公司的董事长。当沃尔特斯先生被允许进入董事长的办公室时，一个年轻的妇人从门边探进头来，她告诉董事长，手头没有什么邮票可给他。

"我儿子喜欢集邮，我在帮我那12岁的儿子收集邮票。"董事长对沃尔特斯解释。

沃尔特斯先生说明他的来意后就开始提问。董事长含糊其词，所有的回答都模棱两可，很明显他没打算说出心里话，无论怎么请求都没有用。这次见面的时间很短，我这趟算是白来了。

"坦白说，我当时毫无办法。"沃尔特斯先生说，他在班上告诉我们。"接着，我想起他的秘书对他说的话，他有个12岁的儿子，需要邮票……我也想起我们银行的国外部门每天接收来自世界各地的信，上面有各国邮票。

"第二天早上，我再去拜访他，让他秘书传话说我有一些邮票要送给他的儿子。我是否是被热情地邀请进去的呢？没错，即使他要参加竞选，也不能这么热情地和我握手。他笑容满面，态度和蔼可亲。

‘我的乔治肯定会喜欢这张。’他不停地说，一面抚弄着那些邮票。‘看看这张！这是一张无价之宝。’”

“我们花了很长时间只谈论邮票，看了他儿子的照片，然后他又花了一个多小时，把我所想要知道的答案全都告诉给我——在他说之前我只字未提调查的事。他把他所知道的，全都告诉了我。然后叫他的下属进来，问他们一些问题。他还打电话给他的一些同行，他把一些事实数字、报告和信件一股脑儿地告诉我。以一位新闻记者的话语来说，我来的这趟收获颇丰。”

让我们再来看看另外一个例子：

多年以来，费拉达尔菲亚的克纳弗一直试着要把煤推销给一家大的连锁公司。但是该连锁公司却坚持从另一个镇上买煤，气人的是运煤车还会经过克纳弗的办公室。有一天克纳弗先生在我的班上发了一通牢骚，把连锁公司骂得狗血淋头，说它们是美国的一个祸害。

而他仍然不懂为什么他们就是不买他的煤。

我建议他采取不同的方法。长话短说，下面是整件事情的经过。我们在班上分组辩论，主题是连锁公司的扩张对国家是利大于弊还是弊大于利。在我的建议下，克纳弗站在否定的一边，他在辩论中将为连锁商店辩护，所以他跑到那家他痛恨的连锁公司，去找公司的高级职员，到那他就说：“我今天来不为了推销煤，我来是有求于您，请您给我帮个忙。”他接着把辩论的事告诉他，说：“我是来找你帮忙的，因为我知道您能提供给我需要的资料，对您的帮助我感激万分，会终生铭记。”

下面让我们听听克纳弗先生给我们讲讲整个事件：

我请这位经理给我一分钟的时间。正是因为我强调了只要一分钟，他才答应接见我。听明我的来意之后，他请我坐了下来，我们一共交谈了 1 小时 47 分钟。他请一位曾写过一本有关连锁商店书的高级职员进来给我介绍那本书。他还置信全国连锁组织协会，为我要了一份有关这方面的文件。他觉得连锁商店给人类提供了一种真正的服务。他很骄傲，他为数百个地区的人民所做出的贡献感到自豪。当他提起这些的时候，他的眼睛都闪烁着光芒。我不得不承认，他告诉我的这些我以前做梦都没有想到过。他彻底改变了我从前对他的看法。

当我要离开的时候，他将送我到门外，用手搂着我的肩膀，预祝我辩论取得胜利，他还邀请我有时间常来坐坐，结果出来后告诉他一声。他对我所说的最后几句话是："开春的时候记得来一趟，我想在你这买点煤。"

对我来说，这简直堪称奇迹。我一句话也没提让他买我煤，没想让他对我的产品感兴趣，而这在过去十年里我一直竭尽全力做的事，居然在刚刚过去的两小时里得到了这么大的进展。他居然主动要买我的煤。我对他的答案深深地感兴趣，比十年中我要使他对我和我的煤感兴趣所得到的进展还要多。

克纳弗先生并没有发现另一个全新的真理，因为在很久以前，早在耶稣出生的 100 年前，就有一位著名的罗马诗人西拉斯曾经说过："要想别人对我们感兴趣，我们先要对别人产生兴趣。"

所以，想要让别人喜欢你，第一要遵守的规则是：真诚地对别人感兴趣。假如你想有让人愉快的人格、个性，在与人相处的时候拥有一个更有效用的技能，我希望你去买一本书，叫《皈依宗教》，作者是林克博士。乍一看书名别害怕，其实，这并不是一本单纯说教的书。林克博士是一位著名的心理学家，他曾亲自接见指导过超过 3000 名自认为内心苦闷、彷徨而请他解答"人格与个性"问题的人。林克博士说，他这本书可以改名为"如何发展人格"，书中讨论的正是这个问题。我相信你会对这本书感兴趣。

而我想说的是，双方的兴趣，皆以“真诚”为前提。真诚是为人处世的基本原则。无论关注他人的一方，还是被关注的一方，只有你情我愿，才能取得双赢。

纽约长岛的学生马丁·金斯伯格和我分享了他的经历。在他小时候，一位护士真诚的关心，令他至今无法忘怀。

“十岁那年的感恩节那天，我是在医院的病床上度过的。我内心焦虑地等着第二天的外科手术，想到手术过后的漫长的康复期和被限制自由的痛苦，我就担忧不已。我的父亲很早就离开了我们，只剩母亲和我住在狭小的公寓里，靠社保维持基本生活。恰巧那天母亲还不能来看我。”

“那一天比以往要漫长很多。我看着太阳一点一点西沉，我的内心充满了孤独与绝望。母亲自己在家，因为我愁容满面，身边没有人陪她说话，更没有人陪她过感恩节，她连一顿像样的感恩节晚餐都吃不起。一想到这些，我难过得泪流满面。我把枕头压在头上，把头埋在床单里，小声地呜咽着。我不愿被人看到，但内心煎熬着，疼痛和难过让我止不住地颤抖。”

“一个年轻的实习护士听到了我的呜咽。她轻轻走过来，温柔地把床单拉开，亲手拭去我脸上的泪水。她温柔地告诉我，她和我一样孤单；为了工作，她感恩节没有办法赶回家和家人团聚。她邀请我一起吃感恩节晚餐，她拿来了满满两托盘食物——火鸡片、土豆泥、蔓越莓果酱，还有当作甜点的冰激凌。她陪我聊着天，安抚着我惊恐不安的心。她 4 点就可以下班了，可为了陪伴我，她在医院一直待到深夜，她和我做游戏，还哄我睡觉。”

“时间脚步匆匆，多少个感恩节来了又走，却没有一个在我心中留下任何痕迹。只有十岁那年的感恩节，在我心底留下了深深的烙印。每当我感觉沮丧、恐惧、孤独的时候，都会想起那位素昧平生的护士，她用温柔和善良温暖了我幼小脆弱的心，让一切变得都不再那么难以忍受。”

如果你希望惹人喜欢，如果你渴望诚挚的友谊，如果你希望助人助己，请牢记以下的原则：

原则 1：对他人产生兴趣，真心实意地关注他人。

Section 02
怎样建立美好的印象

行为永远比高谈阔论更重要，给别人微笑就是对他人友善的第一步，它所表达的意思是：我喜欢看见你，喜欢和你在一起。每个人都在寻找快乐，但想要快乐只有一个有效的办法，那就是把控住自己。快乐不是由外部环境决定的，快乐来自内心的力量。人的言行举止看起来是跟着感觉走的，事实上并非如此，行动是与感觉同时存在的，我们能让直接受意识支配和间接不受意识支配的行为都变得规律起来。

我最近在纽约参加了一个宴会，其中一名宾客是一个获得了遗产的女人，她急于给每个人留下一个良好的第一印象。她花费了好多金钱购置黑貂皮大衣、钻石和珍珠。但是，她在自己的面孔上却没有装饰什么。她的表情尖酸、刻薄。她没有发现每一个男人所注意的，是一个女人的面部表情，那比她身上所穿的衣服更重要（对啦，当你太太要买一件貂皮大衣的时候，这句话可以用来敷衍她）。

查尔斯·史考伯对我说过，他的微笑价值超过 100 万美元。他这并不是自吹自擂，因为史考伯的魅力，他的能力，他让人喜欢的才能，才是他取得卓越成功的原因。他的性格中，最令人喜欢的是他那动人的微笑。有一天下午我跟莫里斯·雪佛莱在一起。坦白地说，我感到很失落。他闷闷不乐且沉默寡言，跟我所期望的完全不同。直到他微笑的时候，我才意识到自己错了，他的微笑像是冲破云层的太阳。如果不是因为微笑，莫里斯·雪佛莱可能跟他的父兄一样，依然只是巴黎的一位家具生产商。行动比言语更具有力量，而微笑所表示的是：“我那么喜爱你，你能带给我快乐，我很高兴能够与你相遇。”

这就是为什么狗这么受人们欢迎的原因。它们见到我们那么兴奋，都高兴得活蹦乱跳的。因此，我们见到它们就很开心。

一个婴儿的微笑也有这么大的魔力。

你是否在医院的候诊室排队等待过？是否注意过四周的病人和他们郁闷的表情？一位密苏里雷顿市的兽医史蒂芬·斯普劳尔博士给我讲了这样一个故事：有一年春天，他的候诊室里照例挤满了顾客，这些人带着他们的宠物来注射疫苗。没有一个人说话，也许每一个人都觉得坐在这里等待是浪费时间，他们有好多有意义的事情等着去做。

斯普劳尔回忆说，有六七个顾客在排队等待，之后又有一位女顾客进来了，带着她九个月大的孩子和一只准备接种疫苗的小猫，她恰好就坐在一位等得很不耐烦的先生旁边。当男人烦躁不安地到处看时，他刚好发现那个孩子正抬着头注视着他，并天真无邪地咧着嘴对他微笑。这位先生有什么反应呢？跟你我一样，当然他也对那个孩子笑了笑，然后他就跟这位女顾客聊起她的孩子和他自己的孙子来了。不大一会儿，整个候诊室的人都热闹地聊起了天。候诊室里整个气氛也都变得轻松愉悦了起来。

那是一种不真诚的狞笑？当然不是，那种笑骗不了任何人。我们知道那种笑是机械的，让人讨厌的。我所说的是一种真正发自内心的微笑，一种令心情温暖的微笑，只有这种微笑才能带来正面的能量。

密歇根大学的心理学家詹姆士·麦康奈尔教授谈起他对微笑的看法时说：有笑容的人在管理、教导、营销上都会取得更大成绩，更有助于培养快乐的下一代。笑容比皱眉更能传达你的心意，这就是为什么要在教学上要以鼓励代替处罚。

一位纽约大百货公司的人事经理对我说，他宁愿雇用一名有可爱笑容但可能连小学都没念完的女孩儿，也不愿雇用一个整天板着脸的哲学博士。

笑对他人的影响是很大的，即使在打电话时看不到。遍布美国的电话公司推出过一个项目叫“声音的魔力”，这项培训针对使用电话来推销产品和服务的人。在这个项目里，电话公司建议你，即使看不到，在打电话时也要保持笑容，因为“你的笑容”可以由声音来传达。

俄亥俄州的辛辛那提一家电脑公司IT部门的经理，告诉我们他有一个名额空缺，他为这个职位找了很长时间的合适人选，最后终于找到了。他是怎么做到的呢?

“我为了替公司找一个电脑博士伤透了脑筋。最后我找到一个非常合适的人，这个人是即将从普渡大学毕业的一名博士生。几次电话交谈后，我知道还有其他几家公司也给了他应聘的机会，而且有几家比我的公司规模大而且更有名。当他接受这份工作时，我真的是非常高兴。他开始上班时，我问他，为什么没去其他的公司而是选择了我们。他稍加迟疑后说：‘我想是因为其他公司的经理在电话里的声音听起来都是冷冰冰的，商业味很重，使我感觉通话只是一次生意上的往来而已。但您的声音，听起来您是真心希望我能够成为你们公司的一员。’毫无疑问，我现在接听电话时也是笑着的。”

美国一家最大的橡胶公司的一位董事曾经对我说，根据他的观察，一个人除非对自己的事业很感兴趣，否则将很难取得成功。这位实业界的领袖，并不信服那句：十年寒窗苦读就可功成名就。“我认识一些人，”他说，“他们成功了，因为他们创业的时候满怀兴致。

后来，我看到这些人变成工作的奴隶，无聊起来了，是因为他们对工作一点兴致也没有了，注定事业是失败的。”

如果你想别人开心地见到你，那么你见到别人一定要很高兴。

我鼓励成千上万的商人，花一个星期的时间，每天都对别人保持微笑，然后再回到班上来，谈谈这样做的感受。那么情形是怎样的呢？我们来看看威廉·斯坦哈特写来的一封信，他是纽约证券股票场外市场的一员。他的例子绝不是个例。事实上，它是好几百个人中的典型例子。

我已经结婚18年多了，在这期间，从我早上起来到我要出门上班，我很少对我太太微笑，也不会和她说上几句话。我是成千上万穿过百老汇人流中闷闷不乐的一个。

既然你要我试试用微笑与人交谈，看看能产生什么效果，我就决定先尝试一周看看。因此，第二天早上我起床梳头的时候，我看看镜中愁容满面的自己，对自己说：“比尔，你今天要收起脸上的愁容，你要微笑起来。就从现在开始微笑。”当我坐下来吃早餐的时候，我笑着跟我太太问早安。

你曾说，她可能会大吃一惊。你低估了她的反应。她彻底被搞糊涂了。她惊愕不已。我告诉她，从此以后，我会继续这样做，养成这样的习惯。

我保持着问早安的习惯已经有两个月。这种做法改变了我的态度。在这两个月中，我们在家里感受的幸福比去年一年还多。

每天在我上班的路上，我都会对大楼的电梯管理员微笑着问早安。我微笑着跟大楼门口的警卫打招呼。当我换零钱的时候，我对地铁的售票小姐报以微笑。当我站在交易所时，我对那些以前从没见过我微笑的人微笑。

我很快就发现，每一个人也对我报以微笑。我以一种积极的态度，来应对那些满肚子牢骚的人们。我一面听着他们抱怨，一面微笑着，往往这样问题就更容易解决了。我发现微笑带给我更多的东西，甚至增加了我的额外收入。

我和另一个人一起用一间办公室。他是个很讨人喜欢的年轻人，我告诉他最近我所学到的做人处世哲学，我为我的所学感到高兴。他接着承认说，当我最初跟他共用办公室的时候，他认为我是个脾气很差的人，近来他发现自己错了，他说我笑起来让人觉得很温暖。

我改掉了爱批评的坏毛病，用赞美代替埋怨。我改掉了一天到晚都在强调自己要怎样的坏毛病，我尝试从对方的立场看问题。这些改变让我的生活发生了翻天覆地的变化。现在的我好似变成了完全不同的人，我的幸福感更强，内心也更知足，还意外收获了人生中最重要的两个东西：友谊和快乐。

也许你不习惯常常微笑，但至少你要试试看。当你独处的时候，请试着吹个口哨，或是哼几句歌曲，假装自己很开心——结果往往就是你会真的开心起来。心理学家、哲学家威廉·詹姆斯对这一现象做出了如下解释：

人们往往认为将感觉放在行为的前面，但实际上，感觉与行为是同时进行的。与情绪相比，个人意志要先于其他方面对行为产生影响，只要自己调整行为，就能够间接地调整自己的情绪。

“倘若你想要找回久违的快乐，就请愉快地面对眼前发生的一切，愉快地侃侃而谈或是做好工作，你会感觉快乐已经回到了你的身边。这是通向快乐的捷径……”

很多人都在寻找幸福，也的确有幸福之路的存在。学会抑制自己的想法，就能够获得幸福。幸福绝不是取决于外在条件，而是取决于你自身的心理状态。

决定快乐与否的并不是因为你是谁、你在哪儿或是你在做什么事情，而是你对待问题的处理方式。例如两个金钱和地位差不多的人，在同一地点做同一件事，也很有可能一个感到开心，一个感到痛苦。为什么会有这么大的差别？因为二者对待事物的态度不同。在烈日当空下用粗劣的农具辛勤耕作的农民，和身处纽约、芝加哥或洛杉矶的空调房里工作的白领，幸福感其实都是一样的。

莎士比亚曾经说过："事无优劣，态度使然。"

亚伯拉罕·林肯也曾说过："人们的心境决定着他们的幸福感。"我赞同他的说法。我在这里举一个再合适不过的例子。那时，我正在纽约长岛火车站顺着楼梯上楼，走在我前面的是一群拄着拐杖的男孩儿们。他们艰难而缓慢地一步步挪上台阶，其中一个孩子甚至无法依靠自己行走。然而他们天真无邪的笑声传了一路，每个人脸上都是快乐的表情。我被这快乐深深感染，于是和他们的领队老师聊起来。那位先生说："当孩子们意识到一辈子都得依靠拐杖的时候，最初都会难以接受。但是过一段时间，他就会接受命运的安排，下决心要像正常孩子一样快乐地面对生活。"

在那一刻，我发自内心地想向这些男孩子脱帽致敬。他们给我上的这一课，令我终生难以忘怀。

独自在封闭的办公室工作不仅会令你孤独，而且还减少了与其他同事交朋友的机会。在墨西哥工作的玛利亚·冈萨雷斯女士正面临这个难题。刚参加工作的第一周，她坐在自己的办公室里，听着隔壁传来的阵阵欢声笑语，暗自羡慕着其他同事之间的密切关系。然而每当她经过同事身边时，她总会因害羞而不由自主地看向别处张望。

几周过后，她对自己说："玛利亚，你不能总是等待别人来找你。你得主动走向别人。"于是当她再经过走廊去茶水间的时候，她以最明媚的微笑和每个同事打招呼，说："你好，今天过得怎么样？"收到的效果真是立竿见影。人人都对她回以微笑，就连走廊也似乎一下子明亮起来，氛围也变得更加融洽了。渐渐和大家熟悉过后，她和好几位同事成了朋友，生活和工作都因此变得愉快有趣了。

下面这则建议值得每个人仔细阅读，它来自作家阿尔伯特·哈伯德。但请记得付诸行动胜于口头承诺，只说不做是于事无补的。

每天走出家门的时候，请你收紧下颌，昂首挺胸，让空气充满肺腑，让阳光沐浴全身。向朋友问好时记得面带微笑，握手的时候请真心诚意。不要害怕遭到误解，也不要在敌人身上浪费哪怕是一分一秒。请在脑海中牢牢记住你的心愿，迈开步伐向目的地前进。专注于你的伟大目标，你就会发现在潮起潮落之间，你已经不知不觉地抓住了每一次接近成功的机会，如同小小的珊瑚虫努力从澎湃海浪中汲取它需要的养分。请在脑海中仔细勾勒理想的印象，笃定的想法将帮助你一步步成长为那个真诚美好、才华横溢的自己。思想境界是至高无上的。请学会端正心态，学会无所畏惧、坦诚率真、乐观向上，因为正确的思维是创造一切可能的前提条件。心有所想事情才能继续发展，虔诚的祷告者必将得到上帝的回应。坚定你的心意，你就不会迷失方向。收紧下颌，昂首挺胸——你就是自己的神明。

中国古代人拥有无穷智慧，其真知灼见放之四海皆准。他们有一句古语是这样说的：“非笑莫开铺。”

微笑传递着善意。当人们受够了生活中的忧愁、冷眼与漠视时，你的微笑就如同穿透乌云的灿烂阳光，瞬间照亮对方的生活。每个人都面对着来自老板、客户、老师、家庭的重重压力与现实的种种刁难，而一个微笑就能够令彼此感受到世间的温暖。

就在几年前的圣诞节，汹涌的采购人潮令纽约的店员措手不及。为了帮助员工减压，一家百货公司在广告中向读者讲述了这样一则质朴的哲理：

笑容的意义在于：

它分文不取，却价值连城；

它富足他人，亦于己无妨；

它发生于转瞬之间，却令人永难忘怀；

它受贫者追捧，也让富者渴望；

它为家庭带来欢乐，为事业创造时机，为友谊奠定基础；

它是疲倦者的休憩地，是忧虑者的良药，是绝望者的黎明，是哀戚者的阳光；

它无法用金钱交换，无法经乞求得来，无法借给他人，也无法被人窃取。只有在给予之时，它才有存在的价值。

假如在圣诞节最后的匆忙购物中，我们的店员因过于疲惫，无法以笑容迎接您的莅临，能否请您给我们留下温暖的笑容？

那些无力微笑的人，最需要得到你的微笑。

原则 2：保持微笑。

Section 03
怎样记住他人的名字

1898年，纽约州罗克兰郡发生了一起惨剧。当时正值隆冬，大地被茫茫积雪覆盖，凛冽的寒风呼啸而过。法雷顶着寒风走进马厩备马，准备出席邻居家一个小孩儿的葬礼。马儿已经在马厩里忍耐多日，当法雷将它牵到水槽旁时，它兴奋得将前蹄高高扬起，却意外地将法雷踢翻在地。在那一周内，这个不幸的小镇接连举办了两次葬礼。

法雷的意外离世，留下家中的结发妻子和3个儿子，以及仅仅几百元保险赔偿金。

当时法雷的大儿子吉姆只有10岁。为了生计，他不得不在砖厂打工，每日运送砂土并倒进模具里，将成形的砖块在阳光下不时翻面烤干。他没有机会上学，却以天生的亲和力博得了身边所有人的好感。成年后，他走上从政的道路，逐渐掌握记人姓名的能力。

吉姆从未有机会去高中读书，然而当他正值盛年之时，已经有四所大学授予了他荣誉学位。他成为美国民主党全国委员会的主席，同时兼任美国邮政部长。

我曾经采访过吉姆·法雷，并问起他成功的秘诀。“勤奋。”他回答。我半信半疑地说：“你可别开玩笑了。”

于是他反问我，觉得他为什么取得了成功？我回答说：“我知道你叫得出上万个人的姓名。”

“不，你说错了，”他说，“我至少记得五万个人的名字。”

毫无疑问，就是这一能力使得吉姆统领富兰克林·罗斯福参加1932年的总统竞选，并由此成为罗斯福入主白宫的幕后功臣。在石膏厂当销售员和在镇上担任市政文书的那些日子里，吉姆总结出了一套特有的方法，用来记忆所有与他接触的人名。

开始的时候很容易做到。每次他新认识一个人的时候，他会通过交谈了解对方的姓名、家庭状况、从事的行业和政治观点，并在脑海中记下这些细节。下一次再见到对方，即使是若干年之后，他也能够准确无误地叫出对方的名字，关切地问候对方家人最近如何，花园里的向日葵长得怎样。难怪有这么多人愿意追捧他。

在罗斯福竞选总统的几个月之前，吉姆每天会写上百封信发到西部及西北部各州。他在19天内亲自拜访了20个州，交通工具包括马车、货车、汽车和船，行程达到了一万两千英里。每到一个城市，他都会抓住一切时机与人近距离交谈，行程表从清晨一直排到深夜。然后他又匆匆上路，走向下一个目的地。

一结束旅程回到东部，吉姆就立刻给他拜访过的每座城市的联络人写信，向对方索要一份与他交谈过的贵宾名单。要来的名单上有成千上万个名字，每个人都收到了吉姆的亲笔信，信件开头特意写明每个人的名字："亲爱的比尔""亲爱的简"，每封信末尾都附有吉姆的亲笔签名。

吉姆在很小的时候就意识到，人们对自己名字的在乎，远胜于他们在意其他任何事情的总和。能够熟练地叫出对方姓名本身已是十分奏效而不露痕迹的赞美。但是把别人名字记错或是写错就比较尴尬了。我在巴黎举办公共演讲培训的时候，向居住在巴黎的所有美国居民发出了邀请函。不料法国的打字员对英文名字太过陌生，拼错了好几位居民的姓名。其中一位在美国银行巴黎分行工作的经理为此非常气愤，甚至写了一封措辞严厉的回信来发泄他的不满。

有些名字确实相当不好记。特别是遇到那些读音拗口的名字时，大多数人连试着念一下的勇气都没有，所以直接以昵称代替。西德·莱维曾经拜访过一位名叫尼可德穆斯·帕帕多洛斯的客户。为了节省时间，大多数人都直接叫他“尼可”。莱维对我们说：“在拜访他之前，我特意练习了无数遍怎么读他的名字。当我向他问好说出‘下午好，尼可德穆斯·帕帕多洛斯先生’的时候，他惊讶极了，愣了足足好几分钟。之后，他热泪盈眶地对我说：‘莱维先生，我来这个国家已经十五年了，但从来没有人愿意用全称称呼我，从来没有。’”

让我们再来看看安德鲁·卡内基的故事。

安德鲁·卡内基被人们称为钢铁大王，然而他自己却对炼钢一知半解。为他工作的上百名员工，每个人都比他专业知识强。

然而他最大的特点是深谙人性，这也是他成功的关键。很小的时候，他就已经显露出组织领导的天赋。10 岁的时候，他惊讶地发现人们对自己的名字格外重视，并利用这一点为自己赢得了合作的机会。那时他还生活在苏格兰。有一天，他碰巧抓到了一只母兔。母兔很快生了小兔子，但卡内基没有食物可以喂这窝小兔子。于是小卡内基灵机一动，他动员了邻家的小朋友们，告诉他们谁能找来喂兔子的苜蓿和蒲公英，就以谁的名字给这些小兔子命名。

这个方法十分有效。小卡内基从此记住了这一点。数年后，他利用同样的方法，在生意上取得了巨大成功。那时他正想把铁轨卖给宾夕法尼亚的一家铁路公司，当时宾夕法尼亚铁路公司的董事长是埃德加·托马森，于是安德鲁·卡内基在宾夕法尼亚西南部的匹兹堡兴建了一座大型炼钢厂，并给公司取名为“埃德加·托马森钢厂”。

读到这儿，你大概猜到结果了吧？当宾夕法尼亚铁路公司需要铁轨的时候，你猜猜看埃德加·托马森会从哪儿进货呢？希尔斯与罗百克公司，还是埃德加·托马森钢厂？

当安德鲁·卡内基和乔治·普尔曼争夺联合太平洋铁路公司的卧车车厢业务时，这位钢铁大王再次想起了儿时的那次给小兔子起名教给他的道理。

当时，卡内基掌管的中央交通公司和普尔曼的公司都想拿下这笔大生意。彼此针锋相对，双方打起了硝烟弥漫的价格战，几乎在以零利润力求竞争成功。联合太平洋公司的董事会最终决定在纽约同时约见卡内基和普尔曼。当晚，两人在圣尼古拉斯酒店偶然相遇了。卡内基主动对普尔曼说："晚上好，普尔曼先生。咱俩真是自作自受啊！"

"你说这话是什么意思？"普尔曼问他。

卡内基向普尔曼提出了想要双方合并的提议，他激情洋溢地向普尔曼描述了两家合作给对方带来的种种益处，普尔曼兴致勃勃地听着，但并未明确表态。最后，他开口问卡内基："那合并的新公司应该叫什么名儿？"卡内基不假思索就迅速回答道："那还用问，当然命名为普尔曼豪华车厢公司。"

听到卡内基这么说，普尔曼面带微笑对卡内基说："请来我屋里吧，咱俩好好谈谈。"他们的这次谈话改写了美国钢铁工业的历史。

能牢记朋友和生意伙伴的名字，并且给对方充分的尊重，使安德鲁·卡内基具备卓越的领导力。在工厂里他能够叫出大部分工人的姓名，并因此感到骄傲。他还曾经自豪地说，在他管理公司的期间，钢铁厂的熊熊炉火一直持续，他在位期间未发生过一起工人罢工事件。

得克萨斯商业银行的董事长本顿·罗孚认为，一个公司规模越大，他的人情就越淡漠。"让人心温暖的方式之一，"他说，"就是记住同事的姓名。如果有哪个主管告诉我他根本叫不出下属的姓名，我的理解就是他根本不清楚公司的业务，这会令我对他的管理能力产生怀疑。"

加利福尼亚州的凯伦·柯什是美国环球航空公司的一名员工。身为乘务员她把记住乘客姓名当作工作的一部分，她要求自己在为乘客提供服务时能准确叫出对方姓名。很多乘客被她的做法深深打动，多人致信航空公司对她的细心提出表扬。其中一位乘客在信中这样写道："我有很长一段时间没有乘坐贵公司的航班了，这次你们员工的做法让我颇感荣幸，从今以后，如果可以选择我也将只选择你们公司。贵公司提供给客户的个性化服务真是独树一帜，让我感动。"

每个人都希望自己的名字能被他人熟记，并愿意为此付出任何代价。连冷漠无情的马戏团老板巴纳姆都曾要斥资两万五千美元的天价，给他的外孙西利改名为"巴纳姆·西利"，弥补了自己因没有儿子传宗接代的遗憾。

几个世纪以来，有名望和地位的人都热衷于出资资助文学作家，有时只是为了后者在作品上标明："谨献给 ××。"

在历史上很多有社会地位和富甲一方的名人恐怕自己的名字在历史长河中逐渐被人们淡忘，因此他们会向图书馆或博物馆捐赠名贵藏品。例如阿斯特和雷诺克斯将私人藏品捐给纽约公共图书馆，大都会博物馆。走进教堂你会发现教堂的每一扇彩绘的玻璃窗上都标有捐赠人的姓名，而大学中那些以人名命名的建筑也是因为对方捐助了大笔的资金。

有些人说自己记不住别人的姓名，无非是不愿花时间和精力去做这件事。他们总是以太忙为借口，但是有谁会比美国总统富兰克林·罗斯福更忙呢？面对仅有一面之缘的机修工，罗斯福都能叫出他的全名。

罗斯福中年因病瘫痪在床，因此克莱斯勒公司为他量身定做了一辆车。张伯伦和一位机修工受任把车送到白宫。张伯伦在信中这样叙述他送车的过程：

我告诉罗斯福总统怎样使用这台定制车，而他则教给了我如何与人相处。到达白宫时，总统亲切地直接叫出了我的名字，让我觉得很意外。令我印象尤为深刻的是，他对我的介绍听得非常仔细。我告诉他定制车的设计十分特别，用手就可以完成所有操作。白宫里的工作人员都好奇地过来围观，罗斯福总统这样评价："这真是伟大的设计。我只需要按一个按键，就可以毫不费力地驾驶它，不需要其他任何辅助，真是精美绝伦的设计啊！虽然我不知道它是什么原理，但是一旦有机会，我真想把它拆开，仔细研读它的构造。"

当罗斯福总统的朋友和下属们都在夸奖这辆车的精美设计时，罗斯福总统当着大家的面对我说："张伯伦先生，我非常感谢你们在这辆车上花费的心思。这是一件伟大的作品。"他对每个细节都一一加以称赞——散热器、后视镜和定制钟、特殊设计的车灯、精心打造的内饰、驾驶员座椅以及后备厢里那些特别绣有他名字的行李箱。显而易见，我们的良苦用心都被他一览无余。他提醒罗斯福夫人、柏金斯小姐、劳工部长和他的秘书也要注意这些考究的细节，甚至半开玩笑地对门卫说："乔治，你可得替我好好看管这些行李箱啊！"

他的试驾结束后，总统转过来看着我说："张伯伦先生，联邦储备委员会已经等了我三十分钟，车已经试完，我要回去工作了。"

送车那天我带了一名机修工和我一起去。刚到白宫的时候，我向罗斯福总统简单提了一下机修工的姓名。机修工是个胆小怯懦的小伙子，他紧张得一直躲在人群后，没有上前和总统说话。然而在我们即将离开时，总统却在人群中努力找到了这位机修工，叫着他的名字，握着他的手，并对他来到华盛顿表示欢迎与感谢。他的感谢特别真诚，我能够感觉到他所说的都是发自肺腑的真心话。

回到纽约的几天以后，我感到非常意外，总统给我寄了一张他的亲笔签名照，还给我写了一封亲笔信，他在信中对我的帮助表示感谢。我没想到一位日理万机的总统竟然会记起我，并会亲自给我写信。

富兰克林·罗斯福懂得这个重要的道理——只有尊重他人，才能赢得他人的尊重。因此他通过记住对方名字的方式让对方感到被重视。这个方法看起来很简单，但是真正做到的人寥寥无几。

有时我们已经和新认识的陌生人聊了好一会儿，却发现自己还是没有记住对方的名字。

每位政治家第一课学到的都是："记住选民的姓名是每个政治家必备的能力之一，遗忘就意味着被遗忘。"

无论在商场上还是在生活中，记住他人姓名的能力同样重要。

拿破仑·波拿巴作为一国之君，在日理万机处理公务之余，还是能够记住每一个他见过的人的名字。

他是怎么做到的？很简单。当他没听清对方的名字，他会说："不好意思，我刚刚没听清。"如果对方名字不常见，他会直接询问对方姓名的拼法。

每次他与对方交谈时，他会不厌其烦地重复数次对方的名字，在交谈的过程中把对方的名字和特点牢牢记在心里。

如果对方是很重要的人物，拿破仑更会加注意。一有时间，他就会在纸上写下对方的名字，默默在心里重复，然后再将纸撕碎。通过拼写和读两种途径，牢牢地把对方的名字记在脑海中。

所有方法都需要付出相应的精力，正如爱默生所言："好的习惯建立在日复一日的琐碎牺牲之上。"

牢记并应用他人的姓名不是君王和高管的特权，如若使用得当，人人都能够从中受益。肯·诺丁汉供职于印第安纳州通用汽车公司。在公司用餐的时候，他注意到柜台后的一位女服务员总是阴沉着脸。

她已经站在那儿做了两个小时三明治了，对她而言，我的存在不过意味着又要做一个三明治而已。我点了餐，看她用电子秤精确地称出火腿，放上一片生菜叶和几片土豆，面无表情地把盘子递给我。

“第二天我恰巧又走到那个柜台，还是那位女士，还是阴沉的脸。唯一的不同是，这次我注意到了她的胸牌，于是我笑着和她打招呼说，‘嘿，尤妮思！’我照惯例点了餐，而这次，她似乎故意忘了用电子秤，给了我满满一盘火腿，上面有三片生菜和堆得像小山一样的土豆片。”

每个姓名都独立而完整地归属于特定的个体，而非其他任何人。名字令我们与众不同，成为独一无二的自己。沟通中一旦道出对方姓名，我们所传递的信息或是请求就增添了一层特别的色彩。无论同我们打交道的是服务生还是管理者，重视对方的名字都将带来不可思议的影响。

原则 3：无论对于谁，无论在何种语言环境下，他的名字都是世界上最甜蜜、最重要的词汇。

Section 04
怎样变得能说会道

前段时间，有人邀请我参加了一次桥牌爱好者聚会。我本身对桥牌不感兴趣，所以当大家都在讨论桥牌的时候，我和一位同样不打桥牌的女士站在一旁聊起了天。在洛厄尔·托马斯转行当播音员以前，我曾主管她的工作，因而被她在现场认出来了。她听说我曾为了帮助托马斯演讲做准备去欧洲旅行，兴奋地对我说："我的上帝，卡耐基先生，不知道我是否有幸听您给我讲讲您走过的地方、路过的风景。"

我们两人在沙发上坐下来接着聊天，她对我说她刚和丈夫从非洲旅行回来。"非洲！"我惊呼道，"那一定非常有意思吧！我一直都期待能去非洲看看，却始终没有机会去，只有一次碰巧在阿尔及尔逗留了一天。请您快说说，您去没去狩猎之地？如果您去了，那我真的是要羡慕死了，您简直太幸运了，您把这段好好给我讲讲吧。"

接下来的聊天中关于她的非洲旅行她讲了整整四十五分钟，她再也没有问我去过哪些国家。她对我的旅行经历一点都不感兴趣，她只对自己的旅行经历感觉良好，关键是她觉得她的经历有人愿意倾听。

她的这种表现是个特例吗？当然不是，很多人都会这样做。

有一次我在一个出版商举办的晚宴上结识了一名植物学家。在这之前我从来没有和植物研究者有过交集，因此我对他那一领域的渊博学识十分好奇。那天的整个晚上，我一直在全神贯注地听他讲有关外地的植物和他自己的花园，还有那些创造出新品种的各种实验，我没想到就连其貌不扬的马铃薯背后都有那么多有趣的故事。交谈中我提起了我家的小温室，请他给我些建议，他也非常专业并真诚地解答了我的问题。

正如我上文所提到的，我和这位植物学家是在一次大型晚宴上结识的。参加宴会的宾客有很多，但我那天却失礼地忽略了其他人的存在，只和那位植物学家一人聊了数小时之久。

那天直到夜深，我才恋恋不舍地与宴会宾客互道晚安，回家休息。据我所知我走后，那位植物学家在举办宴会的主人面前极力称赞我，说我“特别擅长启发别人”，他夸了半天，在最后说我是他见过的“最有趣也是最健谈的人”。

“最有趣最健谈？”这种评价从何而来？我那天一整晚都没说几句话啊。其实就算我想说，我当时也说不出什么。因为我对植物的了解比对企鹅生理构造的了解还要少，光聊植物学而不换话题我实在是插不上嘴啊。而那晚有一件事我一直在做，那就是侧耳聆听。我是真心对他的话题感兴趣，当然他也感受到了这一点，所以聊了那么久。专注的倾听是我们能够给予他人的最大的肯定。杰克·伍德福德曾在《爱上陌生人》这本书中写道：“关注是表达爱的最含蓄的方式。没有人会对他人的关注无动于衷。”而晚宴那天我除了“一心一意地关注”之外，还给了那位植物学家“全心全意的赞美”。

我告诉他我十分乐意和他交谈，从中学到了不少东西，我的的确确是这样想的；我真的希望自己能像他一样学识渊博，这句话也是发自肺腑。我还告诉他我很想和他一起去田野里走走看看，我说到做到了。我对他说我一定会再次登门拜访，我也确实拜访了这位先生。

从此以后，他认为我是非常健谈的人，但事实上我只是善于倾听，并在他讲述的时候给他鼓励而已。

你知道商务会谈的成功秘诀是什么吗？哈佛前校长查尔斯·艾略特对此是这样回答的：“商务往来并无任何捷径可言，然而倘若你能在对方说话的时候专注地倾听，就能让对方解除戒备，这是最简便的方式。”

艾略特博士本人一直深信这一点。美国文学泰斗亨利·詹姆斯曾经回忆说：“艾略特博士的对于别人讲话时聆听并不像常人一样坐在那里默不作声，而是用他特有的行动对对方表现出尊重。在别人讲话时，他会坐得笔直，把双手叠加平放在膝盖上，偶尔会转动自己的大拇指。除了这些以外，他没有什么其他的大动作。在别人说话时，他习惯于看着对方的眼睛，说话的人总能感觉到他真诚地关切，每次聆听他都全神贯注，在对方说完之后他还会仔细思考每句话的深层含义。和他交谈过的每一个人都觉得在他面前可以直抒胸臆，没有一点压力。”

我们不需要去高等学府学习几年，也能明白这些道理。比如说我们都去过处于繁华街道上的商店，店内东西性价比很高，一尘不染，打着诱人的广告，可他们雇用的售货员却素质低下，冷言冷语，更提不上能够聆听顾客的心声，反而会时常打断顾客的谈话，认为顾客所说的不对，让消费者心里感到不舒服，不愿再靠近这样的商店半步。

位于芝加哥的一个百货商店就因为雇用了这样的店员，差点就失去了一位大客户。这位大客户每年在这家百货商店消费有上千美元，她就是汉丽埃塔·道格拉斯夫人。她在课上给我们讲述了她在这家店这段不开心的购物经历：有一次在商场打折时她买了一件大衣，到家发现衣服是一件内里有破损的残次品。因此她第二天拿着这件衣服回到商场，找到店员请求帮忙换一件完好的。令她感到意外的是，店员根本没听见她说什么，板着脸没好气地说：“你买的这件商品就是打折的商品。”说到这她用手指着墙上的一个标志，不懈地说：“那么明显你没看到吗？‘本店打折商品一概不退不换’。你买了打折的还要求这么多，我们也没办法，回去自己缝缝再穿吧。”

“我买的是打折的商品，但不是有质量问题的商品，你们并没说明打折商品就有质量问题啊。”道格拉斯夫人抱怨道。

“那又能说明什么呢，”店员很不礼貌地打断了她的话，“那么大的标志不是告诉你了不退不换嘛！”

道格拉斯夫人气坏了，她怒气冲冲地准备离开，暗自下决心今后绝对不会再来这家商场购物。刚巧她遇到了商场的楼层经理，路过时经理一眼就认出了这位老顾客，笑脸相迎主动凑上前来和她打招呼。道格拉斯夫人跟经理讲述了来换货的不愉快经历。

楼层经理认真听道格拉斯夫人讲完整件事情的前因后果，之后他仔细检查了那件外套，对道格拉斯夫人解释道：“我们这确实有规定，折扣商品都是不能退换的，这样做是为了减少我们在每个季末的库存，以便为新一季货品做更加充足的准备。但是如果商品质量有问题就另当别论了。您看如果我把您这件衣服内衬缝补好行不行？或者我帮您换一件新的，如果您还是不满意坚持要求退货，那我们就退款给您。”

这两位商场的工作人员的态度差别实在是太大了。若不是因为楼层经理没有恰巧遇到道格拉斯夫人并听她投诉她的不满，那么这家商场可能从此就永远失去了这个每年消费上千美元的大客户。

聆听在每个场合中都是十分重要的，在家庭生活中也是如此。纽约的米莉·埃斯波西托特别注意倾听自己孩子的讲话，她将这个视为当一个好母亲的标准。有一天晚上，她正和儿子罗伯特坐在厨房，两人边干活边聊天。埃斯波西托夫人正认真听罗伯特说话，罗伯特突然说了一句：“妈妈，我知道你有多么爱我。”

埃斯波西托夫人感到惊讶又感动，好奇地问儿子："我最爱我的宝贝了，你今天为什么突然这么说，难道以前不觉得我爱你吗？"

罗伯特说："不是的，我只是发现每次有话要说给你听的时候，你都会停下手里的事情，认真地听我说。通过这件事我确定你一定很爱我。"

一个人倘若能在别人倾诉时耐心、认真地倾听，那么就算这个人是个满腹牢骚、整天抱怨，喜欢鸡蛋里挑骨头的人，都会在你面前变得友善起来。前者总能在后者忍不住想要将自己的埋怨和愤懑像毒蛇吐毒汁一样一吐为快时，用温暖的眼神和笃定的神情让对方安静下来。下面举个这样的例子：就在几年前，纽约的一家电话公司遇到了一个极其难缠的客户。他胡搅蛮缠地说自己的通话账单是错的，并拒绝付款，甚至在公司里破口大骂；他嚣张跋扈，威胁说要把公司的电话线都给剪断，他用了很多污言秽语辱骂公司客服代表，他还给报纸写举报信，给公共服务委员会平台写了数不胜数的投诉信，甚至到法庭起诉电话公司。

他的一番折腾让公司面临窘境，逼得公司走投无路，公司挑选了一名能力最强的调解员去解决这个棘手的问题。在调解员与这位客户面谈时，任凭对方胡言乱语、喋喋不休，他只是耐心地聆听，偶尔会点点头表示回应，对他的不满和委屈表示同情。

"无理取闹的顾客骂了有三个多小时，我也听他骂了三个多小时，"公司调解员以这种方式面对不冷静的顾客，顾客渐渐对调解员和善了起来。调节员先后拜访了这个顾客四次，在前三次拜访中他什么都没说，只是耐心地倾听，做这个满腹牢骚的顾客的听众，在他们第四次见面时，调解员才说出了自己的目的，并得到了顾客的理解，顺利完成了任务。那个顾客给电话公司付清了全部欠款，并积极主动地撤销了写给公共服务委员会的投诉。他和电话公司的官司打了这么久，终于结束了。

毫无疑问，这位客户把自己当成了为维护顾客至高无上的利益，不惜牺牲自己的高尚维权者，但实际上，他折腾了这么久，不过就是想要找到自己存在的价值，渴望得到别人的重视。开始的时候他的抱怨没有得到回应和应有的尊重，他就试图通过各种手段，博得电话公司的关注。而后公司的客户代表用耐心的倾听让他找到了自己的存在感，令他的不满就此烟消云散。

达特曼羊毛公司是全球最大的羊毛经销商之一，这家公司专门为服装业提供制衣原材料。有一次我遇到了公司创始人朱利安·达特曼，他给我讲了这样一件事：

“几年前的一个清晨，公司突然来了一个人，他不顾阻拦气势汹汹地冲进了达特曼先生的办公室。达特曼先生告诉我，那位客户欠他们公司一笔为数不多的钱，但是他的态度特别强硬，坚持说自己没有欠钱，是我们工作人员弄错了，所以现在信用部门找到他，要求他偿还这笔款项。信用部门连续给他发了好多封催款信件，他感觉很恼火，马上打包行李要来芝加哥找我们。他一下飞机就直接奔向了我们公司。他一见到我就涨红着脸愤怒地说他是绝对不会偿还什么款的，以后我们公司的货他一件都不会买。”

“面对声嘶力竭的他我什么都没说，只是耐心地听他把话说完，在这期间有几次我真的差点忍不住要开口，最后都被我的理智控制住了，我很清楚，一旦说话了，事情就更不好办了。我任凭他发泄自己的不满，只要他情绪稍微缓和一点，把他要说的说完，能听我说话了，这时我才心平气和地对他说：‘十分感谢您专程赶到芝加哥来，和我倾诉您的心里话。说实话您这么做是帮了我一个大忙。对于我们信用部门对您的打扰我深感抱歉，幸好您将这件事告诉给我，否则我想我们别的客户可能也会面临同您一样的困扰，那将给我们公司带来多么恶劣的影响。所以请让我说句谢谢。同时请您务必要相信我接下来说的话，我和您一样迫不及待想要知道这件事情的详细经过。”

“我这么和他说话大大出乎了他的意料之外，我感觉他当时有点失落。在来芝加哥之前他就做好了要来教训我一顿的准备，可他万万没有料到我会这样说。他没想到我不仅没有和他争吵，反而对他的到来表示感谢。当场我就向他保证了那笔款项我会让相关工作人员消掉，就当没有过。我告诉他，我猜想他一定是个特别心细的人，并且他只管理自己一个账户，一定能做到万无一失。也请他理解我们的员工，他们管理着上千个账户，工作中难免会有纰漏，因而我相信这次一定是我们工作的失误，不是他的错。”

“我们聊天时我还对他的态度表示理解，我告诉他如果是我遇到了同样的问题，处理的方式和他会是一样的，正常人都会这样做。由于他说以后都不会再从我们公司购买布料了，我热情地向他推荐了其他几个生产羊毛的厂家。”

“在发生这件事情之前，每次他来芝加哥，我俩都会一起吃午饭，这次也不例外，像往常一样我邀请他共进了午餐，当时他是勉强答应的。出乎我意料的是，等我们吃完午饭回到办公室时，他又下了一个订单，订单金额比以往的金额还要高出很多。临走之前，他的态度缓和了很多。他觉得自己应该冷静下来客观地看待这件事。他回去后对自己的账目重新做了整理，结果发现确实是他遗漏了一笔款项。不长时间我们就收到了他的支票和道歉信。”

“不久之后，他喜得贵子。他以‘达特曼’作为孩子的中间名。之后的二十二年间，我们始终是合作融洽的合作伙伴。”

就在几年前，有一个随家人移民至美国的荷兰小男孩儿，他的家庭贫困不堪，因此每天放学他不仅要去甜品店打扫橱窗来贴补家用，还要挎着竹篮走在沿街的路上，看看水沟里有没有拉煤马车颠下来的煤渣。这个男孩儿名叫爱德华·波克，他只读过六年书，却在长大后成了美国新闻界有史以来最年轻、能力最强的杂志编辑。他是怎么取得成功的呢？这说来话可就长了，当下，请允许我花点时间来说说他是怎样迈出成功的第一步的，因为他的起步刚好使用了本章所讲述的原则。

波克十三岁的时候无奈退了学，退学后就在西联电报公司打零工，虽然工作很辛苦，但是他从未放弃过想要学习的念头。他没办法去学校念书，他就想到了自学。他经常步行上下班，午饭也经常不吃，他省下车票钱和饭钱买了一本美国知名人物传记百科全书。然后他做了一件在这之前从没有人尝试的事情，他认真阅读书中每个名人的传记，然后勇敢地写信给他们每个人，信中询问这些名人他们的童年是怎样度过的。他把自己当成了忠实的听众，请求这些人多说些自己的故事给他听。他写了一封信给当时正在竞选美国总统的詹姆斯·加菲尔德将军，他问将军是不是真的小时候在运河上当过纤夫，加菲尔德将军写了一封回信给他。他还给格兰特将军写过信，他要格兰特将军证实一次战争的细节。格兰特将军在回信中耐心地为他画了一张地图，然后就他的问题进行了详细的解释，并邀请这个十四岁的小男孩儿与他共进晚餐，陪伴他聊到很晚。随着时间推移，这个西联公司打杂的小男孩儿和全美的知名人士都建立了联系，其中有拉尔夫·瓦尔多·爱默生、奥利弗·温德尔·霍姆斯、朗费罗亚伯拉罕·林肯夫人、路易莎·梅·阿尔科特、舍门将军以及杰弗逊·戴维斯等。他不仅和这些社会名流经常有信件往来，他还会找时间登门拜访，在这些名人那里成为备受欢迎的小客人。这些经历让他找到了自信。与这些前辈交往的过程中，他增长了见识，开拓了眼界，激发了他的雄心壮志，从而彻底改变了他的人生轨迹。他所获得的一切，不是我在这要反复强调，真的是因为运用了本章中的这些原则。

一位曾经采访过数百位名人的著名记者艾萨克·马克逊，曾总结说，很多人难以给别人留下好印象，往往是因为他们不懂得如何当好一个听众。他们考虑的总是自己要表达什么，根本听不进去别人想要说什么。有些知名人士曾告诉我说，相对于那些善于言谈、巧舌如簧的人而言，他们更喜欢那些善于倾听别人倾诉的人，因为这种品质真的十分难能可贵。

不仅仅只有名人需要倾听，如你我一般的平常人也同样需要倾听。正如《读者文摘》所说的："有些人请医生不是因为真的有病，可能他只是需要一个人听他说话而已。"

在烽火连天的内战期间，林肯曾写信给伊利诺伊州的一位老友，邀请他来华盛顿，信中说他有些要务想和他探讨。这位老邻居来到白宫后，林肯问他当前立刻发表解放奴隶宣言是否恰当，并就这个问题和他倾谈了好几个小时。林肯详细阐述了发表后的利弊，他说自己读了部分批评他的信件和报刊文章。总结出两个派别：一派对他解放奴隶表示担忧，另一派则谴责他的举棋不定。林肯与这位老邻居谈了很久，双方握手告别后，林肯找人把他送回了伊利诺伊州。从老邻居到来到离开，林肯一直在滔滔不绝地讲着自己的观点，从始至终没问这位老友对此事的看法和意见，然而这番倾诉过后林肯有了主意。"与我交谈过后，我看他好像卸下了千斤重担。"这位老友说道。林肯让我去不是想听我对这件事情的看法，他需要的是一个能听他把话说完的贴心的听众，能让他卸下肩头的重担，放下心里的防备。其实有很多人在面临窘境不知所措时都需要这样的听众。气愤的顾客，心怀不满的员工，或是受了伤的朋友，都迫切地想要有人能倾听他的苦闷。西格蒙德·弗洛伊德被誉为当代最伟大的倾听者。和弗洛伊德打过交道的人是这样说的："与他的每次见面都能拨动我的心弦，令我久久不能忘怀。他有着世间少有的高贵品质，我此前从没遇到过比他还要专注的人。我并不是说他有那种能够洞穿人心灵的神秘目光，他的眼神充满着关切和温柔，他的声音和蔼，他在交流时极少用手势，他给人的关切让人感到温暖。他会耐心倾听我所讲的事，有时我可能会语无伦次，他也给予充分的尊重。您一定想象不到，耐心地倾听能给一个渴望慰藉的人带来多么大的安慰。”

除非你希望别人远离你，在背后嘲笑你甚至鄙视你，否则请不要这样做——不会倾听，只知道说自己的事。千万不要在别人说话的时候想到什么就说什么，别等对方没说完就直接插嘴。

不知道你是否认识这样的人，身边有没有这样的人？很不幸的是，我就认识几个这样的人。最让人感觉不可思议的是，他们中的有些人甚至声名在外。这些人总是沉迷在自己的世界里，为自己的一点成就而沾沾自喜，不可一世让人感觉反感。

那些只顾说着自己的话的人，也只在乎他们自己。哥伦比亚大学的校长尼古拉斯·默里·巴特勒博士曾经说过：“那些心里只有自己的人，都是些头脑顽固不化的庸俗之辈。这与他们受过多少教育没有一点关系，他们就是冥顽不灵。”

如果你希望自己巧舌如簧，那么请你先学会聆听别人的倾诉。把自己变成一个有趣并对他人感兴趣的人。问问题时也要考虑对方是否乐意回答，鼓励对方说出自己的经历和看法。

无论何时要牢记，你交谈的对象对你的问题并不关心，他们对于自己的事情、欲望、快乐、烦恼要更感兴趣。比如说牙齿带给他的疼痛远比异国他乡人们饥饿成灾更要紧，他脖子上长的疖子也远比非洲的四十余次地震更让他烦躁。所以下次在你要开口与别人交谈之前，希望你能想到这一点。

原则4：学会做一个忠实的听众，鼓励他人谈论关于他们自己的事。

Section 05
怎样激发别人的兴趣

见过西奥多·罗斯福的人都会为他广博的学识所倾倒。无论是贵客还是普通大众，无论是政府官员还是外交官，他都能应对自如。你一定想问他是怎样做到的呢？其实答案很简单。每次有客人要来拜访前，罗斯福都会抽空在前一天晚上查找、了解对方感兴趣的事，有时甚至会为此忙到深夜。

每次交谈都能聊起对方感兴趣的话题，就能很容易地拉近两个陌生人的距离。不只罗斯福深知这一点，其他很多知名人士都深知这一点。

耶鲁大学有个文学教授、散文作家，他叫威廉·里昂·菲尔普斯。在他很小的时候就懂得了以上我们提到的道理。菲尔普斯就曾在他的作品《人性》中写道：

> 在我八岁那年的一个周末，我到胡沙托尼克河畔的斯特拉特福德探望姑妈琳赛。有一天晚上，有位中年男人到我的姑妈家里来做客。在和琳赛姑妈聊了一会儿后，他就把注意力转移到了我的身上。年少时的我对船非常痴迷，那个客人和我聊起了关于船的话题，并对这一话题表现出了极大的兴趣。在他离开之后，我难以压抑内心的惊喜，兴奋地告诉姑妈，我和他简直是太投缘了，我俩有那么多共同感兴趣的事。姑妈告诉我，其实那位先生是位纽约的律师，他所从事的职业与船一点关系

都没有，也没听说过他对船感兴趣。

“那为什么一整晚他都在跟我聊关于船的事呢？”

“因为他想展示自己的绅士风度啊。在聊天过程中他了解到你对船那么痴迷，知道聊这个话题会让你感到快乐，所以谈话中他一直在迁就你。”

威廉·里昂·菲尔普斯是这样总结的：“多年来，我从未忘记姑妈说的这番话。”

就在我着手撰写这一章的时候，我面前正好摆着一封来自爱德华·查利孚先生的信。查利孚致力于童子军有关的工作，他在信中说：

“那时我正急需各方的帮忙，因为欧洲即将举行一次盛大的童子军聚会，我希望能有一位名企的总裁资助一个孩子去欧洲参加这个聚会。”

“值得一提的是，在来见这位总裁之前，我听别人提起他刚签了一张百万美元的支票，但是作废了。支票作废后，他特意把这张支票裱起来挂在墙上了。”

“于是一走进他的办公室，我就立刻对墙上的那张支票表现出了兴趣。我说：这是一张百万美元的支票啊！我告诉他我从没有见过这么大额的支票，等我回去以后，我一定会和童子军的孩子们说，我亲眼看到这张巨额支票了。他高兴地把支票拿给我让我端详。我热情地赞赏了一番，还让他给我讲讲关于这张支票的故事。”

看到这，我想你大概已经察觉到了，查利孚并没有在一见面就提起童子军、欧洲之行，或是一见面就提出任何需求。他开始与对方谈论的始终是对方感兴趣的话题。那么后来发生了什么呢？

“关于支票的话题过后，对方主动问起我：‘顺便问一下，你今天是为什么来见我？有事吧？’之后我便把自己的来由一五一十地讲给他听。”

万万没想到，他不仅立即应允了我的请求，还主动提供了更多帮助。我拜托他资助一个孩子去欧洲，他竟资助了五个孩子，外加我本人。他给我们一张一千美元的信用卡，让我们好好在欧洲玩两个月，还写介绍信给各地分公司的总经理，请他们负责接待。后来他亲自到巴黎与我们见了面，带我们到处观光游览。从那时起，他就成了我们那个团体的积极分子，他给几个家庭穷困的孩子提供了工作机会。

我知道，如果不是在一开始我们就有共同感兴趣的话题聊，拉近了彼此的距离，他也不会表现得如此平易近人。

那么在商界，这一技巧是不是同样有用呢？让我们一起看看亨利·杜维诺伊的例子。

杜维诺伊先生在纽约经营一家名为杜维诺伊父子烘焙食品的批发公司。他一直想成为当地一家酒店的供货商。为了促成双方合作，四年来，他坚持每周都去拜访酒店经理，有对方出席的活动他也会想办法到场，为了加强联系还成了那家酒店的顾客。然而他的用心良苦并未打动对方。

杜维诺伊先生曾说：“在我渐渐了解了为人处世的要点后，我决定改变自己的思维方式。我应该做的是找到对方感兴趣的焦点，吸引他的注意力。”

“我通过细致调查发现他对协会活动十分感兴趣，他特别喜欢参加一个酒店高管的协会活动，这个协会是‘美国酒店迎宾协会’。他是协会的会员，还因工作表现突出被推选为组长，后来又被推举为国际协会的会长。无论迎宾协会活动的举办地点选在哪里，他都会去，从来不缺席。”

“第二次我刚和他见面，就立刻提起了迎宾协会的事，你应该想到了吧，我一开口提起这个话题，他就立刻激情四溢地和我讲了起来，我们就这个话题聊了超过半个小时。通过交谈我了解到，他对这个协会不仅是感兴趣，他是把这个协会当成自己生活中的一部分，投入了大量的心血。在离开前，我获得了他送给我的一个会员资格。”

“那天我们聊了那么长时间，聊的都是他感兴趣的协会会员的事，我没有提自己的事。但是不长时间，他们酒店的服务生给我打来了电话，让我带着我家的样品和报价表去酒店。”

“我很好奇你是怎么和老总说的，他竟然答应让你为我们供货，真替你感到高兴！”

“细想起来，在这之前的四年里，我一直致力于吸引到那位老总的注意，为此想破了脑袋，希望促成两家的合作。如果不是因为找到了他感兴趣的是什么，我想我现在可能还在追逐他的脚步吸引他的注意呢。”

马里兰州的爱德华·哈里曼，当兵退伍之后搬到了风景秀丽的坎伯兰谷居住，但在新家附近找个工作可不是件容易的事。哈里曼发现，这个地方附近的好几家企业都同属一个名叫冯克豪瑟的人，这个人性格孤僻怪异，却是个商业奇才。哈里曼对冯克豪瑟如何白手起家到成为商界精英很感兴趣，但是他听说冯克豪瑟从来不接见求职者。哈里曼先生是这样描述他的经历的：

“我通过多种渠道打听他，发现能够让他感兴趣的只有金钱和权利。他有个秘书，工作态度坚定又尽心尽力，曾阻拦了很多像我这样的来访者。于是我决定花点时间了解这位秘书的兴趣和性格。她已经为冯克豪瑟先生工作了十五年，十五年来兢兢业业、尽职尽责地守在他身旁。我登门拜访的那天，一见到秘书我就开门见山地对着他说，我想和冯克豪瑟先生面谈，因为我能够为他带来财务和政治上的成功。秘书一听我这么说，立刻就表现出了很高的兴致。于是我马上抓住机会，口口称赞这位秘书十五年来对冯克豪瑟商业集团做出的杰出贡献。和秘书聊了一会儿后，秘书马上安排了我与冯克豪瑟先生面谈。”

“在我走进那间气派的办公室之前，我就暗暗地告诉自己，绝对不能提及想要求职的事。冯克豪瑟先生端坐在一个昂贵的写字台后面，态度严厉，问我为什么要来见他。我答道：‘冯克豪瑟先生，我认为我能给您带来赚钱的机会。’他听后马上站起来，态度也缓和了很多，请我坐下。我详细讲述了我的观点，并详细介绍了自己的工作能力。主要的是我强调，我一定是他未来生意上的得力助手。”

“听完我的讲述，冯克豪瑟先生了解了我的情况。他决定立即雇用我。此后的十年中，我在他的商业集团中逐渐成长起来，他的帝国也因我出色的工作而变得日益壮大。”

能够找到对方的兴趣，就能做到事半功倍。霍华德·赫茨特别擅长与员工沟通，被称为沟通领域的专家，他能将沟通能力很好地在自己的工作中发挥。当有人问他有什么收获的时候，赫茨先生回答说，每个人都给他不同的人生感悟，但比这更重要的是，沟通本身就已经扩展了他看世界的视野。

原则 5：谈论让对方有兴趣的事。

Section 06
怎样让每个人都喜欢你

我在位于纽约33街和第八大道交叉口的邮局排队，等着邮寄挂号信。我看到邮局的办事员面对这些日复一日的琐碎工作一脸不耐烦的表情。我偷偷告诉自己："他这么烦躁，可不能让他讨厌我，我不妨试试能不能让他喜欢我。怎么让他喜欢我呢，我应该说点他爱听的话，不能说我爱听的话。我说点什么好呢？我们是陌生人，对他了解并不多，但没多久，我就知道我说什么了。"

轮到我办理业务了，他在给我的包裹称重时，我十分羡慕地说："你的头发可真是太好了！"他意外地抬起头，同时脸上带着笑容："欸，我觉得以前的头发更好些，现在不如从前了。"他看着我谦虚地答道。我坚定无比地说："我不知道您以前的头发是什么样的，但现在看来我觉得您的头发十分柔软有光泽。"他听后高兴极了，开心地和我聊了好几句，最后他还说："其实真的好多人说我的头发好呢。"

我敢肯定，那位办事员那一整天都会得意扬扬的；我猜，他晚上回家还会把我说的话讲给妻子听。我敢打赌，他照镜子的时候会对自己说："头发确实长得很好，柔软又有光泽。"

我曾经在一次演讲中提到过邮局办事员的例子。当时就有一个人问我："你这么说是有什么目的吗？"

我有什么目的？我只不过赞美一句，还希望得到什么吗？

如果每个人都这样小肚鸡肠，有一点小小的善举甚至说出一句真诚的称赞都要求回报，如果我们对生活斤斤计较到这个地步，那么做人失败就是我们的必然结局。

我对邮局的那个小伙子并无他求，我只是想要找到一种美好的感觉，我也确实得到了，我得到的是付出而不求回报的心理感受。这件事过去之后的很长时间，我的心里都有着美妙、充实的感觉。

我们人类行为都有一个核心法则。遵循它，灾祸远离你，良师益友亲近你，幸福安宁靠近你；触犯它，困难和麻烦就会接踵而至。这条法则就是——让他人感到自己的重要性。就像前面提到的，约翰·杜威说过，人们最看重的是“自己的受重视程度”。威廉·詹姆斯曾说，“在我们人性的内心深处，都强烈渴求能得到他人的欣赏”。也正如我前文提到的，人类的这一渴求，就是人区别于动物的最明显标志，正是因为人类的这一渴求，才有了人类文明。

千百年来，哲学家们苦苦探索人类文明的起因，而在各种猜想之中，有一个核心准则渐渐被大众认同。这个准则并不是什么新鲜事物，在有人类以来，它就存在。早在2500年前，琐罗亚斯德在波斯向他的追随者讲述了这一准则。24个世纪之前，孔子在东方古国写下这条至理名言；道教始祖老子在汉水流域对门生传播这一准则；在耶稣基督降生的500年前，佛祖在圣河河畔就此对他训诫；在此之前，婆罗门教已在圣书中提出了这一准则；而19个世纪之前，耶稣基督在犹太将这一准则做出了如此总结——“无论何时，你想要别人用什么样的态度对待你，你首先就要用同样的态度对待别人。”

每个人都想要得到他人的认同，都想要证明自身存在的价值，都想要明确自己存在的意义。我们都喜欢听到别人真诚的鼓励，不想听那些虚伪的奉承。如查尔斯·施瓦布所言：“每个人都希望得到朋友和同事发自内心的赞许，不惜把所有美好的词都用上。”每个人都想要这些。

那么不妨遵从这一准则，自己想要得到什么态度，就对别人什么态度。

在什么时候，什么场合需要我们这么做呢？当然是任何时候，任何地方。

威斯康星州的戴维·史密斯在一次讲课中分享了他的经历。他就是遵守上述准则的受益者，他在慈善音乐会帮忙的时候通过这一准则成功化解了尴尬。

“举办慈善音乐会那天晚上，我进到会场就发现，有两位老妇人正分别守在饮品台的左右两侧，场面有点尴尬。很显然，这两个女士都把自己当成会场的负责人。我正愁该怎样化解这个尴尬的局面，碰巧基金会的一位成员过来给我送募捐箱，并对我的到来表示感谢，随后他将饮品台两侧的两位妇人介绍给我，说她们两个是自愿过来帮忙的，然后就离开了。”

“我沉默了片刻，不知怎样打破僵局，突然手里的募捐箱吸引了我的注意。募捐箱是权力的象征，于是我把募捐箱交给洛斯，并鼓励说她管钱的能力一定比我强，之后我又转向简，建议她教教旁边那两个年轻人饮品机的操作流程，并请她负责饮品吧台。”

“那整晚我们都相处得很愉快。洛斯负责募捐箱，统计总额，简指导年轻人操作饮品机，那么我呢，我当然是在专心欣赏音乐会。”

其实赞美随时随地都很有效，不用非要等到你身居要职或者手握大权时才使用它。日常生活的每一天，它都能带给你惊喜。

举例说，假如你在餐厅点了一份炸薯条，服务生却误端来一份土豆泥，你不要发火，心平气和地告诉她：“十分抱歉还要麻烦你一下，我想把这个换成炸薯条。”她应该会不好意思，边说不麻烦边满足你的请求，因为你这么说让她感觉到自己受到了尊重。

“抱歉得麻烦你一下……”“打扰您一下……”“能不能请您……”“您介不介意……”诸如此类的礼貌用语就是我们乏味生活的调色染料，

从中也能体现一个人的教养。

让我们再来看看下一个例子。这个事例是关于作家霍尔·凯恩的。他的小说有《基督教徒》《大法官》《孟克斯人》等，这些都是20世纪初家喻户晓的畅销作品，百万读者都拜读过他的作品。他只是个铁匠的儿子，只读过八年书，却成了那个时代最富有的作家。

霍尔·凯恩十分喜欢十四行诗和叙事诗，曾如饥似渴地阅读了但丁·加百利·罗塞蒂的所有诗作。他还写了一篇颂扬罗塞蒂艺术成就的文章，并将文章复印件寄给了罗塞蒂本人。罗塞蒂收到信感到十分震惊。“所有欣赏我能力的年轻人，”他大概是这么想的，“都一定是聪明人。”因此罗塞蒂邀请霍尔·凯恩到伦敦当他的助理。这一决定对于当时的霍尔·凯恩来说，就是命运的转折。在伦敦当助理的时候，凯恩利用工作之便结交了很多文艺圈内的名人志士。这些人给了凯恩不少的建议和鼓励，在随后的岁月里，令其写作事业如日中天，并最终天下闻名。

霍尔·凯恩的家乡是英国属地曼岛的格里巴城堡，在其成名之后他的家乡成了百万读者心目中的麦加圣地，每年从世界各地慕名而来造访的游客络绎不绝。凯恩离世后留下了百万美元的房产。若不是当年他给罗塞蒂寄出那封赞美信，或许他的一生都只是个默默无名的穷人。

看到了吧，这就是发自肺腑的赞美所产生的巨大力量。

罗塞蒂自命不凡。这没什么好奇怪的，人人都自视清高。

很多人如果能得到他人的重视，生活可能就会发生改变。罗纳德·罗兰是一位讲师，我在加州时他给我们讲课，他还是一名艺术与手工制作教师。他给我分享了他的初级手作班上一名学员的故事：

下面讲一个克里斯的故事。克里斯是个不善言谈又有些腼腆的小男孩儿。性格像他这样的孩子很少能引起别人的注意，他们大都缺乏自信。我同时教初级班和提高班，能够升入提高班是每个孩子的荣耀。在他们看来，提高班就意味着能力更强，更具智慧，是一种能力的象征。

在一个周三，克里斯正坐在书桌前全神贯注地学习功课，我被他那专注的神态所感染，于是我问克里斯：你愿意进入提高班学习吗？我实在找不到合适的词语来描述克里斯当时的神情——这个腼腆的十四岁男孩儿正用力压抑着内心的激动和喜悦，泪就在眼边打转。

“您是说我吗？罗兰先生，我能有那个资格吗？”

“是啊，克里斯，我相信你完全够格。”

说完我就转过身，不想让学生们看到我激动得发红的眼圈。那天放学的时候，克里斯走出校园的身影看起来好像比平时高了两英寸。他抬头望着我，一双蓝眼睛清澈明亮。他愉悦地告诉我：“真心感谢您，罗兰先生。”

克里斯像是给我上了一课，让我深刻感受到每个人在内心里对重视的渴望。为了让我自己将这种感觉牢牢记在心里，我做了一个写着“你十分重要”的标牌，将标牌挂在教室前人人都能看得见的地方。每次读到上面的话，我都会在心里告诉自己，在我面前的每个学生都是一样重要的。

每个人都认为自己在某方面能力比别人强，这是毋庸置疑的事实。所以走进他们内心的便捷方式，就是让对方明白，你真心觉得他们很重要。

爱默生曾经说过：“每个人都有区别于他人的特质，因此所有人都值得我学习。”

然而事情往往不会只朝我们期望的方向发展，有时候你的认同可能会让对方变得狂傲自负。正如莎士比亚所说的那样：“人啊，自负的人啊！一旦有了点小小特权，就胆敢在上帝面前拙劣表演，就连天使都为之痛哭流涕。”

让我们再来看看商界人士如何利用这一原则取得成就的。一位康涅狄格州的律师在一次上课时给我们讲述了他的经历。

参加这一课程不长时间后，这位律师开车到长岛陪妻子回娘家探望亲属。妻子独自出门去拜访几个年纪轻的亲戚，只留下律师一人陪她年迈的姑妈聊天。律师想起课上所学的，要求学员在交往中多使用赞美的语言，看看能收到什么效果。律师在心底暗想，不妨利用这机会将这一理论实践一下。于是他环顾四周，努力寻找着值得赞美的地方。

“我想这栋房子大概建于1890年左右吧？”他问姑妈。

“对呀，”姑妈回答说，“这栋房子就是1890年建的。”

“看到这栋房子我觉得很亲切，一下子想起了我出生的家。”他说，“房子建得真美啊，又牢固又大气。您知道吗？这样的房子已经不多见，并且现在已经没人再盖这样的房子了。”

“你说得对啊，”老妇人说，“当今的年轻人才不在乎他们的房子够不够宽敞，漂亮不漂亮。他们满足于狭小的公寓房，与待在自己温暖舒适的家相比，他们更爱整天开着车在街上到处闲逛。”

“眼前的这栋房子对我来说，就是我理想中的家的样子，”说到这儿，她的声音有些哽咽，满眼都是回忆的泪花。“这栋房子是我和丈夫用爱搭建起来的，我们花费了很多年的时间，建立了我们的爱巢。所有的设计都是我们自己完成的，这房子对我来说意义非凡。”

说完姑妈带律师参观了整栋房子。给他展示了那些奇珍异宝——绣满花朵的羊毛披肩，来自英国的古董茶具，韦奇伍德出厂的瓷器，来自法国的床和椅子，意大利的知名画作，以及曾经挂在法国城堡中的丝绸装饰画。这些都是姑妈从世界各地亲手带回家的宝贝，她珍藏了一辈子。

参观完房屋后，姑妈带律师来到了车库。车库里停放着一辆崭新的凯迪拉克。

“这辆车是我丈夫去世前不久，买给我的，”她温柔地说，“自从他离开以后，我就再也没有碰过这台车……小伙子，我看你是个懂得欣赏美好事物的人，现在我决定把这台车送给你。”

“那可不行啊，姑妈，”律师说，“你这样我都不知道自己该怎么办了。我十分感激您的慷慨相赠，但我们初次相识，不能接受这么贵重的礼物。并且我有自己的车，您家里还有很多亲戚，他们一定会喜欢这辆凯迪拉克的，不如送给他们吧。”

“我的那些亲戚！”她有些愤怒，“是的，我确实有好多亲戚，可他们都盼着我死，好早点拿到这辆车！让他们痴心妄想去吧！”

“如果您不想把车送给亲戚，您也可以考虑把它变卖。”律师向姑妈建议道。

“不可能会卖的！”她喊了出来，“我绝对不会卖掉它！也坚决不会让陌生人碰一下我丈夫送给我的车！我从来都没想过卖掉它！现在我想好了，我要把它送给你，因为你是一个懂得欣赏美好的人。”

律师当然不好意思接受这么重的礼物，但是他也不想伤了姑妈的心。

这位老妇人，独自守着绣满花朵的羊毛披巾、得来不易的法兰西古董，和珍藏在心底的和丈夫之间的甜蜜回忆，一个人孤孤单单地住在这栋空旷的房子里，她想要的不过是别人对她的一点小小的认同。她也曾年轻貌美过，有那么多男孩子为她付出只为博她一笑。她为了自己梦想中的家倾尽心血，前往路途遥远的欧洲各处淘宝装饰品，把这个爱的屋子装点得独一无二，这里的每一砖每一瓦都饱含着浓情蜜意。可是当下，在丈夫离世后，在这个空旷的房间里，她渴望得到的就只是一些人性的温暖、一些真诚的关怀，可这个小小的请求却始终没有得到回应。在这种情况下，律师的赞赏如同沙漠中的甘泉，滋养了她，她想用最珍爱的那辆车来表达她的感激之情。

让我们再来看看下一个例子。

唐纳德·麦克马洪是路易斯与瓦伦斯公司的监理工程师，他负责监督纽约莱恩的园林设计师和花圃工作的工人。他给我们分享了下面这个故事。

“就在参加‘如何获得朋友真心和怎样影响他人’的课程后不久，一位知名的法官请我，让我为他的庄园做个园林设计图。法官亲自接待了我，并告诉我他想种杜鹃的地方。”

“我对他说：‘法官大人，我真羡慕您的爱好。您看，您的小狗养得多么漂亮啊，真是让人佩服。我听说您的小狗屡次在麦迪逊广场花园的展览上获了好多奖。’”

“我这句简单的夸奖给我带来了意想不到的效果。”

“的确如此，”法官说，“它们确实给我的生活带来了很多乐趣。你想不想来看看它们居住的地方？”

“他花了整整一个小时的时间带我看他的狗，并一一给我介绍它们获得的荣誉。他甚至拿出狗狗的家谱，给我讲血统对狗基因的影响。”

“最后，他转过头来问我：‘请问，你有小孩儿吗？’”

“‘有啊，’我说，‘我有个儿子。’”

“‘那他会不会想养一只小狗？’法官问。”

“想啊，那他一定激动得睡不着觉了。”

“‘好，那我送他一只。’法官对我说。”

“然后他开始教我如何喂养小狗，稍作停顿后说：‘好记性不如烂笔头，我还是写下来吧，我怕你忘了。’”法官走进屋，详细写下小狗的族谱和喂养方法，之后就把那只价值七百美元的小狗幼崽抱给我。他每天工作繁忙，却抽了一小时十五分钟的宝贵时间和我聊关于狗的话题，这是因为我对他的爱好表现出了浓烈的兴趣和尊重。

要不是柯达公司创始人乔治·伊斯曼发明了透明胶片就没有今天的电影，他因此累积了万贯家财，并成为举世闻名的商界领袖。但是在声名显赫背后，他和我们平常人一样，都有着被认同的渴望。

伊斯曼在罗切斯特出资兴建了伊斯曼音乐学院和基尔伯恩音乐厅。纽约一家高档座椅公司的总经理詹姆斯·阿达姆松知道这个消息后，觉得这是一个拓展生意的大好时机。于是他请负责工程项目的建筑师引荐，约请伊斯曼在罗切斯特当面详谈。

一到罗切斯特，负责项目的建筑师就提醒阿达姆松说："我提醒你，我能理解你想要拿下订单的心情，但你要控制自己的时间在五分钟之内，否则你就会失去机会。"伊斯曼是个讲规矩又非常繁忙的人。所以要尽快表达自己想要说的，然后赶紧走人。阿达姆松打算就照他说的办。当他走进伊斯曼办公室的时候，看见伊斯曼先生正在书桌前伏案工作，在他面前摆着一摞厚厚的文件。稍等片刻后，伊斯曼抬起头，摘下眼镜，向项目建筑师和阿达姆松走过来，说："两位早上好，请问你们有什么事吗？"

建筑师为自己和阿达姆松做了简单介绍后，阿达姆松对伊斯曼说："伊斯曼先生，刚刚在外面等候的时候，我一直在欣赏您的办公室，目光不曾离开。因为我一直希望能有一间这样的办公室。我是做木艺装潢的，见过很多屋子，但你的这间办公室是我这辈子见过的最漂亮的办公室。"

乔治·伊斯曼回答说："要不是你这么说，我都渐渐忽略了。确实很漂亮对不对？办公室刚建好的时候我也非常喜欢。但现在我每天事物太繁忙，都忽略了我这间美丽的办公室了。"

阿达姆松走过去，轻轻拂拭着一块桌板，问道："我没猜错的话这是英国橡木的吧？它和意大利橡木的质感略有不同。"

“你说得没错，”伊斯曼回答说，“这是从英国进口的橡木，是一位对木材颇有研究的朋友帮我细心挑选的。”

说完伊斯曼起身带阿达姆松参观了他的办公室，带他了解了房间结构、色彩、手工雕刻，以及他本人参与设计的其他屋内细节。

之后，他们在窗前停了下来。乔治·伊斯曼用他那一贯谦逊温和的语气，指出窗外那些受他资助过的各家人文机构，有罗切斯特大学、中央医院、顺时医院、友谊之家以及儿童医院。阿达姆松对他为社会做出的贡献钦佩不已。之后，伊斯曼打开手边的一扇玻璃橱，拿出他人生中的第一架相机，这是当年他从一个英国人手中买下的新发明。

阿达姆松顺势问起伊斯曼创业的坎坷经历。回忆起童年那段吃苦的岁月，伊斯曼先生不禁感慨万千。他曾在保险公司当小职员，母亲独自经营着一家小公寓，那时处境艰难，母子两人相依为命。对贫穷的恐惧日夜缠绕着他，为了不让母亲辛劳，他得挣到足够的钱，所以他拼命工作。当他讲到照相干版的实验时，阿达姆松表现出了极大的兴趣并一直问着细节，对方的讲解一直在认真倾听。伊斯曼回忆起那时一整天都泡在工作室里，有时一夜不能合眼，通宵都在做实验，只在等待化学反应的时候才能打个盹儿，有时可能会一口气工作三天三夜，那时实在忍不住困意了就在办公室里凑合睡一晚。

詹姆斯·阿达姆松是在10点15分的时候走进伊斯曼的办公室的，之前他被告知只有5分钟的时间。然而一个小时过去了，两个小时过去了，他们仍在热烈交谈。

最后，乔治·伊斯曼对阿达姆松说：“上次我去日本买了几把椅子带回了美国，现在就在我家的阳台上。风吹日晒，椅子上的漆脱落了不少，所以我到商店买了一些颜料，自己把漆补上了。你想不想看看我的手艺如何？那么，请跟我到家里吃饭吧，我给你看看那几把椅子。”

午饭后，伊斯曼先生把那几把日本椅子展示给阿达姆松看。其实这几把椅子不值多少钱，但是乔治·伊斯曼，这位千万富豪，却视它们为珍宝，因为这几把椅子的漆是他亲手喷上去的。

新建筑的座椅订单高达九万美元。你猜谁会拿到订单呢？詹姆斯·阿达姆松，还是他的其他登门拜访的人？

这次拜访结束之后，詹姆斯·阿达姆松和伊斯曼先生建立了终生的友谊。

克劳德·马雷在法国鲁昂开了一家餐厅。他通过我们上述提到的原则，成功地挽留了一名颇有影响力的职员。这位女士已经在马雷先生的餐厅效力了五年，是他的左膀右臂，也是餐厅的主管，管理 21 名员工。突然收到她的辞呈时，马雷先生感到很震惊。

马雷先生说："感到惊诧之外，我也觉得十分难过。我一直觉得自己待她非同一般，可以说是有求必应。对我来说，她不仅是职员，更是朋友。我大概太把她对餐厅的贡献当成理所当然了，所以我对她的要求比其他人都苛刻。"

"我一时接受不了这样一封没来由的辞职信，所以我把她叫到一边，说：'宝莱特，请你理解，我暂时无法接受你的辞呈。实话说，无论对我个人，还是对于这家公司，你都不可替代。要不是你，餐厅绝不会有今日的效益。'我在全体员工面前再次重申了上述这段话，并邀请她到我家做客，在家人面前强调我对她的依赖。"

"宝莱特拿回了辞职申请。现在我比从前更加信任她，并常常对她的付出表示感谢。我经常亲口告诉她，对我和公司来讲她有多重要。"

政治家迪斯雷利曾经是大英帝国的统领，他精于人情世故。他曾说过："试着和对方谈谈关于他们的事，你会发现他们聊几个小时也不会厌倦。"

原则 6：真心实意地让对方知道他的重要性。

【小结：讨人喜欢的方法】

原则 1：对他人产生兴趣，真心实意地关注他人；

原则 2：保持微笑；

原则 3：无论对于谁，无论在何种语言环境下，他的名字都是世界上最甜蜜、最重要的词汇；

原则 4：学会做一个忠实的听众，鼓励他人谈论关于他们自己的事；

原则 5：谈论让对方有兴趣的事；

原则 6：真心实意地让对方知道他的重要性。

Chapter 03

如何让他人为你着想

Section 01

不计较胜负

在“一战”后的一个晚上，我在伦敦学到了无比宝贵的一课。当时我正为罗斯·史密斯爵士担任经理人。在战争期间，罗斯爵士是澳大利亚方的代表，出征巴勒斯坦；战争结束后，他用了30天的时间环游了半个地球，这一举动震惊了全世界。在他之前，从来没有人能够完成如此震撼的飞行旅程。为此他得到了澳大利亚政府授予他的5万美元奖金，英国国王给他亲手颁发了爵位。在英格兰管辖地，他成了家喻户晓的大名人。当天晚上，我参加了为罗斯爵士举办的庆功宴会。吃晚饭时，挨我坐着的一位男士给我讲了一个幽默的故事，故事源于一句至理名言。

这位男士说这句至理名言出自《圣经》。毫无疑问他的说法是错的，这一点我十分确定。为了展示一下自己的学识，获得赞美，我觉得我就像一个教师一样，有必要指出他的错误。所以我说出了我所知道的。可万万没想到，他竟然完全听不进去，一直觉得自己才是对的。怎么可能？你说这句话是莎士比亚说的吗？天方夜谭！荒谬至极！我确信这句话绝对出自《圣经》。他对自己的说法确信无疑。

和我辩论的男士坐在我右边，而我的左边坐着我的老朋友弗兰克·加蒙德。加蒙德先生曾研究莎士比亚及其著作多年，为了弄个明白，我们决定让他给我们一个准确说法。我们和加蒙德先生说了我们的争论，他偷偷踢了我一下，说：“戴尔先生，是你错了。这位先生是对的。这句话出自《圣经》。”

当晚，走在回家的路上，我有些生气：“弗兰克，你为什么要那么说呢，明明那句话就是莎士比亚说的。”

“是莎士比亚说的，”他说，“这句话出自《哈姆雷特》，第五章第二节，你说对了。但是戴尔，你别忘了我们是宴会上的客人。为什么一定要去那分个输赢呢？你这样做他会对你有什么好印象吗？在公众场合为什么就不能给他留点面子？他说这句话的时候根本没想问你的意见，这说明他根本不需要知道你的意见。你还要和他在那争论又是何必呢？是你自己把他的枪口朝向自己的。”听完他的一席话，我觉得豁然开朗，同时也感觉羞愧难当。我与其争论的结果就是使那位客人心怀不满，还让自己的好朋友左右为难，我怎么那么好斗呢，如果不是这样，就没有烦恼了啊。

对于喜欢辨别的我而言这次的教训尤其深刻。在我年轻的时候，我喜欢什么事都和表哥争论。在大学里，我选修了逻辑学和辩论学，辩论会上少不了我的身影，我是积极分子。“你能证明给我看吗？”是我们密苏里人的惯用口头禅，因此我习惯于与他人辩解，有时也会被他人说服。大学毕业后不久的那段时间里，我在纽约一所学校教辩论学，还就这一课题写过一本书，现在想起来我觉得羞愧难当。从那时起，我就出现在上千大大小小的辩论会现场，观摩、参加、研究辩论赛。经历过这些后我明白一个道理，那就是普天之下想要获胜的方式只有一种，那就是避免争论。其实争论就像响尾蛇或是地震一样可怕，人人都应躲避。

在大多数情况下，争论不但不会令双方信服，反而会火上浇油，起到相反效果，只会让双方坚信自己的观点是对的。

辩论是永远没有结果的，不存在谁输了谁赢了。输即是输，赢亦是输。为什么这么说呢？你不妨问问自己，即使你在辩论中获胜了，证明了对方漏洞百出、不合逻辑，结果又能怎样呢？你肯定会自我感觉良好。但你有没有想过对方？在辩论中你可能伤害了他的自尊，让他感到自己的卑微，看不惯以胜利者的姿态站在他身边的你。更重要的是，“即使他当时看来已经被你的观点说服，并不代表他认同你的观点，他可能依然坚持自己是对的”。

几年前，我讲课的学员中有个叫帕特里克·奥海尔的。他读书很少，日常生活中他经常和别人发生争吵。他曾经当过司机，上我的课时他有了转行做卡车销售的打算，但一切进行得并不顺利。在和他简单的聊天后，我了解到他是个经常和客户发生争执的人。一旦客户对卡车的质量有某方面质疑，帕特里克就会立刻暴跳如雷，愤怒将他吞噬，他恨不得掐死对方。多数时候帕特里克都吵赢了，正如他对我讲述的：“每次吵完我都会在走出对方办公室时告诉自己：‘我又成功地给那个固执的家伙上了一课。’我可能确实给那家伙上了一课，但结果就是我的卡车并没有卖出去。”

我知道我要做的是什么了，我要先教他怎样克制自己讲话的冲动，避免言语冲突，而不是教他怎样讲话。

奥海尔先生是纽约怀特汽车公司的一名业绩突出的销售人员。他是怎么做到的呢？让我们听听他自己是怎么说的吧：“当我走进客户的办公室时，他可能会对我说：‘你说的是怀特汽车？这个车质量不好，白送给我我都不要。我想要买别的牌子。’他可能会提起别的牌子的车，不管他说的是什么牌子，我都会顺着他说：‘你说的那个牌子的确不错。我相信您的选择是对的，那公司也很好，销售员也是业务熟练的。’”

“每当我这样说，对方就不说话了。我没有给他争论的机会。如当对方说某某公司是最好的时，我会表示赞同，那他一定不知道接下来还能和我争辩些什么。他总不能整个下午都重复说哪家公司最好吧。趁他无言以对的时候，我就抓住机会把话题引到怀特汽车的优点上。”

“以前听到客户说这样的话，我一定会很生气，努力争辩怀特汽车比他说的某某牌子好。但是我越争辩，对方越会反驳我的观点，他越反驳我，他自己就越觉得他说的那个牌子好。”

“现在回想起当年的我，我终于找到了自己卖不出去车的原因了。我竟然把生命中那么多宝贵的时间浪费在和人争吵上。现在我习惯性闭嘴倾听，这样反而比争论更有效。”

正如本杰明·富兰克林的至理名言所说的那样：

“争辩、抱怨和反驳或许会带给你暂时的胜利，但你没办法通过这表面上的胜利赢得对方的尊敬。”

不妨想想看，你是愿意得到形式上的胜利，还是对方的善意与尊重？鱼和熊掌二者是不可兼得的。

《波士顿文抄报》曾经刊载过一首颇有意味的打油诗：

威廉姆·杰长眠于此，
他为真理争辩到生命尽头，
每次争辩都他都取得了胜利，
以为每次真理都站在他这一边，
但是输赢对他来说又有什么意义呢？
如今他已经在地下长眠。

可能你总是对的，可能你总能驳倒别人，但这些有什么意义吗？无论你输赢，你都无法改变他人的内心想法。

税务顾问弗雷德里克·帕森斯已经和政府的税收稽查员吵了整整一个小时了，就为了一笔九千美元的款项。帕森斯先生坚称这是笔烂账，钱收不回来，所以不应当缴税。“烂账？你纯粹是胡说八道！”稽查员也不退步，“这个必须上税！”

“这个稽查员嚣张冷漠至极，真是让人不可理喻，”帕森斯先生在课堂上讲起这件事的时候说道，“跟他摆事实讲道理他都听不进去。越跟他吵，他就越来劲。所以我决定不跟他吵了，我换了话题，开始夸他。”

“我对他说，‘这件小事在你眼里肯定不算什么，你工作中定遇到过很多更重要也更棘手的麻烦。我虽然以前自学过税务学，但是我学的知识都是来自书本的。而您的知识是实践经验得来的。说实话我是真羡慕您啊。如果我有您这样一份工作，我也定能从中学到很多东西。’不可否认，我说的确实是真心话。”

“那位稽查员听我这么说，调整靠椅，坐直身子，向后靠了靠，和我聊起他工作上的那些事。他告诉我他如何识破以假乱真的假账，聊着聊着，他的语调越来越和善，后来他还聊到了他的孩子们。临走前他说他会再研究一下这笔钱的问题，过几天给我答复。”

“三天过后，他专程来到我的办公室，说他做出了决定，他把我填的纳税申报表原样上交，未做任何改动。”

这位稽查员恰恰表现了人性中最普遍的弱点那就是渴求重视。当帕森斯先生对他的观点产生怀疑的时候，他以愤怒的斥责来维护他的权威，试图通过这种方式证明自己的价值。后来帕森斯先生首先表现出尊重，他们之间的唇枪舌剑就立即结束了。稽查员从后来的交谈中找到了存在感，因此变得通情达理起来。

佛家有言曰：“冤冤相报何时了，唯有爱方能化解恩怨。”同样的道理，若以争吵对抗误解，怨恨则没完没了。唯有恰当的处世能力、适合的技巧和善良的心才能够真正化解矛盾。

林肯曾经因为下属之间一次激烈的争吵而大发雷霆，严厉批评了一位年轻的军官。他说：“有远大志向的人不会把时间浪费在毫无意义的争执上，因为意气用事就是无用功。你个人的事再大也大不过天，所以所有人在遇到个人问题时都要懂得让步。遇到有狗拦路的时候，你应该给它让道，而不是坚持让狗给你让路而被狗咬。一旦被咬了，即使你能杀了它，伤口还是会留在你的身上。”

《点点滴滴》是新泽西州费尔菲尔德的美国经济出版社出版的杂志。该杂志曾经刊登过一篇文章，讲解如何避免分歧升级进而引发争吵。

接受不同的意见。请记住这句话：“如果两个合作人的意见总是一致的，那么其中一个人就没有存在的价值。”如果有一方提出了你从未想到的观点，那你该心存感激。不同的意见可能会帮助你避免犯错。

遇事千万不要慌张，尤其在面对不利处境时，人类的本能使我们有意无意地产生了防范意识。这时请格外注意并保持冷静，警惕你的本能反应带来的影响——它会使你成为最糟的那个你，而不是状态最好的那个你。

学会控制情绪。通过观察对方是否易怒，你就能知道他是君子还是小人。

学会先倾听，后讲话。给对方说话的机会，听他们把话说完。反驳和争辩只会疏远你们，要学会构建沟通的桥梁，不要搭起误解的壁垒。

学会求同存异。每次听到对方的看法之后，请先想想你认可的那部分。

待人诚恳。在能够让步的时候让步，在应该认错的时候认错。这会让对方卸下防备，从而减少你们之间存在矛盾的机会。

告诉对方你会认真考虑他的建议，并且一定要说到做到。对方很有可能就是正确的。你要把握住这个机会深思熟虑，总好过事后被对方指责“我们告诉过你，可你就是听不进去”好。

真心实意地感谢对方的重视。对方愿意花时间和你争论，是因为他和你对同一件事感兴趣。把他们当成真心愿意帮助你的人，或许就能化敌为友。

给双方足够时间找出问题产生的原因，不要急于采取行动。建议给自己多点时间考虑，将所有细节都考虑清楚。在再次与对方对话之前，请在心里诚恳地问问自己这些关键问题：

对方有没有可能是正确的，或是他的观点有一部分是正确的？他的观点建议中是否有值得肯定的地方？我的建议能够解决问题吗，还是只会引发矛盾？我的行为是会把对方推向对面，还是能拉近我们的关系？我的决策是否能让人们更尊重我？我会赢，还是会输？如果我赢了，我会付出什么代价？如果我保持缄默，纷争是否就到此为止了？目前的争论对我而言，是否意味着机会来了？

歌剧男高音简·皮尔斯在金婚之际说：“很早之前，我和妻子就立下了一个规矩，那就是我们中有一个人发火的时候，另外一个人不能说话必须听完。如果两个人都在大吵大嚷，那不叫沟通，那是噪声。无论我们对彼此有多不满，我们都一直遵守这个规矩。”

原则 1：避免争论的方法只有一个，那就是有一方先闭嘴。

Section 02
不得罪他人

西奥多·罗斯福入主白宫之时曾说过，据他估计，他的判断最多有75%是正确的。

这个20世纪最伟大的人物对自己的期望值也不过如此，平凡的你我又怎敢声称自己永远是对的?

如果你能够保证你的判断55%是正确的，那么你完全有资格在华尔街日进斗金，如果你不能保证，那么你有何颜面断定一定是别人错了?

有的时候指责别人，你不需要开口说话，你的表情、语调和手势就足以说明一切。当你指出对方的错误时，得到认同了吗？当然没有！你的批评否定了他们的智慧和判断力，伤害了他们的骄傲和自尊心。他们不会想着怎样改变想法，只是想着怎样反驳你。哪怕你抛出柏拉图或是康德的逻辑，你也无法扭转对方的观念，因为你在争辩中已经伤害了他的自尊。

永远别以“让我证明你哪里错了……”为开头。这是最笨的说辞。说这句话的意思就是：“我比你聪明。让我来教教你，你应该改变你的想法。”这就如同下战书一样，容易引起对方的反感。可能还没等你开口，对方就做好和你辩驳的准备了。

就算双方都心平气和地在交谈，改变他人的固有观点也是非常困难的。那么你为什么要火上浇油，偏要给自己找不快呢?

当你想要说什么时，最好委婉地表达出来，不要让对方产生抵触的情绪。亚历山大·蒲柏有句名言简明扼要地诠释了这一观点：“潜移默化，对方才能接受；直言不讳，不起任何作用。”

伽利略在300年前也曾说过：“道理不是你能教会别人的，是要靠他们自己去领悟的。”

查斯特菲尔德勋爵也曾告诫他儿子：“你要比所有人都会用脑，但是千万别向别人炫耀。”

苏格拉底在希腊一再向信徒们强调：“我只知道要假装无知。”

我的智慧远远比不上苏格拉底，所以我从今以后再也不指责任何人。事实证明这样做很有效。

当你发现有人说了错话时，即使你十分确定他就是错了，也不要立即指出，你不妨试着和他商量：“关于这件事，我的观点和你略有不同，我估计可能是我错了，因为我会经常犯错。如果真是这样，我希望自己能纠正自己的错误，让我们一起来看看我错在哪里了好吗？”

“我估计可能是我错了，因为我会经常犯错。如果真是这样，我希望自己能纠正自己的错误，让我们一起来看看我错在哪里了好吗？”这几句简单的话里蕴含着神奇的魔力。当你有勇气这样说的时候，不论是谁都无法阻挡你了。

我有个叫哈罗德·莱因克的学员，他就很好地利用了这样的方式，在与客户沟通时取得了不错的效果。哈罗德·莱因克在蒙大拿州做道奇车的销售工作。他亲口说，汽车行业竞争激烈，给他带来了很大压力。有时遇有客户投诉的时候，就有些不耐烦，结果激怒了顾客，引发了争吵，他的业绩因此受到了不小的影响。

面对全班同学，他说：当时我马上意识到了，我这样处理问题的方式有问题。存在疏漏之处，为此请首先接受我的道歉。我想可能是我们哪方面做得不到位导致这样的误解，您把详情说说，我们一起看看怎么解决。

听到这样的话对方往往就消气了，他们没有了负面情绪，就能理性地对待眼前需要解决的问题。有的在问题解决后还对我表示了感谢。还有两位客户给我介绍了新的购车客户。在竞争激烈的汽车行业，这样的客户对我们很重要。我相信态度诚恳地面对问题，打消他们的顾虑，解决问题，我们就能赢得客户的尊重，在激烈的市场竞争中保持领先。

要学会承认自己的错误，这样做不会让麻烦找上你，反而会让你远离麻烦。你的胸襟宽广，就能让对方敞开心扉，理性地面对问题，有时他会承认是自己的错。

如果你丝毫不顾及对方感受，一针见血地指出对方那里不对，你知道结果会怎么样吗？让我来举例说明吧。S先生是位在纽约工作的年轻律师。在美国联邦最高法院有一个重要案件，他担任这起案件的辩护律师。这个案件涉及的赔偿款数额惊人，最终判决结果也将在美国法律界历史上产生重大影响。判决书在鲁斯特加藤诉菲利特公司美国联邦最高法院判决书，第280卷，第320页。在辩护环节，联邦最高法院的法官问："海事法的诉讼时效是6年吧？"

S律师稍停顿了一下，他和法官对视了几秒，然后回答：法官大人，据我所知，海事法没有规定诉讼时效啊。

S说：听我说完这句话，法庭上突然安静下来，针掉到地上都能听见，屋里的气氛凝固了。虽然我说的是对的，但是我不该在大庭广众之下直截了当地指出法官的错误。我这样做的结果就是即使我本该就是胜诉方，法律向我倾斜，我也超长发挥了，但是我并没有胜诉。因为我当众指出这个学富五车的法官犯了一个常识性错误，是我的愚蠢导致败诉了。

这个世上大多数人都是带有偏见的，他们的判断被意见、戒备、猜忌、恐惧、骄傲等左右。因此没有人愿意改变别人对信仰、发型或是崇拜的偶像的看法。习惯给别人挑毛病是需要纠正的，如果你习惯性地这样做，我建议你每天早起后读一下这段摘自詹姆斯·哈维·罗宾逊的作品《理智的形成》里的一段话，或许会对你有所帮助。

有些时候我们可能在不知不觉中慢慢转变了自己的想法，这一切都是自然发生的，我们没有反抗的情绪。然而当身边有人直接指出我们存在的不足的时候，我们却立即产生抵触情绪，并拒绝改变自己，还对对方这样的做法感到厌烦。我们是如何建立起这样那样的价值观我们从没在意过，可一旦有人对我们的价值观产生怀疑，我们却突然在意起来，拼命想要保护它。可能不是我们的价值观有多么的宝贵，而是因为我们的自尊心受到了威胁。有一个词在我们使用的词汇里出现频率是最高的，看起来不起眼却是最重要的词汇，它就是“我们”，人类对于这个词的认识开启了人类智慧。无论是“我的”晚餐，“我的”小狗，“我的”房子，还是“我的”父亲，“我的”国家，“我的”信仰，这个定语都具有难以估量的力量。每个人都厌恶别人指责我们，无论他们是说我们的表不准，或是车子破，还是说我们看问题的角度有问题；无论是说我们了解的火星河道的位置错误、“埃皮克提图”的读音不对，对水杨苷的药性理解错误还是萨尔贡的年代不准，受到任何指责我们都无不心生抵触和不满，努力为维护自己的自尊和智慧寻找各种借口，结果导致我们口中的理性看待问题成了为维护自己的尊严的执念。

著名心理学家卡尔·罗杰斯在他的著作《人格形成论》中这样写道：

我渐渐意识到，让自己主动去理解他人具有不可估量的价值。也许你觉得这句话听起来很奇怪——理解他人难道还需要“让”自己去吗？是的，我就是这个意思。从别人那里听来的话，我们首先采用的处理方式是评价，而不是试着去理解。比如当别人表达了他的情感、态度或是他的信仰时，我们首先想到的词就是他说的：很对、愚蠢、不正常、荒谬、不太正确……我们很少主动让自己去理解当事人的内心感受。

我装修房屋的时候聘请了一位室内设计师为我的新家做了一些软装饰，装完之后的昂贵费用让我瞠目结舌。

装修完成几天后，我有一位朋友来我家里做客，他参观了我的新家。当我说出我的装修花了多少钱时，他傲慢地说：你一定是被坑了，这钱花得太冤枉了。她说得对吗？没错，她说的的确是实话。我也承认我真的是被坑了，可自己的判断受到别人质疑，我首先想到的就是如何为自己辩解。我告诉他，好的东西价钱就是会高些，只有低质量的东西才会价格便宜，要相信一分钱一分货的道理。

第二天，又有一个朋友办事顺路经过我家。环顾四周后，她称赞着那些软装饰，满怀热情地对我说，这些装饰真高档，看着好漂亮，真希望她家也能拥有这么精美高档的设计。听他这么说，我的态度和昨天的截然不同，我告诉他，我确实花了很多钱，应该是设计师多收了，是我吃亏了，我很后悔花了这么多钱进行软装饰。

我们犯错时，可能会告诉自己说我错了，当别人友善待我们时，我们可能也会向对方承认我们有错误，说出自己的错误会让我们心情愉悦，为自己宽广的胸襟感到骄傲。但对方如果在我们犯错时不留情面地指出我们的不是，我们可能没有办法接受这样的指责，也就不会承认自己的错。

在美国内战时，有一个人曾对林肯的政策激烈地抨击，他就是著名的社评人霍勒斯·格里利曾。他认为坚持自己的讥讽和谩骂，总有一天林肯会同意他的观点。长时间以来，他一直自以为是地对林肯恶言相加。甚至在林肯遇刺当天晚上，他还写了一封尖酸刻薄的信辱骂林肯。

林肯因为他的这些公然抨击改变想法了吗？当然没有。讽刺和谩骂永远不会改变任何人的想法。

如果你想深入了解为人处世之道，提升自己的说话办事能力和个人魅力，我建议你读一下本杰明·富兰克林的自传。

从他的故事中你一定能学到很多，他的人生经历堪称教材般经典。他作为一位能力超群的国家领袖，在书中描绘了自己如何从一个懵懂无知的莽撞少年成长为一个善于为人处世的谦谦君子。

当富兰克林还是个行事莽撞的虚荣青年人时，一位身份尊贵的朋友把他叫到一边，和他说了一些让人很难接受的话。

"我说本，你这个人实在是让人难以忍受。有人和你意见不一致你就会出言不逊，你的语言像是一把尖刀一样深深插入别人的心脏，除了带来了伤害没有起到任何作用，你的话他们根本就没听进去。朋友们都觉得没有你在场会轻松自在很多。你以为你满腹经纶才高八斗，没有人能说得过你，事实是，别人都不愿意与你争辩，他们才不愿意白费工夫在不必要的争吵上。你要是一直这样，那你就永远停滞不前，无法进步了。现在你不觉得自己无知吗？"

本杰明·富兰克林仔细倾听着并接受了对方的这番刺耳的忠言。他是个聪明又豁达的人，他知道对方说得没错，虽然话不好听，却是实话。他意识到自己不能继续再这样下去，长此以往，他的人生就真的停滞不前了。思索一番后他决定改变自己，改变自己狂傲自大、粗鲁无礼的种种缺点。

富兰克林告诉我们他给自己定了一个规矩，他不允许自己直接反驳别人的观点，也不能轻易就下结论。他要求自己说话时不能使用绝对性的语言，比如说：一定是这样的，这没什么好怀疑的，等等，他尽量多使用：我估计，我觉得，我猜，我想，就目前看来，我觉得可能是这样，等等。和对方聊天时发现对方和他的意见不一致，他也不像以前那样立刻反驳对方的观点，也克制住了自己将对方的错误观点当笑话听。相反，他会首先告诉对方：你的观点在有些情况下是对的，但目前这种情况下可能不太适合。做了这些改变后富兰克林收获了很多，和别人交流起来也比以前顺畅融洽。我在发表自己观点时始终保持谦虚的态度，这样有效地减少了对方的抵触心理，还赢得了对方对我的回应。当别人指出我的错误时，我不觉得那是件丢人的事。倘若我是对的，我也会委婉地转告对方，让他意识到自己的错误，同意我的观点（贵格会是教友派，是基督教新教的一个派别，兴起于17世纪中期的英国，之后被信徒传至美洲殖民地。该教会坚决反对奴隶制，在美国南北战争前后的废奴运动中起过重要作用）。

“当我刚开始做出改变的时候，我需要强行控制自己的本能。但时间长了，这种控制就自然而然地变成了我的一种习惯。近五十年来，鲜有人能从我口中听到武断的言语。我所养成的良好习惯和正直品格让我的人生走向了新高度。后来我要推行新制度，改变旧制度时，得到了广大民众的大力支持。在各种各样的公众场合，对于我提出的建议民众也都给予回应。其实我是个不善言谈的人，在措辞上也没有那么精美，可以说言语上的优势我一点都不占，但这些丝毫没有影响我表达自己的观点。”

本杰明·富兰克林的这些处事方式在商场上也同样适用吗？让我再给大家举两个例子说明吧。

有一位来自北卡罗来纳州的一名工业工程监理人，她叫凯瑟琳·奥尔雷德，在一家纺纱厂工作。有一次在课堂上，她给我们分享了她的亲身经历：

“我有一项工作是制定、实施厂里的奖惩制度和考核标准。在我们工厂，生产纱线越多的工人，赚的钱也就越多。我们之前生产的纱线只有两三种，因此我之前的制度一直都在沿用，但在我们工厂扩大了库存量和产能后，我们能同时生产出 12 种不同的产品，一直沿用的制度已经不再适用了。因为它无法给操作员公平的奖励，也就不能有效地调动他们生产的积极性。于是我决定重新制定一套新的制度，这制度必须能对操作员生产的纱线等级区分奖励。制度制定好后，我去见工厂的管理层，打算向他们展示我的制度是多么的规范并行之有效。我当面指出之前的制度存在缺点，提出当前的制度不利于调动操作员的积极性，他们得到的与付出的不成正比，而我找到了解决这个问题的方法，制定了新的制度。你们猜猜结果怎么样？结果就是我输了，我的建议遭到否定，因为我丝毫没有顾及他们的情面，一直在自以为是地说自己的观点，局面僵在那里了。”

“在学习了一段时间后，我逐渐意识到了自己曾经犯的错误。针对相同的问题，我又开了一次会。与上次不同，我没有先提出自己的观点。我先征求他们的意见，问问他们我们的哪些制度存在漏洞，会导致什么样的问题。在倾听了大家的意见后，我又问他们有没有好的建议，然后我自然而然地提出了自己的建议，他们都顺着我的想法，得出了和我相似的结论。最后的结果就是他们一致认为我的建议有可操作性，决定按照我的方案执行。”

“现在我明白了，直截了当地指出别人的错误是不起任何作用的，它还会起反作用，你会一无所获，只会让别人感到自尊心受挫，让你变得在任何人眼里都不受欢迎。”

让我来举另外一个例子说明一下，我所用的例子都是从千千万万个事例中筛选出来的，是典型例子。一位纽约木材公司的销售员叫克罗利，他说，多年来他总是指出那些骄傲自大的木材检验员的错误，他们之间经常有纠纷，他总是赢家，然而他并没有得到什么好处。克罗利先生说：那些木材检验员以为自己是棒球裁判呢！他们觉得自己的决定是无论如何不能做更改的。

克罗利先生发现他只是在争辩中取得了胜利，却没有给公司创造利益，反而带来了上千美元的损失。意识到这点后，他决定改变自己喜欢与人辩驳的毛病。他改正了吗？起到了什么作用？让我们来听听他的陈述吧。

“有一天早晨，我办公室电话铃声急促地响起，接起电话就听电话那头怒气冲冲地告诉我给他们送的木材全部不合格，货物卸到四分之一时，他们的木材检验员检验出我们的木材55%都不合格，现在工厂已经停止卸货，要求我们马上安排人手把木材拉回来，他们拒绝收货。”

“接到这个消息，我马上往对方工厂赶去。在路上我思索再三，想到了一个解决问题的好办法。这要是以前，我到那肯定会用木材的检验标准，结合我自己的实践经验，努力说服检验员是他们弄错了，一定是他们的检验方法不正确，我们的木材是合乎标准的。但是这次我想试试在课堂上学来的那些方法。”

“很好笑的是我们到工厂时，发现工厂的采购专员和检验员都拉开了阵势，看样子做好了和我打一架的准备了。我们径直走到火车旁，我让他们继续卸货，在一旁观察他们的操作。我建议检验员将货品分作两堆，一堆放合格产品，一堆放不合格产品。”

“观察了一会儿我就知道了，是检验员出了问题，他对检验标准理解有误，验货的时候没有考虑特殊情况。当天的木材是白松，那位检验员对白松不了解，他只有硬木材的检验知识。而我对白松是相当熟悉了，但我并不能当场对检验员的知识水平产生怀疑，我耐着性子继续观察，偶尔会和检验员攀谈几句，询问一下某块木料为什么不合格。我告诉对方我这样问是想详细了解情况，以保证以后供应的木料能满足他们的要求，我并没有表达出是他们检验错了的意思。”

“遇到问题时，我会使用委婉的语气提出来。”

“我用友好的态度、诚恳的语言与他们交流，并对他们把不合格产品单独摆放的认真工作态度给予了肯定。几句话过后，我和检验员熟悉了一些，气氛也比开始缓和了很多。他慢慢开始思考自己是不是错了，可能是错误地使用了高价木材的检验标准。而我没有多说什么，我不想让他觉得我想把这件事当成什么大事来处理。”

“慢慢地，他的态度发生了转变，他坦陈他对白松木的检验缺乏经验。更难能可贵的是他开始向我请教，每块木材卸下来他都问问我。我会耐心地说明这块木材适用什么样的检验标准，并承诺说我们的货物是保质保量的，如果不合乎要求，我们无偿提供退换货服务。后来他评出哪块木料不合格时都会觉得愧疚。最后他意识到不是我们提供的木材不符合标准，是因为他们用高价位的木材标准检验这些低价位的木材。”

“我离开后，他们用新标准对原来评为不合格产品的木材重新进行了检验，全部验收合格后给我们支付了全款。”

“在处理这个问题时，我用了人际交往的技巧，克制住了自己想要指责对方方法不当的冲动，更加委婉地提醒了对方他们存在的问题，给公司挽回了一笔不小的损失，重要的是通过这件事我们赢得了合作方的信任。”

有人曾质疑马丁·路德·金，身为和平主义者，为什么会对一位黑人指挥官、空军上将丹尼尔·詹姆斯青睐有加。马丁·路德·金是这样说的：“我不以自己的标准要求别人，而是以别人的标准要求他。”

还有一个人：罗伯特·李将军，他曾经在南部军队领袖杰斐逊·戴维斯面前极力称赞他手下的一员。在场有位军官听到这么说觉得很吃惊，他问将军："将军，这个人明明是你的对手啊，他总是暗地里找机会恶意中伤你，你怎么还这么夸他呢？"李将军回答说："你说的这些我知道，可眼下是总统问我对他这个人怎么看，而不是他怎么看我啊！"

不得不强调一下的是，在这篇文章中我所强调的观点并不是新观点，其实早在两千多年前耶稣就曾经说过："趁来得及，赶紧与正在与你作对的人握手言和。"

而在基督降世的2200年前，埃及法老也曾经告诫子孙："巧妙处理人际关系才能最终取得胜利。"这句话直到今天仍然适用。

直白点说，请你不要和客户、爱人或是敌人争辩，也不要不假思索直接指出他们的错误，这样可能会瞬间激怒他们。请学会圆滑。

原则 2：尊重他人的观点，不直接批评他人。

Section 03
不逃避错误

在我家附近有一片林地，一直没有开垦。每当春天来临，黑莓从中拉扯着白色花朵随风摇曳，飞蓬草茂盛得像要飞起来似的。松鼠在这片林地上盖房子，养育下一代。我们喜欢称这片美丽的林地为森林公园，从我记事起这片土地上就没有什么人工的痕迹。我养了一只波士顿斗牛犬，它友善热情，爱好玩耍，名叫雷克斯。森林公园里人很少时，我会常带它来这里散步，而且从不给它拴链子或是戴口罩。

有一天，同往常一样我带着雷克斯在公园里散步，这时过来一位骑警。他看到我们就怒气冲冲地质问道：

“带狗出来乱跑为什么不知道拴链子戴口罩？他大声地呵斥着，你难道不懂法吗？”

“我知道啊，”我不慌不忙地答道，“我之所以没有给它拴链子戴口罩是因为我知道它性情温顺，不会伤害别人。”

“你还挺自以为是呢！你认为算什么！法律就是法律，那可不是你认为出来的！它咬死松鼠怎么办？伤着孩子怎么办？看在你是第一次的分上我就暂且原谅你，再有下次我绝不姑息！到时候你就等着去法庭吧。”

我当即点头答应，表示下不为例。

之后的几次，我也确实注意了。但雷克斯十分讨厌戴口罩，我看着也觉得别扭，所以我们没坚持多久就重蹈覆辙了。开始的一段时间相安无事，但没过多久就出事了。一天下午，风平浪静，我和雷克斯都很兴奋，我们高兴地朝山坡上跑去，突然看见骑在棕色大马背上的骑警。雷克斯跑在我面前，径直朝着骑警跑去。

我知道我又遇到麻烦了，我垂头丧气地跟了上去。没等骑警开口训斥我就抢先说话了："长官大人，我不得不承认我又错了，今天被您抓了个正着。我没有什么可辩解的，上周您告诉我说如果再不给狗戴口罩您就要让我交罚款。"

"关于这件事，我也理解你。"骑警听我这么说，态度缓和了很多，"我能理解你是想在周围没人的时候让小狗好好地放松一下。"

我回答说："我确实是这么想的，但是我知道这是违法的。"

"但是我觉得，你的狗小，应该不会伤害别人。"骑警听我说完也退了一步。

我说："它不会伤害人，但是有可能会咬死松鼠。"

"别再说了，我觉得你有点小题大做了。"他说，"这样吧，你带着它跑过这个山坡，到我看不到的地方去吧，我就当这件事从来没有发生过。"

骑警也是个普通人，他渴望得到尊重，当我先于他开始反思自己的错误时，他通过谅解我的方式显示了自己的宽广胸襟，让他感觉良好。

如果当时我冲动地和骑警争辩，事情的结果会是怎样的呢？再说，我敢和警察争辩吗？

我并没有为自己辩解，而是第一时间承认是我的不对，骑警是按法律处理，没有任何错误。我积极坦率的态度使骑警理解了我的难处，让我的问题得到了很好的解决。这个骑警一周前说要将我送上法庭，而今天他的态度比查斯特菲尔德勋爵还要和蔼。

当自己有错在先时，要在对方开始责怪之前抢先说出自己的错误，与其让别人批评，不如自我批评更容易接受，对吧。

敢于在对方指责你之前承认自己的错误，把对方想要指出的错误自己先说出来，不给对方批评你的机会。大多数问题在这样的情况下，都能够得到很好的解决。你看的例子就是这样，那位骑警面对我的态度，在我主动认错后发生了很大的变化，问题也很容易就解决了。

费迪南德·沃伦是一位商业广告艺术家，他在工作中使用这一技巧，给客户留下了好印象。

沃伦告诉我们："用作广告和出版的画作对作品的精准度要求非常高。"

"由于美术编辑有时会有急活儿，在仓促间总会导致一些问题出现，一些美术编辑总是派急活儿，时间一紧很容易产生一些小问题。"

我就认识这样一个人，他总是喜欢挑别人的毛病，并以此为乐。每次和他打交道我都心存厌恶，不是因为他在工作上有多么刁难我，而是他很喜欢攻击别人。比如，最近有个活时间就很紧，我交了一份紧急赶出来的画作。他给我打电话让我去他的办公室一趟，说是我有些地方出错了。不出所料，我急忙赶过去后，看到他坐在办公室里正在为挑出我的毛病而自鸣得意，看到我就质问我怎么会出现这样的毛病。不同以往，我想换个方法表达我的态度。我说："如果您发现的问题都是属实，那一定是我工作的疏忽，我不会给自己找理由辩解。为您工作这么多年了，我应该十分了解您的要求，我真为自己感到惭愧。"

"听我这么说，他也转了话锋，态度缓和了很多：'没你说的那么严重，确是有些问题，不过都是小问题，也没什么……'"

"我继续说着：'不管问题是大是小，我都得付出高昂的代价，十分抱歉让您心烦。'"

“很多次他试图插话，我都拿话挡了回去，我当时感觉非常良好，这是我人生的第一次自我批评，感觉还不错。”

“‘我想我可以做得更好，’我接着说，‘感谢您对我的信任，您给了我这么多的合作机会，我应该珍惜，所以请你再相信我一次，我重新画可以吗？’”

“‘你可别这样说啊，’他马上解释道，‘我没想给你带来那么多的麻烦。’他夸我的作品很好，只需做一点点小改动就很完美了，就算不改，这小小的问题也不会给公司带来什么损失，他告诉我完全用不着担心。”

“在我主动承认我的错误后，他反而改变了之前的态度。当天中午他留我吃了午饭，在我离开前他给我结了账，还给了我另外一个新活儿。”

敢于承担自己错误造成的后果是件值得骄傲的事情。认错能够让自己不那么内疚，也可让对方不再那么愤怒，还能够弥补犯错引发的严重后果。

新墨西哥州的布鲁斯·哈维在一次发工资时出现了失误，他给一位休病假的员工签发了全额工资。他发现自己的失误后，马上联系了那名员工说明情况，并告诉那名员工误发的工资需要从下个月的工资中扣除。那名员工告诉他近期家里经济困难，请求他晚些时候再还多发的钱。犹豫再三后，哈维决定和老板商量一下，这种情况能不能宽限几天。哈维说：“其实我心里很清楚，一旦让老板知道这件事，他肯定会大发雷霆。我当时对于怎样解决这个问题完全没有头绪，但我知道问题是因为我的失误造成的，所以我决定大胆地向老板承认错误。”

“走进老板办公室后，我告诉他我犯了大错，然后详细向他讲述了事件的前因后果，他当时很气愤，但不是对我，他说这件事情怪人事部门工作不认真，我当时一直说是我的问题，老板并不理会，他将怒火撒在办公室其他人身上。我还是坚持说是我工作失误造成了这么大的问题出现，我应该承担后果。最终，他看着我说，好吧，你也确实有错，现在我给你个机会改正。从老板办公室出来我一身轻松，我解决了问题，弥补了自己犯下的错，关键是我没有使任何人受到牵连。我因没有为自己找借口感到庆幸，我为独立解决了问题感到自豪。这件事过后，我们的老板对我比前还要看重了。”

一个人不论是聪明还是愚笨，都喜欢推卸责任，其实承认自己的错是高尚的行为，你会发现坦诚面对自己的问题会让你变得高尚起来。历史上有这样一个事件，葛底斯堡战役惨败之后，罗伯特·李将军一个人扛起了战败的责任，没有把责任归咎于皮克特或其他的下属。

乔治·皮克特率领的部队冲锋的那次战斗是战争历史上浓墨重彩的一笔。人们喜欢把乔治·皮克特与拿破仑一并提及，他是个风流倜傥的翩翩公子，披着棕色的鬈发，在战争之余写下火热的甜言蜜语。

在悲剧发生之前，那是个七月的午后，他骑着战马威风凛凛地赶往前线，俏皮地将帽子歪在一边。身后忠实的将士们紧随其后，一路欢呼着，他们的旗帜迎风飘扬，刺刀闪闪发光。联邦军队见到这样的阵势都暗自竖起大拇指，他们的威武传遍前线。乔治·皮克特的军队大步向前，所向无敌。他们穿过果林、麦田和牧场，蹚过山涧。其间敌军的强力炮火一次次将他们的队形打出空洞，而每次他们沉着应对着，在炮火中一次次地重新整合，一路勇往向前。

他们到达墓地岭后，遭到了埋伏在石头墙后的联邦步兵团的突然袭击，猛烈密集的炮火打得皮克特的战士四下奔逃，瞬间墓地岭就成了一片火海，现场火光冲天，叫喊声厮杀声响彻天际。短短几分钟后，皮克特将军的战士就几乎全部阵亡，五千精兵剩下不到一千。

路易斯，亚米斯德将军率领残余部队抵达墓地岭，和敌军进行殊死搏斗，他踉跄地穿过炮火，翻过石墙，把帽子挂在刀尖上高高挥舞，怒吼道：“弟兄们，跟我冲啊！”

战士们听到了他的呼喊，跟着他翻过城墙举起刺刀向敌人扑去。他们用刺刀扎敌人，用步枪敲击敌人的头骨。把战旗深深插进墓地岭南边的土地上。

然而遗憾的是，战旗只飘扬了很短时间，联盟军就溃败了。

皮克特的殊死搏斗成了联盟军溃败的开端，李将军深知经过此次失败，他们的败局已定，再也没有能力继续战斗。

就此南方军团的命运彻底终结了。

李将军痛心疾首，他主动提交了辞呈，请盟军统帅杰弗逊·戴维斯寻找一位比他能力更强的将领。其实他本可以不这样做，他完全可以将责任推给皮克特，指责他辜负了自己的信任，找理由为自己开脱，可以说是步兵受困时骑兵没有及时赶到，也可以找其他任何可能的借口替自己说话。

但是李将军没有这么做，他把责任都归咎在自己身上，没有责怪其他任何人。皮克特惨败后退回到大本营，罗伯特·李将军和败军每个人都见了面，见面时没有丝毫的不满，全程都在说自己的不对。他说是他个人的原因导致了战役的失败。由此可见李将军的高尚品格。从古至今，敢于有勇气承认自己过失的将领屈指可数。

香港卡耐基课程的一名教官叫迈克尔·张，他告诉我们，中国传统文化有时会带来一些问题。他说，在处理人际关系时，用在课堂上学来的方式有时要比固守传统文化有用得多。他举了一个例子：在他授课的班级里有一位中年男人，他因吸食鸦片和儿子闹僵，关系多年来一直都不好。经过努力他戒毒成功了，他想和儿子重归于好，然而受中国传统文化的影响，长辈不应先向晚辈低头。在前面的课堂上，他屡次谈起他那从没见过面的孙子辈，字里行间流露出对儿孙绕膝的渴望。他说这些时，同学们对他的苦恼表示理解。虽然这个父亲渴望回归家庭，可他放不下面子，受传统观念影响觉得应该是晚辈尊重长辈，应该是他儿子主动过来和解，他心里一直痴痴地盼望着儿子能主动过来找他。

在我们的课程即将结束的时候，这位父亲勇敢地站到了讲台上，他说："我已经认真考虑过了，我应该勇敢地承认自己的错误，我已经拖了太久了，再不承认就来不及了，我不能辜负我的儿子，这一切都是我的过错，我有今天也都怪我自己。虽然我知道长辈向晚辈低头是件很丢人的事情，但这一切确实是因我而起，我要勇于面对自己的错误。"下一次上课时他告诉我们："我已经去过儿子的家里了，我得到了他的原谅，我很欣慰我见到了儿媳和孙辈们，我们一家终于可以圆满，我们的关系会越来越好。"

阿尔伯特·哈伯德是美国作家，他的作品见解独到，在美国也备受争议，他犀利的言语总会引发读者的不满，但哈伯德善于为人处世，他总能将尴尬的场面化解。

有些读者气愤地对他进行人身攻击，他通常会这样回复攻击他的读者：

你所提的问题我已经考虑再三，我觉得我自己也不完全肯定我之前的观点，以往的言论对于当下可能已经不再适用，知道您的观点我感到很欣慰，希望我们能有机会当面详谈，欢迎你来我家探讨，静候您的光临。

您诚挚的朋友

阿尔伯特·哈伯德

看到这样诚挚的回复，你还有什么好说的呢？

假如你的观点正确，试着用委婉的语气让对方易于接受。假如你是错的，你就要诚实果断地承认自己的错误，虽然这个有点难。你这么做不仅能够给你带来意想不到的好处，还会比你为自己辩解的结果还要理想，你相信这一点吗？

请记得一句古老的格言："争斗不会给你带来任何益处，退步却可以让你收获很多。"

原则3：如果你犯了错，请坚决果断地承认。

Section 04
不急躁处事

每次你发完脾气后，自己感觉气都撒出去了，心里也轻松了很多，可你有想过别人吗？他们会有什么样的感受？你那些恶毒的言语和恶劣的态度真的能够让他同意你的观点吗？

伍德罗·威尔逊曾经说过："假如你做好随时准备与人争辩或者战斗的准备，那么对方也一定在握紧双拳准备迎战。而如果你能压制住怒火，想要和对方心平气和地坐下来谈谈，那么他可能就会成为你交换观点的伙伴，或许你能发现彼此存在很多共识，完全没有必要两个人一定要较量个高下。如果我们有足够耐心和诚心想要和对方握手言和，说不定你们还能成为朋友。"

约翰·洛克菲勒就对这个观点十分赞同。1915 年在美国发生了震惊一时的罢工事件，这一事件持续了两年，在这一事件中洛克菲勒成了人人喊打的恶人，这也是美国工业史上最惨烈的一次斗争。

洛克菲勒是科罗拉多燃料钢铁厂的管理者，工人要求他们工厂支付高额薪水，他们愤怒地将工厂设备砸烂，政府无奈动用了军方力量进行镇压，流血冲突事件一再发生，罢工者被子弹穿透身体，他们的尸体满是子弹穿过的伤痕。

在这种情势紧张的状态下，洛克菲勒想到的是怎样能得到对方的谅解，难得的是他通过努力确实做到了。他是怎么做到的呢？他花了好几周的时间，静下心来和工人们交谈，后来终于见到了工人的代表。他发表了一篇史诗般的演讲，产生了出人意料的效果。结果就是声讨洛克菲勒的工人们终于停下来了，有些还成了他的追随者。谈话时他始终保持谦卑的姿态，他用诚恳的态度赢得了民心，工人们心甘情愿回到工作岗位上继续工作，加薪的事也没人再提起。

他用诚恳真挚的情感面对声讨他的工人们，好像面前站着的都是他的听众和教徒，而不是几天前和他针锋相对的工人代表们。他的演讲中用了很多这样的词语："我很荣幸得到你们的信任""见到诸位和你们的家属我很高兴""今天我们能聚在这里，是因为我们之间的共同友谊和共同利益，还有你们的不计前嫌和宽宏大量，我谢谢你们。"

洛克菲勒开始演讲时就说："今天是我这一生中最重要的一天。能和你们这些员工代表和各小组负责人聚在一起我感到很荣幸，我想我会终生铭记这一时刻。"

"这是我人生第一次面对这么多公司的员工代表、各阶层主管和各组负责人，我感到十分荣幸。这段经历将是我余下的人生经历中最珍贵的一段。两周以前，我们彼此还都很陌生，我只认识你们其中的几个人。从上周我很荣幸地到南方煤田营地做客到今天在这里和你们见面。除了少数不在的几个代表，我几乎见到了你们所有的人，拜访了你们的家，也见到了你们的妻子儿女。这样说来其实我们不是陌生人，而是朋友，因此我很开心能和大家一起在这里探讨我们的共同利益。"

"今天算是一个管理层和员工代表的大聚会。这其中只有我是个例外，我既不是公司的管理人员，也不是员工的代表。我之所以能够站在这里，全是因为大家的宽广胸襟，给了我这样的机会。因此我从心里就深深地感到我的存在是与诸位的利益紧紧联系在一起的。在某种意义上，我代表着股东和董事。"

洛克菲勒的这种说话方式是一种化敌为友的最好的例子。

假如他从一开始就同工人们争辩谁是谁非，直截了当地指责他们造成当前这么严重的局面，或者冷嘲热讽地指责他们的罢工是多么的愚蠢。即使他巧舌如簧又能怎么样呢？他根本不能解决任何问题，反而可能会使问题更加严重，让工人更加愤怒，形式会越发不可收拾。

当一个人心中对你充斥着不满和怀疑时，不管你说什么都没法使他信服。父母的抱怨、领导的专横、丈夫的嚣张跋扈、妻子的唠唠叨叨，都没有用，他们这么做改变不了任何人的想法。我们无法强迫别人认同我们的观点。所以我们要保持温和，坚持下去，终有一天会有人被我们感动。

这是一百多年前林肯悟出的真理，对于这个真理他是这么解释的：

“苍蝇对蜂蜜的兴趣要比加仑胆汁的兴趣大得多。”这一古老的谚语在今天同样适用。如果你想得到别人的赞同，首先就要获得他的信任，你的信任就是能吸引对方的蜂蜜，不要小看它，它能帮你赢得人心。

如何对待罢工的工人，经商的高层管理者们总结出：对待他们应该采取亲和友好的态度。怀特汽车公司的董事长罗伯特·布莱克在面对两千五百名罢工者要求加薪并成立工会的混乱局面时，他没有采取暴力手段威胁镇压罢工工人，也没有表现得很愤怒，反而在克利夫兰当地报纸上公开赞成罢工工人采取了放下武器，和平解决的态度理性面对问题。当他看到罢工纠察队的人无事可做在街上四处游荡时，为他们提供了休闲的场所，并出资购买了棒球设备，还为保龄球爱好者租用了保龄球馆。

布莱克用一系列暖心的行动感动了罢工的工人。他们主动找来扫帚、铁铲和垃圾车，清理了工厂周边的废纸和各种垃圾。罢工者一边在要求加薪并成立工会，一边在清理厂房周边垃圾，这样的局面真是闻所未闻，见所未见。不到一个月，混乱的局面得到控制，问题得以解决。没有人对这件事还心存芥蒂。

美国历史上有个出名的律师——丹尼尔·韦伯斯特，他每次出庭时都气宇轩昂，慷慨陈词，似乎有神明保佑一般。但每次在最激烈的辩护环节时，他总是使用以下的语句："提请陪审团仔细思量""这一点值得我们深思""我相信这些证据一定能引起您的注意""凭借您多年来累积的经验判断，您一定能从这些细节中寻找出案件的关键……"韦伯斯特从来不用法律条文压制对方，也没有试图强行让别人接受自己的观点，他用提醒的方式，温和的言语，赢得了官司也获得了尊重。

也许你觉得上述两个事例离你的生活太遥远，可能觉得发生在身边的事情更有说服力，那么我们就看看下面这个例子。

工程师斯特劳布在课堂上给我们讲了他的这样一个经历，他想和房东商量降低点房租，但是他的房东不是个有事好商量的人。他写信给房东说等房租到期他就要搬走了。实际上他并不想这么做。信中他说如果房租能便宜一些，他还想继续住在这里。斯特劳布对此没有抱多大希望，因为他知道其他的租客也曾试图跟房东讲价，结果都没成功。每个人都觉得房东不好说话，但斯特劳布给自己打气说：反正我在学习怎么与人相处，就当这是个练习的机会吧。

"房东收到我的来信后就带着秘书来找我了，我满怀热情地接待他们，表现得十分友好。在我们交谈中，我没有提及房租贵的问题，我一直在强调我很喜欢住在这里，我夸房主把这里管理得秩序井然，我很享受住在这里，可是我付不起下一次的房租了，所以不管怎么舍不得我还是得搬走，我把课堂上学来的所有赞美的词汇都用上了。"

"房东感到有些意外，之前的租客可能没有人这样和他沟通过，他有些不知所措。"

“听我这么说，他便开始和我诉苦了，他告诉我之前的租客们是怎么向他抱怨的，有一个租客甚至写了十多封信辱骂他，还有一位租客说楼上住户的打鼾声太大影响他休息，让他去制止，如果他不去，就毁约搬走。他感叹道：‘没想到还有你这样的通情达理、善解人意的租客，我感觉心里安慰了很多。’我还没来得及说什么，他就主动提出要给我减免部分房租，我趁热打铁，让他再减一些，好让我能负担得起，他很爽快地答应了。”

临走前，他转过身问我：“需要我给你的房间重新布置一下吗？”

“假如当时我采用的不是友好、温和的方式，没有用体谅对方的语气，而是简单、直接地要求房东减少房租，我可能不会成功。”

迪安·伍德科克是一个部门经理，就职于宾夕法尼亚州一家电气公司。他们部门刚接到负责维护电线杆顶的设备的任务。原本这是其他部门的工作，最近这项工作才由伍德科克的部门接管。在这次实际操作之前，他们只接受过相关工作的培训，没有实践过。因此公司里其他部门的员工都想看看他们的操作水平如何。实践这天，伍德科克带着几名下属部门的主管，和其他部门的部分员工来到了施工现场。他们把车停在一边，观察着电线杆的两名操作员的操作。

伍德科克在四处查看，环顾四周的时候，看见不远处的一辆车里走出了一位男士，他手拿相机正在给施工现场拍照。像他们这种从事公共设施工作的公司对处理公共关系非常看重。伍德科克立刻意识到，那位男士一定是误会了，他觉得这么简单的工作有这么多人参与很不正常，怀疑他们公司的工作能力有问题，于是他走向那位正在举着相机的男士。

“先生您好，您好像对我们的工作很感兴趣啊。”

“你说对了，而且我相信我妈妈会更感兴趣的。她一定想不到会有这种场面。她不听劝阻非要买你们公司的股票。我早几年前就告诉过她，你们公司工作能力不行，她还不听呢，你看证据来了。我相信报纸也会愿意报道这件事的。”

“我觉得您可能是误会了，虽然看起来好像就像你说的那样，可能换作是我，我也和你想的一样吧。但今天确实是个特殊情况。”迪安·伍德科克告诉对方，这是他的部门刚接手的工作，他们第一次实践，所以吸引了公司上上下下的员工前来。他们只是前来看看，上面的两名员工完全能胜任这项工作。那名男子听后，赶紧收起了相机，和伍德科克握了握手，对他的耐心解释表示感谢。

迪安·伍德科克通过友好的交流，成功为公司解了围。

我们班上的另一位学员，新罕布什尔州的杰拉尔德·温，同样给我们分享了友善处事的妙处：

“二月份，在土壤尚未解冻的时候，我们那下了一场暴雨，雨水没有像以往一样顺势流到附近的排水沟中，而是流到了我家刚建的新房附近。”

“没有及时排走的雨水，全都流到了我家房子周围，混凝土地基在雨水的浸泡下出现了裂隙，雨水顺着裂隙流到了地下室，把我们的火炉和热水器都泡坏了。我花了两千多元钱维修，糟糕的是那年我没买房屋保险。”

“我找问题出现的原因，发现造成这种问题是因为土地所有者没有在我家附近挖排水沟，我当即决定要去找他谈谈。我家离他的办公室有二十五公里远，这一路上我认真琢磨着该怎么和他谈这件事，我想到了在课堂上学来的原则，就暗自提醒自己千万别发火，生气不能解决问题。到了他那我很冷静，我们先聊到了他最近的西印度群岛之旅。然后我找了个机会提出房屋漏水的问题。他立刻说自己会负责，会尽快帮我解决这个问题。”

“过了几天他给我打来电话说会赔偿我的损失，并安排工人为我开凿排水沟，避免此类事情再发生。”

“虽然他所做的这些就是他应该做的，出现这样的问题就是他的责任，但是假如我没有用这样友善的态度和温和的言语去解决问题，那么事情可能就不会解决得这么圆满顺利。”

我小时候，每天光着脚丫穿过森林，前往密苏里州西北部的一所乡村小学读书，我在学校读到了这样一个寓言故事：

太阳和风两人争论，都觉得自己更强大。风争着说：“我最强，要不我们打个赌吧，你看那位穿着外套的老人，我能比你更快让他把外套脱掉。”

“太阳听完躲到了云彩身后，风使尽全身力气猛吹，似乎要吹出龙卷风一样，没想到风越大，老人越是紧紧地抓住外套。”

一番努力后，风最终平息，低头认输了。太阳从云后探出头，朝着老人微笑。老人慢慢舒展了紧皱的眉头，脱下外套拿在手中。太阳告诉风：温柔友善远比暴力更强大。

倘若你懂得一滴蜜能起的作用，你就会在日常交往中用温柔、友好的态度处事。马里兰州的盖尔·康纳就是受益者的其中一位。他新买的车总是出毛病，四个月里他把车送到修理厂三次。他很恼火，但是他告诉我们：“我知道，我再怎么跟客服发火都没用了，事实就是这样了。”

“我走进汽车销售展厅，找他们的老板怀特要求面谈。我等了一会儿就被带到了怀特的办公室。我简单做了自我介绍后，先说我来这里买车是因为朋友推荐过来的，朋友告诉我说怀特的车价格合理，服务态度也好，所以我从他的店里买了这辆车。怀特听我这么说，脸上始终挂着笑容。然后我说我的车出现了一些问题，我在他们的售后服务部遇到了一些麻烦。我说：声誉对一个公司至关重要，我补充了这句。怀特先生对我的提醒表达了感谢，他承诺我一定会妥善解决我的问题。后来他亲自过问了这件事，还在我的车在修理厂期间，把他的车借给我使用。”

在基督诞生六百年前，克洛伊索斯王的一名奴隶伊索的，在希腊写下了一句流传千古的话。他所揭露的人性不仅适用于二十六世纪前的雅典，也适用于今天的波士顿和伯明翰。这句话就是：太阳可以比风更快地让人脱下外套，温柔友善远比暴力更强大。请记住林肯的话：苍蝇对蜂蜜的兴趣要比加仑胆汁的兴趣大得多。

原则 4：友好是沟通的前提。

Section 05
引导对方的策略

当你决定与商人洽谈业务时，首先要强调你们共同赞同的部分，不要急于说出自己的不同观点。尽可能让对方知道你们只是方法不同，而目的是一致的。

坐下来谈话开始就要尽量让对方说“是”，不让他有说“不”的机会。

弗斯特里特教授的观点是：“不”字一旦说出口，你就会出于自我保护和自尊心的压力，固执己见。即使你意识到这个“不”说得太轻率，你还是会怕自尊心受伤而没有改正的机会。我们总会拼命维护我们说出的话。所以，交谈中最重要的是首先讲出对方认同的观点。

你看那些有技巧的演讲者，他们总是会在一开始让观众连连说“是”，这就在观众心里奠定了积极的心理基础，他们的反馈就会朝着积极的方向。这就像打台球一样，当你向一个方向打球时，发现很难改变球的方向，让它转到相反方向更是不容易。

这里体现的心里暗示不言而喻。当人们很坚定地说出“不”的时候，这个声音不只是简单地从他的喉咙发出来，而是来自他全身的每条神经和每个细胞。一旦说出口，他的整个身体都进入了防御模式，不给自己反悔的机会，阻止他纠正自己的观点。与此相反的是当人们说出“是”的时候，就不会使身体有这些反应，而是使整个身体进入活跃开放的状态。所以说，交谈能不能顺利进行取决于谈话之初你让对方说的是“是”，还是“不是”。

你可能会想：让对方说“是”还不容易吗？是不难，但是人们却又有一个坏习惯，那就是通过冒犯别人的方式寻找自己的存在感。

无论你面对的是谁，学生、客户、孩子或者伴侣，在交流之初对方如果说了“不”，那么就需要你用过人的智慧和充分的耐心才能让对方转口说“是”。

纽约格林威治储蓄银行的柜员詹姆斯·艾柏森正是运用我们上面提到的方法，成功挽留了一名客户。

艾柏森先生说：“来了一位顾客说想要开户，我按照以往的惯例给了一张申请表让他填写，但是他没有把表填完整，有些问题他没有回答，只回答了部分问题。”

“在我没接受人际关系这个训练之前，我会告诉这位顾客，他把信息填不完整，我们就没有办法给他办理业务。现在想想真为自己这种居高临下的态度感到羞愧，我看重自己的权利，觉得自己说什么就是什么，银行的规章制度就是王法。但对于客户来说，我这种态度会让他们感觉自尊心受到了打击，好像我轻视了他们。”

“所以那天早晨，我决定做出改变，我要运用一些技巧。我没有和他强调我们银行的规章制度，我在努力地让他在开始交谈时就说‘是’。所以我告诉他他没有填写的内容也可以不填。”

“然后我问他：‘请问当您有些意外的紧急情况发生，您是不是希望能将这笔存款转给您的家属？’”

“‘当然了。’他回答说。”

“如果您将表格上家属信息一项填写详细，我们就能在出现意外时及时准确地把钱转到您的家属账户上，这样免去了您的后顾之忧，不是吗？”

“他点头表示赞同。”

“听我说完之后，这位顾客意识到我们这样做也是为了他着想，而不是出于银行自身的考虑。他的态度发生了转变。他将我们提供的表格填完整，还在我的建议下另开了一个信托账户，受益人是他的母亲，他将母亲的相关信息都完整地填好了。”

“在我耐心的解释下，他打消了顾虑，很愉快地接受了我给的建议。”

约瑟夫·艾利逊作为西屋电气公司的一名销售代表，给我们讲了这样一件事：

“多年来我们一直在争取一家客户，它就是我们辖区内的一家公司，但是我们负责这一区域的销售人员努力了十多年，还是没有谈成一笔订单。我接手这个区域的三年里也没和他们合作过。在我们努力坚持了十三年后，我们终于见到了效果，他们公司决定买几个我们家的发动机。我暗自高兴，憧憬着这次合作后我们能签更多的订单。”

“我这么想是很正常不是吗？我知道我们公司的产品质量过硬，我对自己充满信心。所以三周过后，我信心百倍地打电话给那家公司询问使用情况。”

“没想到对方的回答竟让我无比惊讶。那家公司的总工程师说：‘以后我们恐怕没有合作的机会了，我再也不想从你们公司采购了。’我很纳闷：‘出什么问题了吗？’”

“因为你们的电机散热功能不好，热得烫手。”

“从前面对这种情况我肯定会争辩，努力向对方证实我们的电机质量有多好，经过学习后我决定改变自己，我想到了要让对方主动说‘是’。”

“史密斯先生，我赞同您的观点，如果我们的电机过热，我会安排给您退货。只是有些事需要和您核实一下，也让我们知道问题出在哪里，有个改正的机会。我想知道，您要的电机要满足国家电器制造商协会的标准，是吗？”

“他当然同意我的说法，我得到了第一个‘是’。”

“电器制造商协会有一条规定，电机运行温度不能超出室温 72 华氏度就是合格，是吗？”

“‘是的，’他再次认可了我的说法，‘你说得没错，但实际情况是你们的电机比规定的温度要高很多。’”

“我没有急于反驳，只是问他：‘请问你们工厂的室温是多少度呢？’”

“‘这个嘛，’他说，‘大约 75 华氏度吧。’”

“如果是这样，工厂的室内温度加上电机的温度总共是 147 华氏度吧，如果我们将手伸进 147 华氏度的水里，早就承受不住了，是吧？”

“他没有办法否认，只能回答‘是的’。”

“在这种情况下，我觉得用手去测试是有很大误差的，对吧？”

“‘不得不承认，你确实是对的。’他做出了让步。在我们这一番交谈后，他交代秘书和我们又追加了价值 35000 美元的订单。”

“这么多年来，我在与人交流上走了不少弯路，失去了很多赚钱的机会，直到今天我才懂得能者不争，智者不辩的道理。在解决问题时要站在对方角度看待问题，与人交谈时要争取让对方多说‘是’，这一方法很管用，也帮我解决了很多问题。”

艾迪·斯诺给我们在加利福尼亚州奥克兰市的课程提供了赞助。他和我们分享了这样一个故事，在故事中，一个商店老板曾成功地运用“是”的策略，使他成了这家商店的忠实顾客。艾迪喜欢在闲暇时使用弓箭狩猎，他曾在当地一家弓箭器材店里购买了一套质量上乘的装备和配件。有一天，他想从在店里租一套弓箭装备给远道而来的亲属，而销售员却说店里的设备只出售不出租。他不得不找其他的商店看看有没有出租的。过程是这样的：

“只听电话那边彬彬有礼地问候。请问你们商店对外出租狩猎用的弓箭装备和配件吗？和之前那家商店的回答完全不同，接听电话的售货员首先表示道歉，他解释说他们之前出租过，但用于狩猎的工具损耗是很大的，给他们造成了损失，所以现在不出租了。接着他就问我是不是以前租用过，我说那是好几年前的事情了。他帮我回忆那时的租金，是 25 美元到 30 美元之间。我点头说是这个价格。他问我是不是觉得租用能省钱，我当然回答是。紧接着他向我介绍说他们商店正在搞促销活动，现在一套弓箭套装只需要 34 美元 95 美分，其中还包含所有配件，只比租用多出 4 美元 95 美分。他说设备不再出租也是因为买和租的差价太小，很多人更愿意买。他说得句句在理。最终我被他说动了，在他那买了一套弓箭设备。到商店我又买了其他的东西，从那以后，我就成了他们商店的忠实顾客。”

苏格拉底被认为是从古至今最具智慧的哲学家之一，被人们称为“雅典牛虻”。他获得的成就无人能及，为改变人类思想做出了极大的贡献。2400 年后的今天，人们依然觉得他是这个纷繁复杂的世界上最让人信服的思想家。

他怎么赢得那么多人的尊重和信任呢？是在发现别人错误时直截了当地指出来吗？绝不是！那不是苏格拉底的做事风格。他与人交往所用的就是我们所说的“是”策略。用巧妙的语言和方式提问，让对方点头说是，在这个基础上他会接连抛出其他问题，在对方一直说“是”的过程中，他就不知不觉地得出了与之前相反的结论。所以下次当你的观点与对方不同时，请记得苏格拉底也使用的策略，那就是提出让对方以“是”作答的问题。

中国古语有云：“轻履者行远。”

五千年的文化使中国人智慧的根基根深蒂固，“轻履者行远”这句话饱含着古老的东方智慧。

原则 5：让对方点头同意。

Section 06
对待抱怨的策略

当我们试图改变别人与我们不同的观点时，总是习惯性地唠叨个不停。这样做并没有起到任何作用。不如试着给对方点时间，让他们倾吐心声，在这个过程中我们就能找到想要的答案。

别人与我们的观点相悖时我们总想打断对方，这样做是错误的，因为当对方急于倾诉的时候是听不进去任何其他意见的，我们要做的就是听他把话说完，鼓励他把想说的都说出来。

这种做法在商场上同样适用吗？下面让我给你讲一个故事，让我们一起来看看一位遭遇意外的销售人员是怎样通过这种方法化险为夷的。

那一年，全美国最大的汽车厂商正在为当年的汽车内饰寻找可靠的供货商，有三家颇具实力的公司参与投标。在经过样品筛查后，汽车厂商通知三家公司各选派一名代表对产品进行解说。

万万没想到，在竞标那天，其中一家公司的代表，我们叫他 R 先生，突然得了急性咽喉炎。R 先生告诉我们“轮到我进行讲解时，我已经无法发声了，就算是很小声都做不到了。我被带进会议室，面对着纺织材料工程师、采购专员、销售部总监和公司董事长，我努力张口，却还是没说出来。”

“相关人员都在等我开口，我只好在纸上写下：‘先生们，我失声了，说不出话。’”

“‘那就由我来替你解说吧。’董事长看着我说。之后他就替我做了产品介绍，向在座的展示了我们的样品，并详细介绍了我们产品的特点和优点。现场的各位专家们在下面展开了激烈的讨论。帮我介绍产品的董事长站在我们的立场对我们的产品大加赞赏。我坐在那说不出话，只是在微笑，偶尔点一下头或打个手势。

“会议结束后我们轻松地拿下了合同，我们公司获得了给他们提供 50 万码内饰材料的资格，合同总额达 160 万美元。这是我有生以来签过的数额最大的合同。

“如果那天是我做讲解，我们不一定能够获得这个机会。因为我总是习惯性地在说话时占上风，这次偶然让我明白，静静地听对方讲话是多么重要。”

给对方机会让他说话不仅仅在商场很奏效，在家庭关系中这一点也同样重要。芭芭拉·威尔逊和女儿劳丽的关系最近非常不好。她的女儿原本是个乖巧懂事的小女孩儿，却在青春期到来后变得叛逆起来。为此芭芭拉·威尔逊大费脑筋，尝试了教育、威胁、惩罚等多种方法，都没起作用。

就在芭芭拉·威尔逊无能为力想要放弃的时候，事件出现了转机。“有一天，劳丽又一次和我闹矛盾了，她扔下手头的家务活就跑出去找她的男朋友了。这件事要是发生在以前，我早就怒不可遏地冲她喊叫了，但那天我和以往不同，我觉得我已经无能为力了，我只是很伤心地问她：‘劳丽，你到底是怎么了？为什么会变成这样？’”

“劳丽听到我这么说感觉很意外，她也不像以前一样喊叫，只是平静地问我：‘你真的想知道为什么吗？’我冲她点了点头。这么长时间以来劳丽第一次对我敞开心扉，说出了她的烦恼。开始她还有些迟疑，看到我那么认真地倾听，她就把心里话都说出来了。她说我是一个独断专横的母亲，总是命令她做这做那，从来都不考虑她的感受，当她想和我分享她的感受和观点的时候总是被我无情地打断。听她说完我突然意识到，原来我是一个这么不懂倾听的人，她需要的不是这样的一个母亲，她需要一个能够倾听，愿意分担她的喜怒哀乐的朋友，而一直以来她的倾诉都没有引起我的重视。”

“从那天起，我就开始注意倾听她说话。她有什么困惑也会征求我的意见，如今，我们的关系恢复如从前。”

有一则格外醒目的招聘启事刊登在美国一家报纸上，内容是：招聘一位才华横溢、经验老到的金融人士。查尔斯·库贝里斯读到消息后，当即毛遂自荐，写了一封自荐信。几天过后他收到回信，通知他去参加面试。在面试之前，查尔斯花了很多时间查阅了公司资料，了解公司创始人的背景。参加面试那天他格外镇静，面对总裁他说：“我对贵公司早有耳闻，贵公司历史悠久，底蕴深厚，声名显赫，能有机会来参加面试是我莫大的荣幸。我听说在 28 年前创业之初，您的公司里只有一张办公桌和一位书记员，这是真的吗？”

听到我这么说，总裁眼睛一亮。他和很多成功人士一样，都喜欢追忆当年的创业史。他骄傲地讲起他当初是如何凭借 450 块钱和一个梦想起家的，又说起自己如何在别人的嘲讽中脚踏实地，不分昼夜地辛苦工作，还告诉我他凭借怎样的毅力战胜了一切困难成就了今天。如今华尔街最有名望的管理者都会来他这讨方法。在回忆起当年时，他神采奕奕，眉飞色舞，为自己取得的成绩喜不自胜。他的经历确实是件让他最骄傲的事。在面试即将结束时，他简要地询问了库贝里斯的个人简历情况，之后就把助手叫了过去，指着库贝里斯说：这就是我想要找的人。

库贝里斯在面试前做了很多准备工作，对面试公司的情况了解得很透彻。在面试时他对总裁的创业经历表现出了极大的兴趣，在交谈中让总裁担当了谈话的主角，给他留下了深刻的印象，最终面试成功。

下面提到的加利福尼亚州的罗伊·布拉德利的故事与上面的刚好相反。

罗伊·布拉德利在被面试者举棋不定的时候耐心倾听，并最后为公司吸纳了一位优秀人才。罗伊是这样说的：

“我的助手面试的时候对应征者说，我们这家公司规模不大，不能提供住院保险、医疗保险和养老金等福利。我们的每个销售代表都以独立证券经纪人的身份工作，当下很多大公司承诺员工发展前景广阔，我们不敢像他们那样承诺你。”

“事实证明我所做的是对的，我在面对他的时候，向他坦陈了公司的一些弊端。因此他走进我办公室的时候还是很犹豫的。我告诉他我们公司的最大优势是员工可以独立工作，工作时间自由，不受约束。”

“听我这么说，他吐露了自己的心声，说出了自己的担忧，似乎是在倾诉，又像在自言自语。在他说话过程中，我很多次想打断他的话，又都忍住了。说到最后他理清了思路，答应了来我们公司上班。”

“在面试过程中我对普赖尔的想法表现出了浓厚的兴趣，我们的整个交谈过程中他都在主导谈话。他有充分的时间权衡利弊，再三斟酌后他最终决定留下来，如今他成了我们公司最优秀的员工之一。”

不管我们的关系如何亲密，我们都愿在对方面前说起自己的成绩，而不是听一方在那里自吹自擂。

法国哲学家拉·罗什富科曾经说过：“想要对方成为你的敌人，那就超过他；想要对方成为你的朋友，那就让他超过你。”

为什么这么说呢？这是因为如果朋友超过我们，他们会觉得自己地位很重要；如果我们超过他们，他们中的有些人可能会因此产生自卑情绪，还有可能心生妒忌。

汉丽埃塔是纽约城市中心一家职业代理机构的就业咨询师，在公司人缘很好。其实刚入职时她一个朋友也没有，刚到公司时，没人愿意和她交往。为什么会这样呢？这是因为她总是拿自己工作上的成就说事。总是吹嘘自己能力多强，多优秀。

“在工作上取得的成就让我自豪不已。”汉丽埃塔在课上告诉我们。“但我发现我的成就并不会让我的同事感到开心，反而让她们心生嫉妒。在课堂上学习过后，我意识到想要他们喜欢我，和我做朋友，我必须做到少说多听。我慢慢发现他们喜欢讲让自己感到骄傲的事，而不是听别人自己吹嘘。现在，一有机会和同事交流，我就让他们掌握话语权。不再只顾说自己的，更不会提自己的成就。”

原则 6：让对方掌握话语权。

Section 07
赢得合作的策略

与别人强加给你的结论相比，你是不是觉得自己得出的结论更容易接受？如果是这样，那就不要试图把自己的观点强加给别人。倒不如试试循循善诱，引导对方自己得出结论，这才是聪明人使用的办法。

阿道夫·塞尔茨是宾夕法尼亚州的一名汽车销售经理，他也报名参加了我们的课程。近日来他发现下属工作懒散、拖拉，他想找到鼓舞士气的办法。于是他决定开一次会。在会上，他问自己的员工们有什么需要他做的。大家可以畅所欲言说出来。塞尔茨耐心地记录着他们的要求，一一列举后承诺员工，自己一定会竭尽全力满足大家的愿望。员工们问：那现在有什么是我们能为您做的吗？塞尔茨说：我希望我的团队积极进取、乐观向上、忠于职守、团结协作，每天遵守八小时工作时间，在岗位上发光发热。会议结束后，这个公司的协作气氛被调动了起来，甚至有员工主动提出每天可以工作14个小时。塞尔茨先生激动地对我们说，开完那次会议后，他们部门的业绩一下子提高了很多。

塞尔茨先生总结道："在这次会议上我和员工做了一次交换，我们彼此交换了承诺。我承诺我能做到的，他们承诺他们能做到的。我给我的员工机会让他们说出自己的期望，并承诺满足他们，这就是让他们践行对我的承诺的最好方式。"

人们都不喜欢被强迫接受别人的决定和观点，我们都喜欢自己做决定。我们喜欢被人问起我们的愿望、我们的需要和我们的观点。

再让我以尤金·韦森的经历为例说明一下吧。在读懂上述道理之前，他曾错失了很多次赚钱的机会。他负责将设计图销售给设计师和服装厂。三年来，韦森先生坚持不懈，他每周都去纽约拜访一位顶尖设计师。韦森先生说，“他从没拒绝过我的造访，但是也从来没有买过我手里的设计图。每次他都是端详着图纸告诉我说我的图纸不符合他的要求，和他想的相去甚远。”

接连失败了 100 多次后，韦森意识到自己急需改变。他必须打破以往的惯性思维模式。然后他报名参加了我们的课程，希望通过每周一晚的学习，能够改变自己的思维方式，找到解决问题的最佳方法。

第一百五十一次走进顶级设计师的办公室时，他带来的是六张还未完成的草图，和自己的新思路。进屋后，他对设计师说：“今天来我有个小小的请求，希望您帮我一个小忙，看一下我手中这些未完成的设计图，谈谈您的看法和意见，给我指一条明路，看看我怎样设计能够让您满意。”

那位设计师看着韦森送来的图，沉默了好一阵。最后告诉韦森说：“把这些图都放在我这吧，过几天你再过来拿。”

几天过后，韦森到设计师那里，设计师给了他不少建议，他按照对方的建议完成了整张设计图。这些设计图毫无疑问，全部卖出去了。

从那以后，韦森每次设计都会先去征求设计师的意见，他和这位设计师的联系也越来越密切。“我终于知道为什么自己会经历那么多次的失败了。因为我每次去都希望对方能认可我的设计，希望自己能卖出去。而学习过后我改变了原有的惯性思维。每次去都会主动询问设计师想要什么样的设计。给我意见过后，他会觉得这些设计的灵感都是他的，这也是事实。所以我不需要磨破嘴皮子推销，他就主动买下了设计图。”

适用于商场的策略在家庭生活中也能奏效吗？让我们听一听俄克拉荷马州的保罗·戴维斯的故事。

“我们一家子这个假期过得格外开心难忘。我们游览了很多有趣的景点。但其实在出发前，我们一家人还在为到底去哪各执一词。我说想去历史名胜地，我一直想要参观葛底斯堡内战遗址、独立宣言签署地费城，首都华盛顿也是我梦寐以求的旅游胜地。福吉谷、詹姆斯敦还有威廉斯堡现今保留的殖民地也都被我列入了必须去的地方。”

“三月份妻子南希又提起她拟好的暑期计划。她想去西部，看看新墨西哥州、亚利桑那州、加利福尼亚州和内华达州。这些地方我已经听她念叨很多年了，但是很明显我们必须在东、西部地区做一个选择，不能两个都去。”

“我们有个正在上初中的女儿，她正在学校里学习美国历史，对美国历史相关的历史事件和地方都很感兴趣。我问女儿想不想去那些课本上提到过的地方看看，她听了高兴地跳了起来。”

“两天过后，有一天晚餐时间，妻子对大家说：‘倘若都没什么意见，我们暑期将要去东部旅行。这样的选择是综合考虑的结果，大家都会开心还能满足安妮的心愿。’我们全家都很赞同这个明智的决定。”

一家生产X光设备的生产商，利用对方心理，成功和布鲁克林一家大医院签订了订单。这家正在扩建中的医院，想要给放射科购置一批优质的X光诊疗设备。听说这个消息，多家公司的销售人员蜂拥而至，放射科L主任不堪其扰。

在众多销售人员中，有一名销售代表脱颖而出。他比其他人更懂人情世故。他是怎么做到的呢？他给放射科 L 主任写了这样的一封信：

我们公司最近刚刚研发出了新一代的 X 光设备，第一批产品刚刚生产出来。我们知道自己的设备不是无可挑剔，为了能更好地改进我们的产品，使之适应您的工作需求，我们恳请您百忙之中抽出时间操作一下我们的新设备，以您多年的工作经验和工作能力一定能帮我们发现问题，我们好加以完善。知晓您工作繁忙，在不打扰您的情况下，我们愿意在您空闲的时候把货送上门。

L 主任回忆说："我真的没想到能收到这样的一封来信，当时我感觉既惊讶又欣慰。在此之前，从来没有哪个生产厂家征求过我的意见，这封信让我感到自己很重要。那一周里我忙得焦头烂额，这封信打动了我，我推掉了晚上的宴请，专门测试了他们送来的机器。我越认真地测试着，就越发地喜欢他们的设备。"

"从头至尾，这家公司都没有向我推销他们的产品，我没有被动的感觉，买与不买全靠我自己的主观判断。他们用优质的产品征服了我，我决定从他们家购买。"

拉尔夫·瓦尔多·爱默生在《论自助》一文中这样写道："每一部伟大的作品中，都藏有被我们摒弃的思想。它们亲和而又威严地走向我们，让我们重拾。"

爱德华·豪斯上校在美国政界和国际社会都有很大的影响力。在伍德罗·威尔逊担任总统期间，经常私下向豪斯上校讨教，总统拜访他的次数比拜访任何其他内阁成员的次数都要多。

为什么总统只对豪斯上校一个人言听计从呢？豪斯上校曾亲口和亚瑟·豪顿·史密斯提起过。亚瑟·豪顿·史密斯在《星期六晚邮报》中的一篇文章中是这样回忆的：

在与总统接触及交往过程中，我发现了一个说服他的最佳途径，那就是在不经意间说出自己的想法，吸引总统的兴趣，让他自行吸收消化。“我找到这个办法纯属偶然。有一次我到白宫拜访总统，我想要说服他通过某一项政策，当时总统并不赞同我的看法。没想到几天后的一次晚宴上，总统将我的观点当作自己的当众提了出来。”

豪斯上校是否当场打断他说“这个观点不是你的而是我的？”当然没有。豪斯上校才不会这么做。他很欣喜总统能这么说，因为他并不在乎观点是谁的，他只在乎观点是否被认同。他毫不介意总统没有把这个功劳记在他头上，他听总统这么说很高兴，还公开赞赏总统见解独到。

所以我们要谨记，我们身边的人和伍德罗·威尔逊总统并无差别。豪斯上校的技巧在每个人身上都适用。

有位商人成功把我变成了他的客户，用的正是上述方法。那段时间我打算去加拿大新不伦瑞克省泛舟钓鱼，休息几天。我给当地旅游局写了一封信咨询相关旅行信息。写信过后我就陆续收到了好多家旅行社和露营地寄来的宣传画册。铺天盖地的广告让我眩晕，一时不知该如何选择。这其中有一封信一下吸引了我的注意。信中推荐了几位曾在他们营地住宿过的客人名字和联系方式，建议我给他们的老顾客打电话询问他们的感受。

在顾客名单中我发现了一位熟悉的朋友，我马上给朋友打电话询问相关信息，后来我去加拿大直接就去了这家露营地。

其他家都在忙着推销他们服务的时候，这家露营地用巧妙的方式让我心甘情愿地选择了他们，从而在众多家候选单位中脱颖而出，赢得胜利。

中国古代春秋时期道家创始人老子曾经说过这样一句话，至今依然适用：

“江海之所以能为百谷王者，以其善下之，故能为百谷王。是以圣人欲上民，必以言下之；欲先民，必以身后之。是以圣人处上而民不重，处前而民不害，是以天下乐推而不厌。以其不争，故天下莫能与之争。”

原则7：耐心引导，让对方推出结论。

Section 08
创造奇迹的策略

记住一点，即使别人有错误，也不愿承认自己错了。聪明的人会用理解代替指责。能做到这点的人屈指可数，也正因如此这点尤其重要。

世间万事皆有因。任何想法和行为背后都一定是有原因的。一旦找出原因，对方的态度就尽在你掌握。

所以遇到问题时，请换个角度，设身处地站在别人的立场思考。

每一次都扪心自问："这件事如果发生在我身上，我会怎么想？又会怎么做呢？"这样做其实是在为你自己节省时间，可以避免很多不必要的麻烦。有助于你人际交往能力的提升。"一旦理解了对方的难处，就能接受任何形式的结果。"

肯尼斯·古德在他的著作《如何点人成金》一书中写道，"停下匆忙的脚步，好好看看自己走过的路。你对自己个人的事有多在乎，就对世间的其他万物有多忽视。而人世间每个人都是这样。能够认识到这一点，就会像林肯和罗斯福一样，掌握了正确处理人际关系的本领。时刻铭记：同理心是为人处世的制胜之道。"

纽约的山姆·道格拉斯的妻子花费很多时间照顾草坪，每周都会除草、施肥、修剪。山姆·道格拉斯经常跟妻子抱怨她太浪费时间，他觉得自己家的草坪看起来和四年前没有什么区别。他对妻子的责怪总是引发矛盾，每个美妙的夜晚两人都是在争吵中度过的。

在学习了人性的弱点之后，道格拉斯突然意识到这些年来他从未尊重过妻子的爱好，也从未肯定过妻子付出的辛劳，自己简直就是个浑球儿。

一天晚饭过后，道格拉斯的妻子说想让他陪着一起去院子里除杂草，一开始，道格拉斯习惯性地拒绝了，但很快他又改变了主意，决定去帮忙。妻子看到他出来一起劳动很开心，两人有说有笑地除着草，一个小时就除完了。

从那天起，道格拉斯经常主动帮助妻子做园艺，也经常赞赏妻子的劳动成果。他赞赏道：这块如水泥般毫无生气的地面，多亏了你的精心照料才焕发生机。有的时候引发矛盾的可能就是几根无关紧要的杂草。在道格拉斯懂得了换位思考以后，问题便迎刃而解了，生活也变得幸福如初了。

杰拉德·尼伦伯格在《人类内心世界的探索》这本书的第 31 页中评论道："想要开展有效顺畅的交流，就把对方当成自己一样重视。请在交谈之初就明确表明自己的态度，并在开口之前仔细斟酌，站在对方立场，看看能不能接受要说的话。想要让别人认可你的观点，首先要接受对方的观点。"

在我家附近有一个森林公园，我很享受在公园里骑马或者散步的时光。因此我常常在我家附近的森林公园里骑马或是散步。森林公园的神圣让我膜拜，我对一草一木都有崇敬之情。公园里的古树像图腾般让我痴迷。然而每年发生的森林火灾都会烧毁部分无辜的小树，让人感到痛惜。火灾的发生不是乱丢烟蒂造成的，是前来游玩的年轻人在树下烧烤的时候引发的。森林火灾烧起来就不受控制，消防部门对此也是毫无办法。

在森林的一个角落，有一个牌子，写明纵火者会处以罚款或监禁。但是立标语的地方太偏僻了，很少有人注意到这个标牌。公园原本安排了一名骑警巡视，可骑警粗心大意、不负责任，森林火灾还是年年发生。有一次我发现公园有一处起火了，赶紧请骑警通知火警来灭火，但他很傲慢地表示这不是他管辖的地方，与他无关。他这种态度令我大失所望。从那以后，每次去公园骑马，我都把巡查当成了自己的工作，我要做一个守卫森林的勇士。刚开始，我急于纠正别人的错误行为，完全没有考虑过对方的感受。每次看到树下有火苗燃起我都怒不可遏，纵马冲上前教训点火的人们，警告他们这样做会被送进监狱。我站在马背上俯视他们，他们稍有不满我就用送进监狱相要挟。那个时候我的不满情绪得到了发泄，从没想过别人的感受。

我这样做的结果呢？结果就是这些年轻人确实服软了，但他们只是极不情愿、带有很大反感情绪地屈服了，我刚一离开，他们马上将火点燃，恨不得一把火烧光整个森林。

随着岁数增大，我了解了人性的弱点，也学到了一些人际交往的技巧，我懂得了站在他人立场上解决问题是多么重要。现在遇到问题，我的态度和从前大不一样了，我通常会这样和他们沟通：

“宝贝们，你们可真会玩。计划晚上吃什么？看到你们这么开心我好羡慕，我小的时候就很喜欢野炊，现在依然喜欢。但是你们需要注意哦，虽说你们加了千百倍的小心，在森林里点火还是很危险的。有人会学你们这样生火，走时忘了将火扑灭，可能就会把枯枝落叶点燃，长此以往，恐怕我们的森林就要被烧光了。其实按理说你们这样做是违反法律规定的，但我看你们玩得这么开心，不忍心阻止你们。那么能不能请你们点火的时候远离枯枝落叶，以免发生火灾呢？请离开之前确保用土把火扑灭，好吗？下次想要野餐，我建议你们去沙坑那边，去那里就省事很多，没有火灾危险了。谢谢你们，祝你们度过开心愉快的一天。”

听我这样说，这些年轻人都欣然接受了我的建议。没有人表示有异议或者反抗。我用建议代替命令，让他们感到自尊心受到了保护，当时的气氛也比较融洽，我成功地站在对方的角度处理了问题。

在自身面临危机的时候，你也可以尝试一下换位思考。澳大利亚新南威尔士州的伊丽莎白·诺瓦克拖欠了6个月的汽车贷款，这可愁坏了她。她说，有一个周五，我接到了经销商打来的电话。对方态度很蛮横，告诉我如果周一早晨还不能交上122美元，他们就要采取进一步措施。简直天方夜谭，我怎么可能在一个周末凑齐这么多钱！所以当周一早晨电话铃声响起的时候，我已经做好了最坏的心理准备。我控制住自己的情绪，试着站在对方的立场思考问题。接起电话我首先诚恳地道了歉，我说我很愧疚给他造成了这么多的麻烦。对方听到我这么道歉，语气一下子缓和了许多。他还告诉我说，与其他客户相比其实我这真的不算什么麻烦事。他还给我讲了很多客户的事例，和我说那些客户态度特别恶劣，满口谎言还没有礼貌，还未等他说完就蛮横地挂断电话。我没有发表自己的看法，我一直在安静地当好一个听众。他倾诉完，还没等我说话他就告诉我说，我可以晚一些少付一点钱给他，剩下的钱就在我有能力的时候及时补上就好。

当你想让玩得正尽兴的年轻人熄灭火种的时候，当你想让客户购买你的产品的时候，当你想让对方为你介绍的慈善机构捐款的时候，请你不要心急。闭上眼，把自己和对方换位，站在他的立场仔细考虑，扪心自问：我为什么这么做？也许你觉得这样很浪费时间，但其实这是很有效的沟通方式。能够减少矛盾发生，将对方变成你的朋友，让你少走冤枉路。

哈佛商学院院长多纳姆曾说过这样一句话："每次要面见某人之前，我宁可站在门外两个小时，把自己要说的话都想好，了解对方的兴趣爱好，处事方式，可能给我的答案，而不是不加考虑直接冲进对方办公室。”

这段话十分重要，你们都要记住。请允许我再次加以强调：

“每次要面见某人之前，我宁可站在门外两个小时，把自己要说的话都想好，了解对方的兴趣爱好，处事方式，可能给我的答案，而不是不加考虑直接冲进对方办公室。”

即使你从这本书中仅仅学会了“站在对方的角度思考问题”这一个方法，也请你将这一方法应用到实际生活中加以尝试。坚持下来你会发现，它是奠定你成功的基石。

原则 8：控制情绪，换位思考。

Section 09
学会原谅

我们必须学会巧妙地运用语言。有一句神奇的表达方法，它能够平息愤怒、消除猜疑、引起人的好感并吸引他人倾听。

你一定很想知道这句话吧。我完全能理解你的渴望，因为我和你有着相同的想法。

任何人听到这样的回答都会被吸引，那些脾气暴躁的老顽固也不例外。这句话就是——换作你是他，你也会和他的想法一样。下面以阿尔・卡彭为例，如果把你和他互换角色，让你经历他所经历的，让你处于与他一样的环境中，那么你们的脾气、性格、思维方式和行为举止就会一样。阿尔・卡彭的恶性是由他的个性、所处的环境、和他的经历决定的。龙生龙、凤生凤，老鼠生的儿子会打洞。

同样的道理，你之所以是现在这样的你，并不是完全由你自己的主观意识决定的。你身边那些性格暴躁、固执己见、蛮不讲理的人也不是由自己的意识决定的。这些人受各种因素影响，我们应该同情可怜他们，并感恩上苍没有让你变成像他们一样的人。

我们一生中会遇到很多人，有四分之三的人都希望自己能得到别人的谅解，那就做个体谅他人的人吧，他们会对你心存感激。

电视台曾经邀请我上电视介绍《小妇人》的作者路易莎・梅・奥尔科特。我知道她的不朽名作是在马萨诸塞州的康科德创作完成的，但在上节目时我出现了口误，误说成了我曾去新罕布什尔州的康科德拜访过她。也许一次的口误能够得到观众的谅解，没想到我竟两次说错。下了节目我接到了蜂拥而至的邮件和电报，其中的内容把我批得连狗屁都不是，我对此毫无心理准备，这些批评就像尖刀一样插进我的心脏。其中有一位贵妇人，她在马萨诸塞州康科德长大，现在居住在费城。在信中她气势汹汹地辱骂我，就好像我把奥尔科特小姐冤枉成了新几内亚的食人族。我读到她的来信时暗自庆幸："我的上帝呀，还好这女人不是我老婆。"我真的很想写一封回信给她，告诉她我是犯了错，但那只是我在开场时犯的错，没有那么不可饶恕。她还不如我，身为贵妇却没有基本的礼貌常识。我想要长篇大论地解释我的想法，但我控制住了自己，并没有这样做。这种愚蠢的行为谁都会，我不想做个愚蠢的人。我决心挑战一下自己，看看自己能不能化敌为友。我把这个挑战当成一个游戏，我一直在劝自己："如果我是她，估计我和她的想法是一样的。"这样想我就能接受她的观点了。之后有一次刚巧路过费城，我给她打了个电话，我们之间有过这样一段对话：

我："您好，女士。我这次打电话是想感谢您几周之前写信给我，谢谢您。"

她用傲慢冰冷的语气回答我："你叫什么名字？"

我："我的名字叫作戴尔·卡耐基。您可能不认识我，前段时间我在电视台上做了作家路易莎·梅·奥尔科特的介绍。您收看了我的节目。在节目上我犯了一个愚蠢至极的错误，我竟然说奥尔科特小姐住在新布什尔州的康科德，真是胡说八道！在这里我想诚恳地向您道歉。还有就是对您表示感谢，感谢您愿意抽时间写信给我，指出我的错误。"

她态度马上转变了："对于那封信我感到很抱歉，卡耐基先生。我当时没忍住乱发脾气，请您原谅。"

我："怎么好意思啊！需要道歉的不是您，应该是我啊，我犯了小学生都不会犯的低级错误。意识到我的问题后，我已经在电视台上公开道歉了，现在我想以我个人的名义向您说声对不起。”

她：“我就是在马萨诸塞州的康科德出生，在当地我的家族声名显赫，家乡是我的骄傲。当时听您说奥尔科特小姐住在新罕布什尔，我觉得很难过、很伤心，所以写了那样一封信，很抱歉，我为自己感到羞愧。”

我：“我理解您的感受，我比您还要难过。但是请您相信我，我的失误并没有伤害到马萨诸塞州的声誉，我伤害的是我自己的名声。很荣幸能收到您这样身份尊贵、学识渊博、背景深厚的人的来信，真心希望您下次再发现我的错误时，还能像上次那样帮我指正。”

她：“听你说这些话，我对你另眼相看，我十分欣赏你这种对待批评的态度，相信你一定是一个好人，希望有机会能多多了解您。”

我对她真诚地道歉，她就用同样的歉意和谅解对待我。我为自己用友善的语言回应别人对我的侮辱，很好地控制了自己的情绪感到满意。我大可以冲过去对她喊：“你怎么不去死啊！”好在我没有那样做，博得了她的好感和谅解让我感觉更有意义。

塔夫脱和其他即将入主白宫的总统一样，都必须面对棘手的人际关系问题。以往的经验告诉他，对别人的同情能够平息自己的愤怒。在他的作品《公共事业的伦理》一书中，塔夫脱总统讲到了他的亲身经历，生动地记录下他如何成功地安抚了一位气势汹汹的母亲。书中这样写道：

住在华盛顿的一位母亲想给他儿子找工作，为此事她已经恳求我一个多月的时间了。她的丈夫是政坛举足轻重的人物，因此她动用了一切资源，请来了好多参议员和众议员当说客，他们一起来找我，当面为她儿子说好话。她看上的职位对技术要求很高，因此我最终没有聘用她儿子，而是遵照部门负责人的建议聘用了另一位符合要求的候选者。这位母亲听到这个消息后马上给我写了一封信，在信中她指责我忘恩负义，说我是个残忍的人，眼看着她在痛苦中煎熬，也没有帮她这个小忙。她还说自己为支持我推出的行政法案，早已说服了她所在州的代表们，是我不识好歹，辜负了她的一番好意。

换作是你收到这样的来信，第一反应一定是这个妈妈态度实在是太过分了。你可以马上回信回击她，但如果你是个聪明人，在写完信发泄完后，会把信锁起来，等到气愤平息后再把信拿出来重新读一遍。写完这样的信不要着急寄出去，晚两天也没关系。当你过后再拿出信来读的时候，你可能会和我一样，不想把信寄出了。几天过后我没那么生气了，我平静地坐下来，写了一封措辞严谨、礼貌有加的回信，告诉她我十分理解她作为孩子母亲的心情，并解释说我的个人意见并不能完全决定人事的任命，这个职位对个人技术方面要求很高，我是按照部门领导的意见做出的决定。我衷心祝愿她儿子能够不负众望，找到理想的工作。我的这样一封回信让她消了气，她回信给我，为自己对我的指责道歉。

新人上岗前，我又收到了一封来信，信件署名是那个孩子的爸爸，可是信里的字迹却和之前来信的孩子妈妈的一模一样。信中说，由于对我行为的极度失望，他的妻子患上了神经衰弱，后来又查出得了胃癌，现今已经卧床不起，性命垂危。为了他妻子的病情考虑，能不能请我收回任命，重新任命他儿子为这个职位的人选。我不得不写一封回信，首先对他妻子的状况表示担忧和关心，希望是医生误诊了；然后我表明人事任免是板上钉钉的事情，没法更改。后来，新人顺利报到上班。两天后，在白宫举办了一场音乐会，我在现场遇到了孩子爸爸和他那个“生命即将走到尽头”的妻子。

简·曼格姆是俄克拉荷马州塔尔萨市一家电梯维修公司的经理，他们负责维修辖区内所有高档酒店的手扶电梯。他们每次的维修时间都至少需要八个小时。有一次，一家酒店的经理听说电梯要维修八个小时之久，表示不能接受，他说这样会给房客造成极大的不便。他只能接受在酒店方便时，电梯暂停运营至多两个小时。这样一来，维修就面临安全难以保障的问题，并且酒店方便暂停电梯的时候维修人员不一定有空。

面对这种情况，曼格姆先生特意安排了公司里技术最好的维修工负责这家酒店的电梯维修。安排好人选后他给酒店经理打了一个电话，电话里没有抱怨和争吵，也没有强调只有八个小时才能完成维修，他是这么说的：

“里克，我知道你们的客流量很大，电梯维修时间过长会给你们带来很大不便，我完全理解你的顾虑，也想尽最大能力帮你解决这个问题。但是根据我们以往的实践经验看来，如果一次不能把电梯彻底维修好，就会有后患。一旦电梯再出现问题，关闭的时间就比八个小时更长了。我知道你也不想看到你的房客好几天都没有电梯可乘。”

听我这么说，酒店经理不得不承认与连续多天不能使用相比，八个小时的维修更好些。曼格姆先生用体谅对方难处的立场，赢得了酒店经理的理解。

乔伊斯·诺里斯是密苏里州的钢琴教师，她给我们讲述了她与一个处于青春叛逆期的小女孩儿的故事。她有个学生叫芭贝特，她喜欢留长长的指甲，这对钢琴演奏者可不是个好习惯。

“长指甲会成为她学好钢琴的阻碍，想要练好钢琴必须把指甲剪掉。来上第一次课的课前沟通时，对于指甲的事我只字未提，我怕打消她学习钢琴的积极性，她一定花了很多时间在美甲上，漂亮的指甲让她感到自豪。”

“第一节课上完，我找了个机会，走近她对她说：‘芭贝特，你的手和指甲很漂亮，我也看出你在钢琴上很有天赋，如果想把钢琴弹得更好，我建议你把指甲剪短一些，这样你会弹得更好，你可以考虑一下我的建议吗？’听完我说的话，她并不开心，并有些抗拒。我向她母亲称赞了她的指甲很漂亮，也提到了之前的问题，她的母亲看起来也很为难。可见漂亮的指甲对于芭贝特来说多么重要。”

“第二次上课时我很惊喜地看到芭贝特的指甲已经剪短了，我当即夸奖她为了学习做出的牺牲，也在私下感谢她母亲的理解与协助。让我惊讶的是她的母亲说：她做这个决定与我无关啊，这是她自己决定要剪的，她告诉我这是她女儿第一次听别人的建议剪短指甲。”

诺里斯夫人没有以不能来上课威胁芭贝特，她没有严厉地说留着指甲就不能继续学钢琴。她夸奖芭贝特的指甲漂亮，也表示让她剪指甲对她来说意味着要做出牺牲。她的暗示是：“我理解你的难处，我也知道做这个决定对你来说很困难，但是为了学好钢琴这样的牺牲是值得的。”

索尔·胡洛克在美国是个金牌音乐经纪人。50 多年来，他辅佐过的艺术家早已声名在外，这其中有费奥多尔·夏里亚宾、伊莎多拉·邓肯、帕甫洛娃等。胡洛克先生对我们说，与这些有个性的艺术家们打交道，最主要的就是要学会谅解和接受他们的与众不同。

胡洛克曾为知名俄国男低音歌唱家费奥多尔·夏里亚宾当了三年的经纪人。在舞台上，夏里亚宾的歌声能征服纽约歌剧院里任何一位挑剔的听众。但在台下，他却是另一副面孔，总是制造麻烦。用胡洛克先生的话说：“他和浑蛋没有区别。”

有一次，夏里亚宾在中午打电话给胡洛克先生说：“胡洛克先生，我现在觉得身体不适，嗓子就像要裂开了一样，晚上的演出我不去了。”胡洛克听完会气得大声嚷嚷吗？显然不会，他不会那么做。他知道自己是个专业的经纪人，不能那样对待自己服务的明星。他是怎么做的呢？他立刻赶往了夏里亚宾居住的酒店，耐心地安慰着夏里亚宾："一定很难受吧，看你这种状态真的没法演出了，我把演出取消，身体最重要。只不过你可能要损失几千美元的收入了，不过与名声相比这点钱不算什么。"

夏里亚宾听他说完叹了口气说："要不你晚点儿再过来一趟吧，五点来吧，我看看到时候能不能好受些。"

到了5点，胡洛克又来到了酒店，他满眼心疼地看着夏里亚宾。夏里亚宾还是坚持说自己不能演出，叹气让胡洛克晚些时候再来一次。

7点30分，夏里亚宾告诉胡洛克去当众宣布他得了重感冒，声音可能会受到影响。不这么说，他就不登台。胡洛克知道夏里亚宾是个固执的人，于是敷衍说一定按他说的办。

亚瑟·盖茨博士在他的著作《教育心理学》这本书中写道："人们普遍希望得到别人的同情。连孩子都会把自己的伤疤展示给别人看，有时还会故意将自己弄伤，渴望得到别人的同情和关注。成年人也是这样，他们展示自己的伤口，讲述艰难的过往，回忆手术的细节。这些不幸有事实，也有他们的想象。不管怎样，这都是他们'自怜'的表现。"

如果你希望别人支持你的想法，请记得：

原则9：体谅他人的难处和想法。

Section 10
懂得理解

我生长在密苏里州的边陲小镇，那是江洋大盗杰西·詹姆斯生活过的地方。我还曾经特意去过密苏里州科尔尼的詹姆斯农场，詹姆斯的儿子就住在那里。

詹姆斯的妻子给我讲了詹姆斯当年的事。他曾扒过火车、抢劫过银行，然后把抢来的钱分给小镇上付不起房贷的穷苦人。

杰西·詹姆斯将自己视为侠肝义胆的有为之士，就像在他之后的达奇·舒尔茨、“双枪”克罗利、阿尔·卡彭，以及其他的黑帮“教父”一样。实际上，我们周围的每个人都居高自傲，认为自己品德高尚、乐善好施。

通过一种叫作介入式的方法，皮尔庞特·摩根发现每个人的行为背后的共性，总结起来有两个原因，一个借口和一个动机。

每个人都知道自己的动机是什么，不需要你当面指出。但是每个人又都想把自己当作圣人，因此他们需要给自己的行为寻找一个高尚的理由。当你想要指出别人的动机的时候，请首先找到一个高尚的理由。

这可能听上去很难理解。让我们看一个事例吧。汉密尔顿·法雷尔与别人一起经营一家宾夕法尼亚州的房屋租赁公司。有一天，一名房客突然提出要提前搬家。距离这名房客的到租日期还有四个月的时间，他突然毁约，蛮横地威胁说要马上搬家。这名房客的租约还有 4 个月才到期，但是他公然毁约，告诉法雷尔先生他马上就搬走。

“这名房客整个冬天都租住我的房间，冬季的成本是很高的。”

法雷尔先生在课上说：“这个人在我的房子里住了一整个冬天，那可是成本最高的季节，他提出现在搬走，秋季到来之前我很难再将房屋出租给别人，几个月的租金就没了，一想到这些我简直要被气得七窍生烟了。”

“换作是原来的我，我会立刻冲到那名房客面前，把合同摔在他脸上，让他好好看看合同上是怎么写的。我警告他，搬家也可以，但是必须把剩下四个月的房租钱给我。”

“这回我没有当场就发火，没有大吵大闹。我想尝试用其他的方法，所以我调整好自己说：‘多伊先生，我已经了解了您的想法，但我觉得您决定提前毁约一定不是您的本意。我工作这么多年来，阅人无数，我看您一定是个守信用的人，我敢保证。’”

“对于这件事情，我觉得您现在就下决定为时过早，我建议您再多考虑几天，租金还没到期，在租金到期之前您再作决定也不迟。到时候是走是留您再给我个答案。我在这里对您承诺，倘若到时候您还是想搬走，我绝不阻挠，我就当自己是看错人了。现在我依然相信您是个言而有信的君子，不会做出违约这样的事，不管怎么样，您的诚信掌握在您自己手中。”

“到了下个月房租到期之前，那位先生来找我续租。他告诉我已经和妻子商量好了，他们决定还在这继续住下去。因为他们都觉得做人要讲诚信，想要搬走也要等到房租到期。”

有一张报纸上刊登了北岩勋爵的一张照片，那是他并不想公开发表的照片，于是他决定给报社编辑部写一封信。他是怎么说的呢？是不是说：“我不喜欢那张照片，请你们把它撤下来？”当然不是，他用的理由比这个高尚得多。他利用每个人对母亲的崇敬与感情，在信中写道："我妈妈不喜欢看我的那张照片，请你们撤下来。"

当小约翰·洛克菲勒想要阻止记者偷拍孩子们的照片时，他使用了同样高尚的借口。他没有说"我不想在报纸上看到这些照片"，他是站在保护孩子的立场告诉记者们："各位记者，你们也都是孩子的父亲，一定知道在孩子成长过程中太多地曝光他们的生活对他们的成长没有好处。"

在缅因州有个穷孩子叫赛勒斯·柯蒂兹。她当年白手起家根本没敢想过日后自己会飞黄腾达。她是《星期六晚邮报》和《妇女家庭杂志》的创始人。在报纸和杂志创办之初，她没有能力给作家提供高额的报酬，所以她用听起来很高尚的理由吸引着那些名家给他们写作。在《小妇人》的作者路易莎·梅·奥尔科特正火的时候，赛勒斯·柯蒂兹想把她拉拢到自己的团队，她开了一张金额为 100 美元的支票，支票寄到了路易莎·梅·奥尔科特经常去的一家慈善机构。

有些人对这种做法表示怀疑，他们认为这种方法存在局限性。认为这个方法对于北岩勋爵、洛克菲勒或是其他那些喜欢感情用事的作家可能管用，都很想看看她是怎么用这个方法，把路易莎·梅·奥尔科特拉拢过来的。

有这样的怀疑也是情有可原的，因为这个世界上根本就不存在包治百病的药方，同样的方法在不同人身上起的作用也会不一样。倘若你安于现状，那就无须改变，假如你不满足于现状，为什么不尝试一下我们的方法呢？

不管你是安于现状还是渴望改变，我都希望你把下面这个故事读完。这是我的学生詹姆斯·托马斯经历的真实故事：

有家汽车公司正面临一个头疼的问题，他们的顾客中有六人拒绝支付汽车保养的费用，并不是因为他们觉得整个账单是错的，而是因为他们觉得账单中有些项目多收了钱。实际上每张收据上都有顾客的亲笔签名，所以公司清楚账目是没有错误的，他们也向顾客进行了解释。他们这样做就是错误的。

以下是公司财务部门收款时采取的策略。你来看看他们怎么能取得成功呢！

1. 他们逐一拜访每位顾客，并直接告诉对方此次拜访是来要账的；

2. 当顾客对账单提出质疑时，财会人员断言一定是顾客弄错了，公司不可能出错；

3. 他们把自己的公司说成汽车领域的巨头，他们对汽车的了解一定要比顾客多得多，所以无须再争辩。

这样做的结果就是，双方各执一词，争论不休。

上面提到的策略有哪一个能够解决问题，让客户心甘情愿地掏钱呢？我想不用我告诉你，你已经知道答案了。

面对这种僵持的局面，公司财会部门决定用法律武器解决问题。好在他们的总经理及时发现了这种情况。总经理认真翻看了这 6 个人的账单，发现他们缴费都很及时。可能是收款的方式出了问题。因此他请来詹姆斯·托马斯，让他想办法收取这些“收不回”的欠款。

托马斯会采用什么样的方式呢？让我们听听看他自己是怎么说的：

“1. 我的目的和之前去的人一样，都是要钱，我也相信公司的账单是没有错误的。但在交谈过程中我始终没提起这点。我只是向顾客解释说我此次拜访就是想知道我们公司哪方面出现了纰漏，什么地方没有做好。”

“2. 我还告诉对方，我愿意听他和我说说自己的困惑，和我讲讲事情的前后因果，并承诺我不会发表我的个人看法，我还告诉他们公司并不觉得自己一定正确。”

“3. 我告诉对方我对他的车很感兴趣，但对于车的了解我远不及他，他在这一点上有绝对的优势。”

“4. 对方和我讲话的时候，我一直在认真倾听，让他体会到我的理解与关注。”

“5. 等到对方倾诉完，情绪平复后，我表明我们公司一定会秉公处理，并把我此行的动机变得高尚起来。我说：‘我相信您知道，是因为上次的事情处理不当给您造成了麻烦，很抱歉我们的财会人员打扰了您，给您带来种种不便，惹得您不开心。其实这些本都可以避免。请允许我在此代表公司向您道歉。通过我们刚才的交谈，我被您的正直和耐心打动，您的高贵品质给我留下了很深的印象。正因为这样，在这里我想请您帮我一下，我想您一定能做到。这张是您的账单，亲手交给您我很放心，请您帮我们核实一下账单的缴费情况。希望您能理解我们的难处，如果您是我们公司的董事长，相信您也会做出这样的决定。现在我把账单交给您，决定权交到您的手中。’”

“对方是怎么做的呢？他们核实了账单吗？当然了，他们这么做的时候还很开心。有没有顾客在这个时候还拒绝付费呢。确实有，但是好在其他 5 位都把账单还清了，金额从 150 美元到 400 美元不等。那位顾客对于有争议的那个账单一分钱都不想偿还。但是有件事情很有意思，在 2 年之内，这 6 名客户每个人都在我们公司购买了新车。”

“以往的经历告诉我，如果我们根本不了解，那就把对方当成正直善良、值得信赖，有担当的人。换句话说，大多数人都是诚实的，也不愿意拖欠债务，只有少数人是例外。并且我相信，哪怕是存心想要欺骗别人的人，如果你夸奖他们为人高尚正直，他们就会不辜负你的信任，变得高尚正直起来。”

原则 10：用高尚的借口让对方乐于去做。

Section 11
擅用“手段”

多年以前，闻名的费城《新闻晚报》受到了强烈的攻击。有人恶意诽谤，说《新闻晚报》的广告内容太多，新闻内容太少，很多读者都不想再读了。谣言就像瘟疫一样传播开来。《新闻晚报》决定立刻采取行动制止谣言愈演愈烈。

让我们看看他们是怎么做到的。

《新闻晚报》将他们报纸上的内容进行重新分类整合，并装订成书重新出版，书共有307页，取名为“一天”。书看起来很精致，但是定价却很低，只有几美分。

这本书一经问世，所有关于《新闻晚报》的谣言都不攻自破了，这本精致的书有着丰富的内容，深受喜爱。报社没有试图用数据说话，也没有想要通过言论为自己辩解，他们用这样的方式吸引了人们的注意，让人们印象深刻。

这是一种戏剧化的手段。直言道出事实并没有什么作用，我们需要采取生动、戏剧化的手段吸引大众的目光。电影和电视节目采取的正是这样的手段，你要想引起关注，也得这么做。

做橱窗装潢的师傅对戏剧化手段的力量了解得很透彻。比如说，有一家灭鼠药的厂商为了推销他们的产品，给经销商提供了两只活老鼠。经销商把其中一只放进橱窗里，让鼠药在橱窗里发挥作用，鼠药的销量立刻翻了5倍。

这种戏剧化的手段我们在电视广告中可以常见。晚上坐在电视机前，仔细看看广告商是怎样推广宣传他们的产品的。你会发现他们喜欢用对比的方式呈现自己的产品优势。抗酸剂的广告会将自己的产品和别人家的产品同时放入酸性溶剂中，观众会发现他们的产品能改变酸性溶剂的颜色，而对方的不能。肥皂广告会用两种肥皂分别洗两件一样的衬衫，用其中一家的香皂洗完后透亮如新，而用另一家的香皂洗完后衣服却是灰蒙蒙的。看汽车广告时，我们会常看到汽车流畅地行驶在弯道上。这些视觉效果远远比解说更有说服力，画面上满意的表情和微笑的脸庞也会让人心情愉悦。所有广告都用戏剧化的手段将产品的优点一览无余地展现了出来，有效地激发了观众的购买欲。

在工作或生活中，我们都可以运用戏剧性的手段。让我来举例说明一下。一名弗吉尼亚州的收银机公司的销售人员叫吉姆·叶曼斯，他就用戏剧化的手段成功促成了一单生意。

“有一次我去小区里的超市买东西，我发现他们的收银机早就过时了，于是我上前对店主说：‘每次你们收顾客的钱，都在扔一部分啊！’说完我就丢了一枚硬币在地上，听到钱的声音，店主马上把注意力集中到了我的身上。也许听我那么说店主已经开始注意了，但钱掉到地上叮叮当当的声音让他集中了全部的精神，我成功地让老板和我签单，更换了旧的收银机。”

在家庭生活中，这种戏剧化的手段同样效果明显。比如男人在求婚时，他光说些动听的情话是不够的，他需要单膝下跪，表示自己的决心。现在很多人都已经不再用这种过时的方法了，他们换了一种方式，在求婚之前都会营造浪漫的氛围。

这种戏剧性的夸大手段同样适用于孩子。住在亚拉巴马州的乔·范特有两个孩子，一个五岁的儿子和一个三岁的女儿。两个孩子在家里经常乱丢玩具，他感到很头疼。有一天他发明了一辆“车”，告诉儿子乔伊他是总监。告诉珍妮她的小车可以挂在哥哥的车上。从那以后每天晚上，珍妮都把她的那些玩具——乔·范特称之为“燃料”放在她的小车里，然后让哥哥的小车拉着她的小车。乔·范特没有训斥孩子，他们就乖乖地将玩具当作燃料放在了小车里，房间就整洁多了。

印第安纳州的玛丽·凯瑟琳·伍尔芙在工作上遇到了一些麻烦，她迫切希望见到老板面谈，因此周一早晨她就找到老板说想和他谈谈工作，可老板说自己太忙了，让她和秘书另约时间。她去找了秘书，秘书说老板近来事务繁忙，她会尽量早点安排。

伍尔芙小姐说：“我等了一周，也没收到任何回复。我每次去问秘书，她都说老板正在忙没时间见我。每次都让我另约时间。可我不能再等了，我的问题必须在周末之前解决。所以我开始琢磨怎样才能顺利见到他。”

“最后我做到了，我通过戏剧性的手段让老板答应见我了。我给他写了一封信，在信中我表明我完全理解他的繁忙，也强调了我们见面的重要性和紧迫性。我随信附上了信件回执和一个信封，回执上写着：伍尔芙小姐：我 ___ 日 ___ 点（上午 / 下午）有空见你。我给你 ___ 分钟时间。请他或者秘书把回执填给我。”

“当天上午 11 点钟，我把信件放到了老板的信箱里，到了下午 2 点我就收到了回执。老板说他会在下午抽出十分钟时间见我。当天下午我和老板见了面，我们聊了一个多小时，我的问题得到了圆满的解决。”

“要不是我采用这种戏剧化的手段表明我的迫切希望，很可能我的问题就被搁置，无法解决。而我还不知道要多久才能见到老板。”

詹姆斯·博因顿为某知名品牌的护肤品做了一个市场调查，他将调查总结成调查报告，准备去对方公司做汇报。对方是业内鼎鼎大名的广告业巨头，他们急需这个调查数据。

博因顿第一次去作报告就以失败告终了，他告诉我们："我第一次报告就用错了方法，我把重点放在了我们所采用的调研方法上，甚至没有机会发表结论。因为客户质疑我们使用的方法有问题，而我一直在极力为自己辩解，想要证明我们没有错。"

"结果就是虽然我赢得了争论的胜利，却没有任何意义，报告中的关键部分我只字未提。"

"因此当我有第二次面谈机会时，我决定改变策略。我下决心用戏剧化手段来展示结论。"

"当我走进他办公室的时候，他正忙着打电话。等他通话结束后，我立刻打开公文包，一股脑儿将包里的竞争对手的32瓶护肤品都倒在了办公桌上，然后在他的面前摆成一横排。"

"他发现我在每瓶护肤品上都贴了标签，上面简明扼要地写着调查的结论。"

"最后的结果是怎样的呢？"

"结果就是他再也没有了质疑。他被我这种新鲜又有趣的方法吸引了，逐一拿起桌上的每一瓶，认认真真地读着那些标签。看完后我们针对这些护肤品展开了讨论。他对我们的研究很感兴趣，问了很多问题，所以原本规定的10分钟汇报时间一再被延长。到了40分钟的时候，我们还在聊个不停。"

"其实我得出的结论和上次是一样的，唯一不同的是我展示结论的方式不同，这次我采用的是戏剧化的手段，你们可以看到我这么做取得了多么惊喜的效果！"

原则11：善于使用戏剧化手段。

Section 12
沟通必杀技

查尔斯·施瓦布的公司里有一位管理车间的经理。尽管这位经理恪尽职守，业绩却始终没达标，他手下的工人玩忽职守，工作态度不认真。

施瓦布问经理："你工作能力这么强，这么能干，为什么车间的业绩就是迟迟没有上来呢？"

那名经理说"我也没整明白是怎么回事啊。我已经尝试过很多种方法了，奖励和惩罚的方法我都试过，甚至以开除相威胁，然而这一切都不奏效，他们还像从前那样懈怠。"

说这话的时候是傍晚时分，这是白班工人和夜班工人要交班的时间，施瓦布让人找来一根粉笔，随后问旁边的工人："你们白天熔了几炉？"

"6炉。"施瓦布听完拿起粉笔就在地上写下一个大大的"6"，写完什么都没说，就走了。

接完班后，夜班工人来了，他们一下就注意到了地上那个大大的"6"，都很好奇这个"6"是什么意思。还没走的白班工人说："老板今天来过了，他问我们白天熔了几炉？我们说六炉，他就在地上写了一个'6'。"

第二天清晨，施瓦布又来到了这个车间。他发现地上的那个"6"已经被擦去了，夜班工人在地上写了一个大大的"7"。白班工人上班时也看到了那个"7"。

夜班工人在向我们示威呢！以为我们会怕吗？大家铆足力气，争取把他们远远落在后面！每名工人都卖了力气地干，白班来交接时，在地上写着神气活现的“10”。

从此以后，车间里的气氛越来越好了，不长时间，这个原本业绩排名最后的车间一下子成了全厂进步最快、产量最高的部门。

为什么会这样呢？

查尔斯·施瓦布的原话是这么说的：“相互间的竞争能提高工作效率。这个竞争不是说要取得什么荣誉，就是指想要超过别人的欲望。”

充分利用渴望超过别人的好胜心，采用激将法，或者给对方下战书。只要对方是个有好胜心的人，这些方法都能起作用。

西奥多·罗斯福就是因为受到了挑战，才会成为美国总统的。这位“勇猛的将士”在古巴取得胜利归来后，被推选为纽约州州长。他的政敌立刻指出他没有这个资格，因为他不是纽约州的常住居民。罗斯福惊慌失措，立刻递交了辞呈。就在这时，来自纽约的参议员托马斯·科利尔·普拉特将了罗斯福一军。他当面大声对罗斯福说：“我真想看看圣胡安山的英雄到底是不是真正的勇士。”

听完对方这么说，罗斯福充满了斗志。后来发生的事情我们就都知道了，就是这个激将法，改变了罗斯福的人生轨迹，也改变了美国的未来。

古希腊国王的侍卫有这么一句座右铭：“每个人都心存恐惧，而勇士与普通人的区别在于他能战胜恐惧，奋勇向前。即使战死沙场，也会感到自豪的事。”面对死亡，战胜恐惧，这是人间最大的挑战。

身为纽约州州长的阿尔·史密斯就曾经遇到过这个难题。在魔鬼岛的西面有一个兴格监狱，那是个人人谈之色变的魔鬼地狱，典狱长的位置一直空缺，没人愿意去那里工作。兴格监狱经常传出丑闻，史密斯需要找一个精明强干的硬汉去镇住场面。谁才是合适人选呢？思索再三他派人请来了新汉普顿的路易斯·劳斯。

“今天请你前来是想让你去兴格监狱当典狱长，你觉得怎么样？”史密斯语气轻松地问眼前的劳斯：“那里真的需要一位像你一样经验丰富的硬汉。”

劳斯听完顿时目瞪口呆。兴格监狱的臭名早就听说过，那里有多危险他也知道。这个任命是出于政治考虑，也会随着政治格局的改变而改变。兴格监狱的典狱官频频更换，有的人甚至没有撑过三个星期。听到这个提议他马上想到了自己未来事业的发展，有必要去冒这么大的风险吗？

史密斯看出他的犹豫不决，靠在椅背上笑了。他说：“小伙子，你这样的表情我一点都不震惊，这不怪你，兴格监狱确实是个人人谈之色变的地方，只有有魄力的人才有信心去那里工作。”

史密斯就是利用了激将法，让劳斯决定接受这份有挑战的工作。

他去了兴格监狱，也站稳了脚跟，成为划时代的典狱官。他的《在兴格监狱的两万年》成为全美国家喻户晓的畅销作。他的事迹被广为传颂，数十部电影受到启发找到了灵感。他成功地感化了罪犯，并因此促进了美国监狱的改革。

费尔斯通轮胎橡胶公司的创始人哈维·费尔斯通说过：“我认为单凭薪水是不能吸引和留住人才的，能留住他们的是竞争和挑战。”

著名行为科学家弗雷德里克·赫茨伯格与费尔斯通两人英雄所见略同。赫茨伯格曾做过一项调查研究，他调查了上千人的工作态度，希望能够找到是什么激励了他们，他调查了工厂工人和公司的高级管理人员。他发现让人产生动力的不是收入、环境、待遇等，而是工作本身。如果工作能激发人的兴趣，挑战人的智慧，人们就会对它表现出极大热情，并渴望通过工作证明自己。

每个成功者都喜欢竞争，这才能让他们展现自我、体现自身价值并超越别人。就像竞走比赛、猪叫比赛和吃苹果派比赛的本质一样，激发人们对胜利的渴求和对“自己很重要”的渴望。

原则 12：巧用激将法。

【小结：如何让他人为你着想】

原则 1：避免争论的方法只有一个，那就是有一方先闭嘴；

原则 2：尊重他人的观点，不直接批评他人；

原则 3：如果你犯了错，请坚决果断地承认；

原则 4：友好是沟通的前提；

原则 5：让对方点头同意；

原则 6：让对方掌握话语权；

原则 7：耐心引导，让对方推出结论；

原则 8：控制情绪，换位思考；

原则 9：体谅他人的难处和想法；

原则 10：用高尚的借口让对方乐于去做；

原则 11：善于使用戏剧化手段；

原则 12：巧用激将法。

Chapter 04

如何成为领导者

Section 01

挑错的方式

在卡尔文·柯立芝当政期间，我的一个朋友受邀去白宫做客，他刚巧走到总统办公室的时候，无意中听到卡尔文·柯立芝对他的秘书说："今天你穿的裙子很漂亮，年轻又有魅力。"

卡尔文·柯立芝向来以沉默寡言著称。听到他这么直接地赞美别人还是第一次。这句话很突然，也让人感觉莫名其妙。秘书听完马上脸红了，很困惑地看着他。卡尔文·柯立芝随后说："其实我这么说是想让你开心一点，因为接下来我要提醒你，要注意规范使用标点符号。"

他的意图很明显，就是充分利用人的心理。在想要批评对方的错误之前先对对方的优点给予赞扬和肯定，这样对方接受起来会比较容易。

理发师在为人剃须之前还要为对方涂抹肥皂润滑。1896年，威廉·麦金莱在竞选总统时就用了这个方法。竞选的演讲稿是当时共和党内的一位知名人士写的，他对自己的文笔充满自信，自诩自己的文笔比西塞罗·帕特里克·亨利和丹尼尔·韦伯斯特两人加起来还要好。他在麦金莱身边慷慨激昂地读出他的大作。麦金莱不想打击这个年轻人的热情，但又必须告诉他，他的稿子有很多不足之处，用这篇演讲稿竞选肯定会引发大规模的抨击。让我们一起来看看他是怎样化解眼前难题的吧。

麦金莱说："谢谢你我的朋友，你写得真好，这是一篇好演讲稿，是不朽的杰作，我相信任何其他人都写不了这么好的文章。这篇稿子在很多场合我都能用。但是在竞选这样的场合，你觉得这篇稿子合适吗？以你的立场这篇稿子应该是合适的，可是我要面对全国，代表全党做演讲。所以请你把稿件按照我说的建议修改一下，之后我们再定。”

麦金莱和小伙子一起修改了稿件，并与他一同起草了一份演讲稿，这份演讲稿成功地让麦金莱俘获了民心，当上了总统。

亚伯拉罕·林肯曾给比克斯比夫人写过一封信，在信中他表达了对她在战争中失去五个儿子的深切哀悼与同情，这封信的力度空前。而接下来我们要说的这封信比上述信件还要深入人心。林肯仅用了五分钟就把这封信写完了，在 1926 年的拍卖会上，这封信被卖出了 12000 美元的高价，价格比林肯辛苦一辈子攒下的积蓄还要多。

1863 年 4 月 26 日，林肯给约瑟夫·胡克将军写了一封信。当时的战争正处于最激烈焦灼的状态，对林肯一方很不利。林肯率领的联邦部队屡战屡败，战场一片血腥，惨不忍睹，全国人民对联邦军队极其失望，将士的士气受到了极大打击，成千上万的将士当了逃兵。面对这种情况，参议院中的共和党议员都对林肯表示失望，想要将他赶出白宫。林肯感到绝望，他觉得连老天都不再帮他，历史有可能就此改写了。在形式这么紧张的情况下，命运就只能掌握在约瑟夫·胡克将军的手中，林肯决定写一封信给他，试图说服这位狂傲的将军。

这封信应该是林肯在任职总统之后语言最犀利的一封信。尽管他满腔愤怒，他还是采用了欲抑先扬的手法，在批评之前他先对对方的优点给予了充分肯定。

其实胡克将军犯的错是不可饶恕的，但林肯并没有在信件一开头就一针见血地指出，而是采用了委婉的表达方式，让对方能够接受。让我们看一看这封信的原文吧：

我决定任命你为波托马克军的司令是做好了充分准备的。

但我还是希望你能知道，如今你的一些做法让我不是很满意。

我十分欣赏你，你是一名骁勇善战的将军。你果敢决断，每次决策都能抛开政治因素的影响，你做的决定都是基于你丰富的作战经验，在这点上我尤其佩服你。你对自己的信心很足，虽然很多人都自信，这依旧十分难能可贵。

你有胆识，在战争年代，你这种过人的胆识能给你带来很多好处。但是，这也是你的缺点。在伯恩赛德将军统率期间，你肆意放纵自己的行为，任凭野心膨胀，你害了我们这个国家，害了你自己，也害了备受尊重的将军。

你最近对外宣称：我们的军队和政府需要的是独裁的领袖。对这句话我不做评论，我只想告诉你，现在指挥权在你的手中。

要想成为军队的领袖，你必须取得战争的胜利。我要求你只能胜不能败，因为把指挥权交给你我冒了很大的风险。

政府一定会竭尽全力支持你。这是我们从战争以来一直在做的，未来也会一直持续下去。从你这起，已经兴起了质疑长官的不正之风，这股邪风刮到军队的每个角落里，总有一天会让你自食其果。为此我尽力帮助你，不让这股邪风愈演愈烈。

就算拿破仑还能活过来，面对一支充满负能量的军队他也无能为力，你也一样。时刻谨记不能莽撞行事，时刻保持警惕，不骄傲不气馁，鼓舞士气，重振雄风，我们一定会迎来胜利的那天。

读完这封信你可能会说：我又不是柯立芝，不是麦金莱，也不是林肯，你说的这种处事方法在日常工作生活中有用吗？有什么用？让我给你举一个费城沃克公司的高先生的例子吧。

沃克公司接到了一大单生意，他们要在规定的时间内在费城建一座办公楼。工程一直进展顺利，可就在最后的紧要关头出事了。

提供青铜装饰物的供货商突然告知沃克公司他们不能按合同如期交货了。这样一来就影响了整个工程的进度，沃克公司面临困境，他们不仅要赔偿高昂的违约金还要面临更加严重的信用损失。

沃克公司给青铜装饰物的供货商打了很多次电话，每次双方都激烈地争吵，问题迟迟没有解决。沃克公司后来决定让高先生去纽约和对方进行一次面谈。

与供货商老板见面后，高先生首先简单做了个自我介绍，等对方自我介绍完他随后就问道："你知道吗？你是布鲁克林唯一一个叫这个名字的人，没有和你重名的。"对方听了感觉很惊讶："是吗？我还真不知道！"

高先生接着说："今天早晨我下了火车就在电话黄页上查询您所在的地址，结果我发现整个布鲁克林只有您一个人叫这个名字。"

"我还真没注意过。"供货商老板边说着边翻开黄页。他自豪地说："我的名字是独一无二的。我的祖先是荷兰移民，早在200多年前就来纽约定居了。"之后的几分钟里，高先生一直在听他饶有兴致地讲述自己的家族。等他说完，高先生说："你的工厂实在是让我佩服，不仅规模大而且干净整洁有序，是我见过所有工厂中最出色的一个。"

供货商老板听完满脸骄傲："我这辈子在事业上倾注了好多心血，这个工厂是我的骄傲，我带你去好好参观一下吧。"

他们参观时，高先生一直在夸奖对方精湛的工艺，并指出他们的产品哪些地方比竞争对手好。高先生问起老板那几台并不常见的设备，老板自豪地告诉他这些设备是独一无二的，是他自己发明的。之后他花了大量的时间向高先生介绍设备怎样生产，产品有多好。参观结束时，老板坚持留高先生吃午饭。我想你们可能都注意到了，从始至终，高先生对他此行的目的只字未提。

吃过午饭后，供货商老板主动说："现在我们来谈谈我们合作上的事吧。我知道你今天来的目的，但是我没想到我们这么谈得来，现在我就承诺给你，我们一定会按时生产、发货，保证质量，要耽误就耽误其他家的订单吧。”

高先生没有提出自己的要求，却达到了此行的目的。最终对方按时交货，写字楼也如期竣工。

倘若当时高先生和别人一样使用的是“棍棒”策略，不可能取得这个皆大欢喜的圆满结果。

新泽西一家联邦信用储蓄所支行的经理多萝西·卢柏维斯基，她给我们分享了一段经历，讲述了她如何提高一名员工的工作积极性。

他说：“我们公司最近新招了一名出纳培训员，她很年轻，客户对她的评价也很好，她动作麻利，处理交易的时候快速精准。可她总是在每天下班前清账时出错。”

“出纳主管强烈建议我将这个姑娘解雇，她说：‘她的清账速度比别人慢太多了，很多人都得等她，我已经教了她很多遍了，她就是没有长进，这样的人我们不能用了。你解雇她吧。’”

“第二天，我重点观察了这个姑娘的工作方法。在日常交易时她快速又精准，对客户的态度也很和蔼。下班前清账时她却出现了问题，我很快发现了问题在哪，我向她身边走去时，她看起来既紧张又无助。我走到她身边表扬了她的快速准确和对客户的热情和耐心，然后我建议她和我一起好好看一下清账的流程。我说我对她充满信心。听我这么说她欣然接受了，很快就在看流程的过程中发现了自己的问题，掌握了方法。从那以后我再也没为她的工作操心过。”

赞美的语言对人们来说就像是钻牙时使用的麻醉剂，虽然打了麻药还是会有不适，却能大大缓解疼痛。这一点作为领导者，都应该学会。

原则 1：欲批评，先表扬。

Section 02
批评的方式

有一天中午，钢铁厂的老板查尔斯·施瓦布发现厂里的几个工人正在工厂里吸烟，完全无视他们头顶上方那块“禁止吸烟”的警示标语。施瓦布没有被愤怒冲昏头脑，没有指着牌子问几名工人认不认识字。他走向工人，递给每人一支烟，说：“你们为什么不到外面去吸烟呢？如果你们那样做我会充满感激。”那些小伙子知道在工厂里吸烟是不对的，被老板发现了不但没有批评他们，还给了他们每人一支烟，让他们的自尊心得到了保护，这样老板的话他们怎么能不听呢。

约翰·沃纳梅克也用过同样的方法。在费城的时候，他每天都会去店里看一圈，有一天，他发现有一名顾客正在柜台前左顾右盼，却没有一个店员注意到她。店员都在忙吗？当然不是！她们都在柜台的另一端说笑逗闹呢。沃纳梅克什么也没说，他走进柜台，将自己当成服务人员，亲自接待了这名顾客，在顾客临走前还把她挑选的商品递给店员包装。

普通百姓总是批评政府官员高高在上，不可接近。他们的工作确实繁杂，但这不是没有时间见访客的理由，主要原因是他们的助理和秘书们不愿意安排过多的访客打扰他们。佛罗里达州奥兰多市——迪士尼乐园的所在地，这个市的市长卡尔·兰福德多年来一直提议要重民亲民，并大力推行“开门迎客”政策，但是来访的客人依旧不多，他们中的大多数都被他的秘书和行政官员拦在了门外。

这位市长最后实在没有办法了，他命人把办公室的大门拆掉了！自此以后，他多年来主张的“开门迎客”策略才得以真正实施。

不要小看一个词语，有时候换个说法就能取得意想不到的效果。

我们很多人都习惯性地用赞美开头，用但是结束谈话。比如说：约翰尼的父母想要改变他粗心大意的学习态度时会说：“约翰尼，你这个学期取得了进步，我们真为你感到骄傲，但是如果你能在代数上多用点工夫的话一定能取得比现在更好的成绩。”

在这段谈话里，约翰尼听到但是之前的心情一定是备受鼓舞的，听到但是后他就觉得自己受到了打击，让他觉得之前的夸奖不过是对他的敷衍，只是为了后面的但是做铺垫。但是这个词语大大降低了整句话能够起到的作用，对于纠正约翰尼的学习态度没有起到作用。

问题很好解决，把但是这个词换成而且就行了：“约翰尼，你这个学期取得了进步，我们真为你感到骄傲，而且如果你能在代数上多用点工夫的话一定能取得比现在更好的成绩。”

这样说约翰尼就能接受父母的夸奖了，也会欣然接受他们的建议。因为夸奖的背后没有批评，他接受起来容易得多。巧妙地引起他的重视，他会努力不让家长失望的。

有些人天生敏感，直接批评他们会引起他们强烈的反感，间接地指出他们的毛病会很容易被他们接受。罗德岛的玛吉·雅各布就曾巧妙地用这个方法，让粗枝大叶的装修工人在完工后自觉帮她打扫了院落。

在开始干活的几天里，雅各布夫人每次下班回家，都会发现院落里随处可见堆得乱七八糟的木材废料。装修工人活干得很好，因此雅各布夫人不想让对方觉得她是在挑三拣四。当天她带着孩子们把院落清理干净，他们把废木料都挪到了院子的角落里，码放得整整齐齐。第二天清晨，雅各布夫人叫来了包工头说：“谢谢你们昨晚帮我清理了草坪，真的让我好感动，你们这么做我的院子都变美了，也不会让邻居们看着不舒服。”从那以后，工人们每天都自觉地将废旧木料放在角落里，包工头每天把检查清理工作当成了自己工作的一部分。

在部队里，最容易在士兵和教官之间引起矛盾的问题就是官兵的发型，这些初入部队的士兵觉得自己的发型和大多数平民百姓无异，因此不愿意把头发剪太短。

美国陆军后备队第五四二期训练营的教官哈雷·凯瑟，在他训练预备军官时就遇到了这个问题。很多资深的教官在面临这个问题时都会对下属大喊大叫地威胁，而凯瑟教官没有这样做，他委婉地表达了自己的态度。

他是这么说的：“各位预备军官，你们是领导者，只有你们自己做到，才能要求别人做到，因此，为了树立威信，你们必须在你们的士兵面前起到带头作用，众所周知部队对发型的要求是很严格的，你们看我现在的头发，可比你们的头发短多了，可我今天还是会按照惯例去理发店剪头。希望你们回去照镜子好好看看自己的头发，如果你们想成为一个好榜样，组织会给你们时间让你们去理发。”

这番话确实起了作用，当天下午，几位预备军官回去对着镜子仔细审视了自己的发型，然后去理发店剪了合乎标准的发型。第二天清晨，凯瑟教官说他很高兴看到他们队伍中的很多人都起到了模范带头作用。

1887 年 3 月 8 日，演说家亨利·沃德·比彻与世长辞。他的接班人是莱曼·阿伯特，他将站在比彻昔日布道的台上。为了站稳脚跟，阿伯特字斟句酌，将布道词做了一番修改。他把修改好的布道词读给妻子听。其实他写得真的非常糟糕，大多数的演讲稿落实到纸面上都会变味。如果他的妻子是个不假思索就批评别人的人，她可能会毫不留情地批评阿伯特："阿伯特，你写的都是什么啊，乱七八糟的让人看不懂，你是在给我读百科全书吗？我觉得听众听起来会犯困。做了这么多年的演讲，你怎么能是这个水平呢？我的天哪，我觉得你说的都不是人话。你不能自然一点吗？还是别读这个了，我都觉得跟着你丢人现眼。"

阿伯特的妻子可以这样评价她的丈夫，但她没有这样做，她是个聪明的女人，知道这样说的后果是什么。所以她只是轻描淡写地说："这篇文章很好，在《北美评论》上发表很合适。"她在肯定这篇文章的同时又暗示她的丈夫，这篇文章不适合当演讲稿。阿伯特听出了妻子的弦外之音，他否定了这篇精心修改的文章，布道的时候没有使用。

换句话说，她既称赞了这篇文章，又巧妙地暗示这篇文章不适合做演讲稿。莱曼·阿伯特听出了她的弦外之音，撕碎了这篇精心写就的文章，布道的时候没有用任何演讲稿。

由此可以得出结论：纠正他人错误最有效的方式是：

原则2：委婉地提醒对方。

Section 03
认错的顺序

我有个侄女叫约瑟芬·卡耐基。在她 19 岁那年她来纽约帮我处理事务。那时的她高中毕业已经 3 年，但没有什么工作经验。如今的她被称为全美国最称职的助理。其实她开始过来帮我时，真的有太多的东西要学了。有一天我努力控制自己的情绪，提醒自己："别着急，千万别冲动，你先缓一缓。你比约瑟芬年长一轮，无论是年龄还是工作经验，你都不能用你的视野和判断还有积极性来要求她，即使她不如你，这样要求也很过分。更何况，你记得你 19 岁是什么样的吗？你做的蠢事应该不比她少吧，你还记得之前你……"

在心里做了一番斗争和较量之后，我得出了一条结论：约瑟芬的 19 岁比我那个时候要强得多。但我从没表扬过她，为此我愧疚难当。

从那天起，当我想要提出约瑟芬的错误时，我都会这样说："约瑟芬，你这件事做得不太好，但是我清楚，你的这个小错误和我以前犯过的错相比根本不算什么，没有人会故意犯错，等你有了工作经验和判断能力后你就不会再犯这样的错误了，你现在可比我这个年纪的时候强多了，我在你这个年龄时犯过很多错，做了很多蠢事，所以我觉得我没有资格批评你，不过你自己想想看，如果这样解决这件事情，是不是效果会好很多呢？"

下次想要开口批评别人时，不妨先坦陈自己的一些缺点，然后再批评，这样一来批评的话就没有那么让人难以接受了。

蒂里斯通先生是加拿大马尼托巴湖区的一名工程师。近来她发现新来的秘书总是犯错，他很不满。因为每次他口述的信交给秘书打印时，总是能在每页找出两三处拼写错误。蒂里斯通先生是怎么解决这个问题的呢？

在直接指出秘书的错误却没起作用后，他换了一种方式，他对秘书说："做我们工程师这一行的人，在英文拼写上总是会出现一些错误，为了纠正自己，多年来我习惯性地带着一个有字母索引的黑色笔记本，每次碰到可能写错的词我就写在上面。"

之后再看到信上的错误时，蒂里斯通会指着那个错的字告诉秘书："我觉得这个词你可能拼写错了，我就经常写错，所以我一直在坚持做笔记。（说完我顺手拿出笔记本，翻到有这个词的那一页上。）你看！在这呢。我现在十分注意拼写的准确性，因为别人会通过我们的认真态度来判断我们的能力，拼写错误会让别人觉得我们不够专业。"

"后来她到底有没有按照我说的去做我不得而知，可那次谈话之后我发现她的拼写错误比之前少了很多。"

早在 1909 年，伯恩哈德・冯・比洛就已经知道这种做法有多么必要。那个时候，冯・比洛出任德国总理，掌权者是那个不可一世、狂傲自大的德国最后一位皇帝——威廉二世。

这位德国皇帝以自己打造的军队为傲，宣称自己的军队可以横扫千军万马，所向无敌。没多久就发生了一件震惊世界的大事。威廉二世发表的一些不切实际的言论就像一颗颗重磅炸弹，在整个欧洲大陆炸开了，恶劣的影响扩散至全国又蔓延至全世界。还有比这更糟糕的情况，那就是威廉二世开始在公开场合大放厥词。在他受邀出访英格兰时，他居然公然宣称自己是唯一一个对英格兰友善的德国人，还狂傲地说他正在组建海上部队，对抗日本。他表明，仅靠他自己就能将英格兰营救，早日逃脱苏联和法兰西的魔爪，不再卑躬屈膝地生活，不在惶恐中度日，还说是因为他的作战计划完美，所以格兰的罗伯茨勋爵能够在南非击退那些荷裔非洲人，等等。他完全没有一个皇帝应有的威严，还亲自批准将他这些危言耸听的言论公开发表在英国的《每日电报》上。

一百年来都没有哪个欧洲皇室敢在和平年代如此桀骜不驯，口出狂言。威廉二世的这一举动就像一场风暴，在欧洲各国掀起了轩然大波。英国皇室怒不可遏，德意志帝国的政治家们担惊受怕，整天提心吊胆。威廉二世被推上了风口浪尖，他一下慌了手脚，找来总理。让他承担罪过。他希望总理能够站出来宣布这一切都是他的过错，是他让皇帝发表这些不着边际的言论的。

没想到冯·比洛抗议说："陛下，你这个方法不可行。因为不论是在德国还是在英国，没有人会相信我有这个能力，能让陛下您听命于我。"

话刚说出口，冯·比洛就意识到自己犯了一个很大的错误，他这么说德皇定会勃然大怒。

果真，听完冯·比洛这么说，皇帝就咆哮起来："你当我是傻瓜吗？你这么说意思就是你绝对不会像我一样犯这么愚蠢的错误，是不是？！"

冯·比洛马上意识到自己不该这么直接，应该欲抑先扬。现在意识到还为时不晚，他还有机会弥补自己的过错，他赶紧补充了几句话，好在达到了满意的效果。

"尊敬的陛下，您误解我的意思了。"他毕恭毕敬地说道，"您渊博的学识、各方面的丰富经验、超强的军事能力还有您在自然科学上深深的造诣都是大家有目共睹的，当您讲起气压计、无线电或是伦琴射线的原理时，听众对您更加敬佩了。我对自然科学一窍不通，对物理化学更是丁点不懂，连最简单的自然现象我都解释不了。不过可能是上苍垂怜，想在其他方面给我些补偿，因此我还能懂一些历史知识，政治上和外交上的相关知识也略懂一些。”

听到这些赞美他的话，威廉二世得意之情溢于言表，冯·比洛捧着他说，贬低了自己，让他觉得自己高高在上，这种感觉让他不再追究冯·比洛先前的过错了。他很开心地对冯·比洛说：“我觉得我们越来越合拍了，我们是最佳拍档！我们一定会合作愉快，一定会的。”

威廉二世紧握冯·比洛的手久久都没有松开。那天下午，他握紧拳头告诉自己的手下人：“今后任何人都不许在我面前说冯·比洛的坏话，如果有人胆敢冒犯，我就用我这铁一般的拳头赏他的鼻梁一拳！”

精通人情世故的冯·比洛及时挽救了自己的错误。无论他是怎样精明的人，还是会在开始犯错，他应该先将自己的缺点和德皇的优点讲出来，而不是一开始就暗示不可一世的德国皇帝是个需要监护人的弱智。

你们都看到了，仅用几句自嘲和奉承的话就能把目空一切的威廉二世变成自己的伙伴，那么在日常生活中，谦虚和赞美得起多大的作用啊！能够使用得当，这个技巧就能为你带来意想不到的惊喜。

积极主动承认自己的过错，哪怕这个错误你还未来得及改正，也能使对方重新审视自己的行为。让我们来看看马里兰州的克拉伦斯·泽豪森近期的经历。

泽豪森先生最近发现他的儿子在吸烟。他告诉我们：“我和妻子都是烟民，我们没给儿子树立一个好榜样，尽管如此，我还是不想让他吸烟。我找来戴维告诉他，我在他这个年纪时是如何不自控染上烟瘾的，现在我已经戒不掉了。可是多年吸烟给我带来了很多苦恼，多年来的咳嗽一直不好就是吸烟造成的，为此我很痛苦。我还提起几年前他还在我的屁股后面追着我劝我戒烟的事。”

“我没有直接告诉儿子不可以吸烟，也没有用吸烟带来的一系列严重后果吓唬他，我只是告诉他吸烟带给我的影响，以及我现在的苦恼。”

“他思索再三后决定，高中毕业前都不再吸烟了，很多年过去了，戴维果然做到了，他再也没有碰过烟，从此也断了吸烟的念头。”

“与儿子交谈后，我也决定戒烟，并让家人监督我，在家人的支持鼓励下我成功戒掉了烟瘾。”

智慧过人的人都会遵守下面这条原则：

原则 3：先自我批评，再批评别人。

Section 04
多给建议

我曾经有幸和艾达·塔贝尔小姐一同共进晚餐，她是美国传记文学的泰斗。我们边吃边聊，我提起了当前的这本书，我们就讨论起了为人处世的学问。艾达·塔贝尔小姐告诉我，她为欧文·扬写传记的时候，曾经采访过一位与他在同一间办公室一起办公了3年的男同事。他的同事说，共事的这3年里，他从未听过欧文·扬对任何人下命令。欧文·扬从不会说我要求你做什么，也不会说你不能做什么。他总是以建议代替命令。他会说“你试着想把这一点考虑进去看看”或是“你觉得这样做能行吗”。每当他口述完一封信之后，他经常会征询对方意见：“你觉得这样写怎么样？”看过他的助手写的信后，他会建议：“我觉得这样说或许更好一些，你认为呢？”欧文·扬从不要求助手必须听他的，他会给助手独立完成的机会，让他放心大胆去做，自己不加干涉，让他们在失败中汲取经验教训。

通过这样的方式很容易纠正人们的错误。因为这样做不仅让对方的自尊心得到了保护，还让对方觉得自己受到了重视，因此这样的做法能够让对方主动配合，而不引起反感。

有些时候我们并没有坏心，可是颐指气使的命令也可能让人怀恨在心。

丹·圣雷利是宾夕法尼亚州一所职业学校的老师，他给我们讲了这样一件事。他有个学生，有一次在校园内停车时违规了，车挡住了学校商店门前的路。有一名老师怒气冲冲地冲进教室叫嚷道，“谁停的车？不知道挡路了吗？”看到有学生回应后他又继续嚷道：“立刻把车挪走！要不我就用铁链把你的车捆起来找车拖走！”

这件事的确是学生先错了，他不应该违规把车停在那个位置，但那名教师的态度不仅让犯错的学生心里记恨，连班级里的其他学生也都记恨他，从那之后大家联合抵制他，做了许多让他难堪的举动。

如果当时他的态度不那么强硬，换一种语气说话，结局一定不是后来那个样子。他完全可以友善地提醒，建议车主把车挪走，不给别人造成麻烦。学生一定能够理解，立刻去挪车，也就不会有人再打抱不平了。

想要命令时，用建议代替会更让人容易接受，还能激发人的创造力。一旦对方参与了决策过程，他就更乐意付诸实践了。

伊恩·麦克唐纳在南非一家小型工厂任经理，他们工厂主营精密器械部件制造。麦克唐纳先生近期有机会拿到一个大订单，但他们工厂目前的实力不可能完成这个订单。这个订单是额外加进来的，他们的工期早就排满了，这个订单还着急要，如果不能在规定时间内交货就不能接单。

麦克唐纳并没有强迫工人加班工作赶工期，而是把大家都召集到一起，向他们解释当前的状况，并说明这笔生意能给公司和员工带来的利益。解释完后他就问大家：

“各位员工有没有什么良策能让我们赶出这个单子呢？”

“要不我们重新排一下工期吧，看看能不能挤出时间？”

“要不调整一下咱们上班的时间和工作量吧，可以吗？”

在他的建议下，员工们想出了许多办法，一致同意接下这个订单。他们以“请相信我们一定能做到”的工作态度全力以赴，最终成功交货。

聪明的领导者要懂得这个道理：

原则4：以建议代替命令。

Section 05
留足面子

几年前，美国通用电气公司遇到了一个难题，他们想让查理·斯坦梅茨让出部门主管这个位置，另选他人。因为斯坦梅茨缺乏核算部门的管理能力，但他却是其他方面难得一见的天才，也是一名优秀的工程师，对公司有很大的贡献。因此公司不想因为人事变动惹恼他。公司上下的人都知道他是一个易怒暴躁的人，为此他们费了一番脑筋，最后他们想到了一个办法，那就是专门为斯坦梅茨设置一个专职顾问工程师的职位，任命他为这个专职顾问工程师。这样做他在电气方面的特长依旧能得到发挥，斯坦梅茨非常满意，让出了部门主管的职位。

通用电气公司的管理者们也松了口气，他们最终运用巧妙的方法成功稳住了这个狂躁易怒的天才工程师，他们给斯坦梅茨留足了面子，事情解决得很顺利。

给对方留面子特别重要，可我们通常一遇事就忘了这一点。我们不顾他人感受，践踏他人自尊，我们说话做事不留情面，一意孤行。我们有时在训斥人时也不分场合，总是习惯于在别人面前数落孩子或是训斥手下员工，一点都不留情面。我们并没有意识到这样做给他人带来了怎样的伤害，其实这些伤害原本可以避免，我们只需花一点时间思考，怎么处理妥当，或是说几句贴心话就能避免伤了别人的自尊心。

下次当你想要训斥或者解雇员工之前，请你想想上面的那段话。

马歇尔·格兰杰是一名执业会计师，他在给我的信中写道："开除员工的感觉真的太不好了，被开除的员工肯定更难受。"

"我们的工作分为淡季和旺季，每年过了个人所得税申报的高峰期我们就要裁员。"

"业内人士都喜欢用'没人喜欢挥起斧头'来形容裁员时的心情。于是每到这个时候，我们都会希望事情早点结束，于是我们通常会这样说：'您好，请坐。史密斯先生，你看现在我们过了旺季，公司没有那么多的业务了，我们也没有空闲的岗位安排给你，你也知道当初我们签的是短期合同，所以……'类似这样直接的话。"

"每次我们这样说完，都会从对方脸上看到失望的表情，他们觉得是我们公司辜负了他。他们一生可能都会在会计这个圈子工作，对于像我们这种没有人情味的公司，他们日后不会抱有什么幻想和希望，对我们更没有感情。"

"近来我觉得我应该改变策略，原来解雇员工时说的话太刺耳了，我决定使用委婉些的语气。在解雇员工之前，我会认真地考查他们整个冬天的工作表现，仔细斟酌我的用语：'尊敬的史密斯先生，这个冬季您的表现实在是太好了（如果他确实做得很好）。纽瓦克市的那个艰难的项目，多亏了您不负我们的期望，成功完成了任务。您知道吗？公司因你而感到自豪。在工作方面，您是一个天才，我相信无论您走到哪里，都会做得很好。我绝对相信你有这个实力，也希望你能知道公司愿意给你送上我们诚挚的祝福。"

"这样说的效果就好多了，同样是要裁员，这样说会让人心里好受很多，不再觉得自己是被公司嫌弃了。通过这段话他们明白，将来我们有工作机会，一定会欢迎他们再回来，当我们再需要他们回来效力的时候，他们也会念及这份情谊回来帮忙。"

在我们上课时，两名学生列举了在他们工作中的事例，分别说明了吹毛求疵产生的后果和给对方留面子带来的好处。

弗雷德·克拉克在宾夕法尼亚州的一家公司上班，他给我们讲述了公司里发生的一次冲突事件："在一次生产例会上，公司的一名副总经理质疑负责生产部门的主管，觉得产品的生产过程有问题。他质疑的语气咄咄逼人，字里行间充满了嘲讽，大有兴师问罪的架势。这位主管不想在众目睽睽下丢了脸，所以就一再推诿，惹得副总经理怒火中烧，当面指责生产主管谎话连篇。"

"原本双方的关系还不错，这次的冲突把两人的关系都破坏了。这位主管原本是个模范员工，这件事发生后再也不受重用。几个月后，他从我们公司辞职，去了我们的竞争对手那工作，后来听说他在那干得很好。"

另一名学生讲的例子和这个有些类似，但由于说话方式不同，结果也大不一样。玛佐尼负责他们公司的食品包装工作。在她刚参加工作不久，就接到了一个重要任务，公司让她负责新产品的试销活动。她对我们说："试销活动开展后，我就傻眼了，因为我在做计划的时候犯了一个严重的错误，导致我们整个试销活动都白开展了，一切都得从头开始。更糟糕的是，我必须马上在公司全体员工面前汇报试销成果，就是说我根本就没有和领导解释的时间。"

"我被通知去报告的时候，都不知道怎么走到会场的，我怕得直哆嗦。当时我在竭力控制自己的情绪，我告诉自己千万不要哭，不要让男人们觉得女人就是容易情绪化，所以不适合做管理工作。我简要地阐明了整件事情的经过，然后表明我会重新做调查研究，我一定会弥补自己的损失。说完这些话，我的心里七上八下的，坐在那等着领导批评。"

"万万没想到，领导不但没有批评我，反而还表扬了我的辛苦付出。他安慰我说：入职不久就接这么大一个项目出现点差错也是可以理解的，相信你下一次的调研一定会准确无误，对公司做出贡献。他在全体同事面前表示对我的信心，也肯定了我的付出，对于我的失误，他安慰说那是因为经验不足导致的，不是我缺少能力。”

“那天我是高昂着头走出会议室的，我对自己充满信心，也暗自发誓今后绝不会辜负领导的期望。”

就算真理掌握在你的手中，对方犯了错，也要给对方留面子。因为让对方丢脸除了伤了他的自尊心，什么作用也不起。

法国传奇的航空先锋兼作家安托万·德·圣埃克苏佩里曾写道：“我没有任何权利说出伤害别人自尊的话，做出让对方没面子的事。我怎样认为别人不重要，重要的是他怎样认为自己。肆意伤害别人的自尊等同于犯罪。”

真正的领导者会：

原则 5：给对方留足面子。

Section 06
用肯定激励他人

我有一位老朋友叫皮特·巴洛。他很擅长训练小狗，因此经常跟着马戏团到处巡演。我对他驯狗的那一套很感兴趣，我发现每当他训练新加入的小狗做杂耍表演时，总会在小狗取得一点点进步的时候拍拍它、给它食物作为奖励，或者用夸张的语言和动作鼓励它。

这个方法并不新鲜，几百年来，驯养员们一直都在使用这些方法。

我想说的是，当我们想要改变他人的时候，为什么不试试这个方法呢？我们可以用奖励代替惩罚，用称赞代替责骂。哪怕别人取得了很小的进步，我们也要表达由衷的赞美，可能就因为我们简单的几句赞美，他们就有了前进的动力，就能取得更大的进步。

著名心理学家杰斯·莱尔有篇著名的作品《宝贝，我没有太多，但我拥有自己的全部》。在这本书中他有这样一段话："你给别人的赞美就像阳光温暖地抚慰大地，我们的灵魂缺少赞美就像花朵缺少阳光无法绽放。但我们中的大多数人对于身边人的责怪就像冬天凛冽的寒风般寒冷，不愿给他们暖如阳光的赞美。"

回忆我以往的生活经历，往事一幕幕在眼前重现。曾经的几句鼓励的话对我今后的人生走向产生了极大的影响。你们生活中也有过类似的经历吧？在历史上这样的例子更是数不胜数。多年前，一个小男孩正在那不勒斯的一间工厂里工作。能成为一名歌手一直是他的梦想，但是他的启蒙老师曾经说的一句话深深伤害了他的自尊心，他的老师说："你不适合唱歌，你的嗓子不行，你的声音听起来就像风在狂乱地吹打百叶窗一样。”

小男孩儿的母亲怜爱地搂着他，给他安慰：“你一定能唱好，我能感觉到你的进步。”穷苦的妈妈为了给小男孩儿攒钱学音乐，一双鞋都舍不得给自己买。这位农妇妈妈用赞美和鼓励改变了小男孩的人生。这个男孩儿后来成了那个年代最伟大的演唱家，他叫恩里科·卡鲁索。

在19世纪初期，有一个伦敦的少年，他有一个梦想——成为一名作家。然而命运似乎总是和他开玩笑。他读了四年书就辍学了，他爸爸因为欠债被关进了监狱。他从小就体验过挨饿的滋味，好不容易找到一份给涂料罐贴标签的工作。工作条件很艰苦，工厂里到处都是老鼠，夜里他和另两个贫民窟的流浪儿挤在阴暗狭窄的小阁楼上休息。他对自己的写作能力没有信心，因怕被人嘲笑，他总是在漆黑的夜里溜出门去寄稿件。他收到过数不清的退稿，但从没想过放弃。终于有一天，他的一篇稿件被采用了，虽然一分钱稿酬也没有得到，却得到了编辑对他的肯定。他压抑自己内心的喜悦，在大街上漫无目的地踱来踱去，不知不觉间已经泪流满面。

那篇文章的发表给了他莫大的动力，成为他写作道路上的一盏明灯。如果没有那位编辑的鼓励，他可能这一生都要在那间环境恶劣的工厂里打工谋生。说出他的名字你应该不陌生，他就是查尔斯·狄更斯。

还有一个来自伦敦的男孩儿，他在一家纺织品商店打工谋生。每天清晨5点他就要起床打扫商店卫生，然后连续工作14个小时，每天高负荷的工作令他苦不堪言。勉强支撑了两年，他终于在一天清晨起床后，连早餐都没吃就匆匆逃离了那里。他长途跋涉了15英里回到家中，见到了他在别人家当保姆的母亲。

男孩儿见到母亲便号啕大哭，哀求母亲无论如何也不要让他回到那个让他痛苦不堪的店里，他宁死也不去。他给读过书的老校长写了一封很长的信，向他倾诉他的痛苦与哀愁，字里行间流露着对生活的绝望。老校长鼓励他一定要振作，并表明对他充满信心，相信以他的聪明才智能胜任更好的工作。老校长邀请他到学校担任助教。

老校长的鼓励改变了男孩儿的人生，他在英国文学史上留下了浓墨重彩的一笔，他创作了无数的畅销作品，用作品赚得了百万美元，彻底改变了自己的生活。你们对他应该也不陌生，他就是赫伯特·乔治·威尔斯。

著名心理学家伯尔赫斯·弗雷德里克·斯金纳奉行的基本教育理念就是多表扬，少批评。他通过实验证明，如果对一个人的表扬多于批评，将有助于激发他的善念，他的恶念会因为表扬被慢慢淡化。

北卡罗来纳州的约翰·林格斯堡在教育他的孩子时就应用了这一方法。其实我们大多数父母都习惯于通过对孩子大喊大叫来沟通，无数的事实证明这样责骂只会让孩子越来越叛逆，并不会让他们变优秀。如何与孩子沟通似乎是个无解的难题。

林格斯堡先生决定在他的课堂上实践这些原则。他对我们说："我们决定做出改变，不再对孩子唠叨个没完，我们决定表扬他们的行为。要知道，开始这样做也不容易。因为在我们眼里只看到孩子的缺点，很难找到值得我们夸奖的地方。好在最后，我们发现了孩子们身上的优点并加以表扬。没想到，表扬他们后矛盾似乎很快就化解了，他们的缺点也不再那么显眼了。为了得到表扬，孩子们主动把事情做到最好，我简直不敢相信自己的眼睛。当然，改变的过程还是很漫长的，但我们每天都能看到孩子们的点滴变化，他们变得比以前更有规矩，也越来越懂事了。我想我们真的应该改改爱唠叨的毛病了。"孩子们的这些变化源于老师对他们每次小小进步的肯定和鼓励，如果面对他们的错误我们采用的是批评的方式，那么结果就不会是这样了。

以上原则在工作场合同样适用。基思·罗珀在加利福尼亚州经营一家打印社，他就成功运用这个原则化解了工作上的难题。罗珀发现近来店里的印刷品质量都不错，负责这批产品印刷的是新来的小伙子。他还没有完全适应这份工作，公司主管觉得他工作态度不够积极，决定辞退他。

罗珀了解到这个情况后，他亲自找到了这个小伙子并当面对他印刷的作品给予了肯定和赞美，并特别强调这次的印刷品是他见过的质量最好的。他详细说明了印刷品好的细节，肯定了年轻人对于公司的价值。

你们猜猜这名年轻人会有什么改变？没过几天，他的工作态度就与以往截然不同了。他数次和同事复述这次谈话内容，对自己的作品被欣赏充满感激。从那以后，他成了公司里最忠诚、最上进的员工。

罗珀并没有简单地告诉这个小伙子说："你印刷的作品质量不错。"他将工作中值得肯定的细节一一列举，夸奖得有理有据，让人听了觉得心里舒坦，没有给对方阿谀奉承的感觉，所以小伙子格外在意。每个人都喜欢被称赞，但有理有据的具体的称赞才能更让人信服，不会被对方觉得是在敷衍。

要记住，夸奖和赞同是每个人都渴望得到的，为此他们可以不惜一切代价，但是没有人喜欢被虚伪地恭维和奉承。

在这里我还想再度重申：我们书中所讲述的原则，只有发自真心才能真正起作用。我不是要在这提倡奉承和虚伪，我要倡导的是你要改变你自己的心态。

说起改变他人，如果我们能够帮别人意识到自身潜能，重塑自己的人格，那才是真正地改变了他人。

你可能觉得这有点危言耸听吧，那么就让我们来读一下美国最著名的哲学家、心理学家廉·詹姆斯的高见吧：

我们仍处于懵懂的时期，因为人类所具备的潜能我们并没有完全挖掘出来，我们的身心力量只有很小一部分得到了充分发挥。换句话说，我们人类远没有达到我们能力的极限。我们被自身的习惯所限制，没有将我们与生俱来的诸多能力发挥到极致。

事实确实如此，现在正在读这本书的你，可能也囿于你的自身习惯，那些潜在的与生俱来的能力都没有发挥出来。赞美就是没有被我们发挥出来的最强大的能力。我们的赞许也许有助于他人发挥自己潜在的最大能力。

人类的潜能就像花蕊一样，在批评中枯萎，在赞美中盛开。如果你希望自己成为领导他人的人，就请记住：

原则 6：对别人的每一个小小的进步都要肯定，发自内心地赞美别人。

Section 07
用赞美激励他人

如果你有一个工作能力很强又很有责任心的员工，突然之间开始玩忽职守，你会怎么处理呢？开除他吗？那又有什么用呢？责备他吗？那只会让他变本加厉。如果你不知所措，建议你看一下我们下面要说的例子。亨利·汉克先生在印第安纳州一家卖卡车的公司担任服务部经理。他发现这段时间有一名员工工作越来越不认真。汉克先生发现了这个情况，并没有责骂或是威胁这名员工，而是把他叫到自己的办公室聊天。

汉克先生说："比尔先生，你在我们公司的表现一直都是非常优秀的，你有多年的工作经验，也有很多固定的老主顾，他们把车交给你都十分放心，经常在公司里夸奖你。但是近来你的工作效率大不如从前了，你在很多项目上花的时间都比以往多，但是质量却不如你之前的水平。鉴于你之前出色的表现，我想我们有必要谈谈，说实话我对你目前的状态不是很满意，你看我们是不是能找到解决的办法。"

比尔回答说自己没有意识到近来的这种消极状态，他说他会胜任目前的工作，并会在将来不断提高自己的专业水平和工作效率。

比尔是否说到做到了呢？当然，他很快就调整好自己，成了从前那个优秀的机修工，他不想辜负汉克先生的美誉和肯定，他尽力做回那个从前的自己。

萨缪尔·沃克莱是鲍尔温机车厂的董事长，他曾说过："如果你能赢得对方的尊重，并对他的某种能力表示赞赏和肯定，他就会听从你的指挥。”

换句话说，如果你想鼓励别人提高某方面的能力，那就在交谈时请你假装认为他已经拥有了这种能力。莎士比亚曾说过：“就算你没有了德行，装也要装作好像还有。”那就装作相信对方有你所期待的品质，并把你的信任传递给对方，对方听了会竭尽全力做个你所描述的那种人。

乔吉特·勒布朗在她的著作《纪念我与梅特林克的生活》这本书中，提到了一位“比利时灰姑娘”，讲述了她发生的惊人的变化。

我每日的三餐都由同一个人送来，她是隔壁酒店的一个女仆，早些时候她在帮忙洗碗，所以大家都叫她“洗碗工玛丽”。她长相丑陋，看人斜视又带着罗圈腿，整个人看起来从内至外都卑微不堪。

有一天，她像往常一样用她那双通红的双手为我送来意式通心粉，我没有控制自己，开口对她说：“玛丽，你知道吗？你的身上有好多宝贵的品质。”

玛丽听完就愣住了。她习惯于隐藏自己，小心举动，生怕出错闯了大祸。她小心翼翼把盘子放在一旁，叹了口气，坦诚地说：“夫人，这句话只有出自您的口中我才相信。”她对我说的话深信不疑，也没有问我细节。她只是小心地走到厨房，告诉大家我刚刚和她说的话。她没有任何的迟疑或不解，所以大家都相信她说的是真的，没有人取笑她。从那以后，人们开始慢慢地尊重她了。让人们感到惊讶的是玛丽自身的改变，她对自己充满信心，觉得自己身上一定有很多特质，所以她开始爱惜自己的身心，身体里重新迸发出青春和朝气，让她的朴实无华显得更有魅力。

两个月后传来了她和主厨订婚的好消息。她亲口告诉我这一喜讯，并对我表示感谢。没想到我短短的一句话就改变了她的生活。

乔吉特·勒布朗对玛丽的赞美给了她自信。为了担起这个美名，玛丽燃起了对生活的新希望。

比尔·派克在佛罗里达的一家食品公司担任销售人员。他们公司刚刚推出了最新产品，比尔满怀热情地向当地最大的食品市场推荐，却遭到对方主管部门的拒绝。比尔为此煞费苦心，他决定在下班之前再争取一下。

他回到商场对主管说："杰克，今早时间实在是太匆忙了，我都没有全面介绍我们的产品，不知能否再给我点时间，让我把要点补充上，我很感激您耐心听我讲完，我也尊重您所做的决定。"

杰克听他说完会给他时间吗？当然会！为了维护自己在比尔心中的地位，他当然不会拒绝这个请求。

马丁·菲茨休是爱尔兰都柏林的一名牙医。一天早晨，他的一名患者在漱口时指出医用的金属杯座看起来很脏。我们都知道患者用来漱口的是纸杯，他并不直接接触杯座，但是医用设备出现这样的污渍就是一种不够专业的表现。

患者离开后，菲茨休医生走回办公室，给医院打杂的工人布里吉特留下了一张字条（布里吉特每周来他的办公室打扫两次），他这样写道：

亲爱的布里吉特：

我们见面的机会不多，因此我觉得有必要以这样的方式向你致谢。感谢您一直以来做了这么多细致入微的清洁工作。我还想顺便提一下，我觉得每周两次，每次两小时的清洁时间很紧迫，你看是不是有必要再多清洁半个小时，把金属杯座等小物件清洗干净。如果您愿意这样做，我会多付给您额外的工钱。

菲茨休医生说："第二天我走进办公室，看到桌子泛着光，椅子就像新的一样，光滑得我都坐不住。我走进诊疗室，金属杯座都被放在了应有的位置，像镜子一样反着我的影子，我从没见过它们如此明亮。我对清洁工表达了我的期望，她鉴于我的信任，不想辜负我的期望，因此加倍地努力做到，超越了以前的她。她多花了半个小时的时间吗？并没有，她没有多花一秒钟。"

有句俗话说："给狗安个坏名声就等同于把它送上绝路。"那为什么不给别人好名声，看看他会有怎样的改变呢？

露丝·霍普金斯在纽约布鲁克林的一所小学任四年级班主任。开学第一天，她兴奋又充满期待地翻开学生名册，看完就立刻焦躁不安起来。手中的学生名册上，汤米这个名字晃着她的眼睛。这个叫汤米的男孩儿是个学校里出了名的"坏小子"。他三年级时的班主任曾在同事和校长面前无数次地抱怨这个男孩儿的恶劣行为。他不只是简单的淘气，可以用无法无天来形容他的行为。他多次违反学校纪律，挑衅男孩子，调戏女孩子，顶撞老师……而他身上还有一点是别人所没有的——学习能力强，成绩一直名列前茅，学校的功课从来都难不倒他。

霍普金斯决定自己想办法解决这个"麻烦的汤米"问题。在欢迎同学们入学的时候，她对每名学生都夸奖了几句。她对萝丝说："你的裙子真漂亮。"对艾丽西亚说："听说你的画画得很好。"到了汤米时她看着他的眼睛真诚地说："汤米，我相信你天生就是个当领导者的料，这个学期我们班就靠你了，希望你能帮助老师把我们班变成整个年级最好的班。"之后的几天里，霍普金斯不停地夸奖汤米，表达对他的信心，表扬他做的每件事，并对他是个好学生这件事深信不疑。这个9岁的小男孩儿受到这样的赞美怎能不努力呢，为了不辜负老师的期待，他一直在很努力地做个好学生。他没有让霍普金斯失望。

如果你想要改变别人的行为并取得成功，那么请记住：

原则 7：用赞美激励他人，他一定会尽力成为你口中的那个人。

Section 08
让对方有勇气改变

我有一位单身多年的老友，终于在不惑之年找到了人生的伴侣。在他未婚妻的鼓励下，他决定重新开始学习舞蹈。他告诉我说："只有上帝知道我对舞蹈是多么的热爱。我这么多年都没有再跳过舞，舞步和 20 年前一样老气。我请的第一位老师说的应该是实话，她说我跳得完全不对，她让我抛弃以前的舞步从头学起，听她这么说我觉得很伤心，一下子没有了继续学习的动力，所以我辞退了她。"

"第二位老师说的可能是谎话，但她说的话我都很爱听。她不经意地提起我的舞步有点老派，但是我的基础很好，她说经过努力我一定能很快掌握新的舞步。第一位老师总是强调我的舞步老派，总是提出我的缺点，让我丧失了学习的信心，而第二位老师截然相反，她屡次提到我的优势并经常给我鼓励，不会拿我的缺点打击我。她总是鼓励我说：'你天生就是个跳舞天才，你对韵律的感觉很好。'我还是有自知之明的，我深知自己不过是一个正在学习跳舞的普通中年人，但我在心里还是愿意成为她所说的那种人，当然她这么说有可能是因为我给她薪水，可是这又有什么关系呢？揭穿她又有什么意义呢？"

"不管怎样，要不是她的鼓励和赞美，我的舞到现在可能也跳不好。她的话给了我信心和勇气，让我想要提高自己证明给她看。"

所以不要对你的孩子、爱人，或者职员说他们在某件事情上笨手笨脚、没有天赋、毫无能力……他们可能会因为你的这句话就丧失了前进的动力。如果你能用相反的方式给他们鼓励，告诉他们你相信他们能做好，给他们充分的信心，说不定他就能竭尽全力发挥自己的潜能，把事情完成。

洛厄尔·托马斯能熟练掌握人际交往的技巧。在日常生活中，他经常使用这些技巧给人自信，鼓舞人心。有个周六的晚上，我去托马斯家里做客。他们正在烧得很旺的壁炉旁玩桥牌，看见我去了他们便邀请我加入。我一听说要桥牌，一直摇头，要知道对桥牌我可是一窍不通啊！在我看来桥牌有很多技巧，而我根本就不会。

托马斯说："戴尔，你怎么了？其实桥牌挺简单的，需要点记忆和判断力就可以。你写过有关记忆力的文章，这对你来说信手拈来。来试试吧，我想你会喜欢的。"

他说的话我还来不及思考就已经开始动心了。因为托马斯说我有天赋，还告诉我游戏简单，所以我有了玩桥牌的勇气，这是我生平第一次玩桥牌。

提起桥牌，我又想起了一个人，他叫埃利·克勃森。他的作品曾被翻译成了十几种文字，销量过百万。克勃森告诉我，他开始玩桥牌是受了一个年轻女士的鼓励，从此走上了职业桥牌手的道路。

1922 年克勃森刚到美国的时候，想找一个在高校教哲学或者是社会学的工作，却屡次碰壁。后来他决定转行卖煤，结果也是赔了个精光。再后来他去当了咖啡销售员，结果也是一事无成。

桥牌一直是他的个人业余爱好，他从没想过有一天会成为桥牌界的翘楚。他开始玩桥牌时牌打得并不好，他为人刻板固执，还爱追问，往往牌局结束了他还要追问个究竟，因为这样，没有人愿意和他一起打牌。

不长时间，他邂逅了美丽的桥牌教师约瑟芬·迪伦，两人一见钟情，很快就喜结连理了。约瑟芬发现克勃森在桥牌时总能进行深入分析，所以她告诉他，日后他一定能在桥牌上有所建树。克博森告诉我说，就因为妻子的这句肯定，他决定把桥牌当成自己的事业来做。

在俄亥俄州的辛辛那提，教我们的老师叫克拉伦斯·琼斯。他给儿子很大的鼓励，让他觉得改正自己的错误并没有想象中那么难，结果改变了儿子的人生。

“1970年，我儿子大卫搬到辛辛那提和我住在一起。那年他15岁，却屡次遭受生活的重创。1958年，他出了一次车祸，头部严重受伤，在前额上留下了一条永不消逝的伤疤。1960年，我的妻子提出和我离婚，他和母亲搬到了得克萨斯的达拉斯居住。大概因为他额前的伤疤，他在学校里被当作学习有困难的孩子，被迫接受特殊教育。学校认为大卫脑袋受伤严重，无法像其他正常学生那样跟上学习节奏，他那时只读到七年级，与同龄的孩子相比落后了两年级。他不能背诵乘法口诀，计算的时候也总是摆弄手指，几乎没有读写的能力。”

“不过大卫也有他自己的优点，他对收音机和电视机很感兴趣，一直想成为一名技术人员。我告诉他我很支持他的想法，但是我想提醒他的是，要想掌握电视技术，首先要学好数学。我决定帮助他，为了帮他学好数学，我给他买了加减乘除辅助教学卡片，随机向他提问。如果他回答正确，我就把卡片放在一边；如果他回答错了，我就把正确答案告诉他，然后把卡片放到另一边。每次他答对问题，特别是之前答错的问题时，我都会给他很大的赞赏和鼓励。每天晚上，我们都会重复做着那些他答错的题，每次计算我们都会记录一下时间。我告诉他，如果这些题他能在8分钟之内全部答对，我们就不会再重复做这些题了。说起来简单，可这一切对于大卫来说几乎是不可能完成的任务。第一天晚上我们花了52分钟做完，第二天我们花了 48 分钟。接下来的几天里是 45 分钟、44 分钟、41 分钟、40 分钟……每次他取得一点的小进步，我都会兴奋地告诉妻子，然后我们每人给儿子一个鼓励的拥抱，然后 3 人一起跳舞。这样持续了一个月后，大卫做到了，他能在 8 分钟之内准确无误地答对所有题目。每次他有所进步，都会要求再试一次，他发现学习其实是一件充满乐趣的事。"

"大卫的数学成绩取得了突飞猛进的进步。在他经过训练掌握了乘法口诀后，数学对他来说变得容易多了。当他破天荒地得到了一个'B'的高分时，他自己都感到惊讶不已。这只是一个起点，之后大卫在阅读能力上也取得了很大进步，并且他逐渐展示出了在绘画方面的天赋。期末的时候，科技老师请他布置了一次展览，他制作了一系列结构复杂的模型来演示杠杆的原理。要做到这一点不仅需要绘画和建筑的能力，更需要扎实的数学功底，并能灵活运用数学原理，他做到了。他的展览在学校的科技节上获得了一等奖，还获得了参加城际竞赛的资格，在辛辛那提获得了三等奖。"

"他真的做到了，这个留级两年的孩子，这个被全校认为脑部受损的孩子，这个被同学称作科学怪人'弗兰肯斯坦'的孩子，这个被称为没有脑子的孩子，从那以后终于找回了自信。他的成绩也突飞猛进。从八年级到高中，光荣榜上年年可见他的名字。高中时的他还是全国优秀生协会的会员。他意识到学习并不是那么困难的事后，他的整个人生都发生了变化。"

通过这个例子可以说明，如果我们想帮助别人进步，要记住：

原则 8：让对方有勇气做出改变，让改正错误不再像听起来那么困难。

Section 09
让对方乐于助你

1951 年是人类历史上最不堪的一年。当年欧洲各国战争不断，他们自相残杀、血流成河，悲惨的画面震惊了远在大洋彼岸的美国。谁也不知道战争不断的世界何时能迎来和平？伍德罗·威尔逊决定做点事情试一试。他决定派一名亲信作为和平的使者出访欧洲各国，冒险与各国周旋。

听到这个消息，国务卿威廉·詹宁斯·布莱恩想要尝试一下，他想作为和平使者出使各国，为国家争光，也为自己在世界史上留下浓墨重彩的一笔。没想到威尔逊把这个机会给了他的好朋友——爱德华·豪斯上校。豪斯听到这个消息也很意外，他并不想得罪自己的好朋友，但又不得不硬着头皮把总统的决定亲自告诉给布莱恩。

豪斯上校在日记中这样描述他们见面的场景："布莱恩听说我会作为和平大使出使欧洲的时候，满脸都写着失望。他说他原本想亲自去……"

"我告诉他总统之所以这么决定，是为了避免局势混乱。如果他亲自出访，必定会引起人们的各种猜测，极易引发骚动。"

豪斯上校的这句话，暗示布莱恩，他身份尊贵，如果亲自做这件事，有失他的身份。布莱恩听豪斯上校这么说，心里就释然了。

豪斯上校对人际交往的要点掌握得很熟练，他知道处理人际关系有一点要谨记，那就是想法让对方乐于助你。

伍德罗·威尔逊拉拢威廉·吉布斯·麦卡杜的时候，用的也是这样的准则。当时威尔逊正在组建内阁，他对麦卡杜的邀请令他感到格外震惊，麦卡杜总会回忆起他发出邀请时说的话，总统说他需要一位得力助手，如果我能屈尊出任他的财政部长，他会感激不尽。他说这些话的时候，我的心里很舒服，我明白这是多么至高无上的荣耀，但他说出来好像是要请我帮忙一样。

令人感到惋惜的是威尔逊并没有将这一技巧贯穿始终，如果他一直这么做，美国的历史会与现在有很大的不同。比如说，威尔逊曾经主张国际联盟的那件事就惹恼了参议员和共和党。在出席和平会议的时候，威尔逊拒绝让共和党的杰出领袖伊莱休·鲁特、查尔斯·埃文斯·休斯或是亨利·卡伯特·洛奇陪同，却自作主张地带了一个他自己组建的党派中的一个无名小卒。在处理国际联盟事宜时，威尔逊无视共和党的存在，不让他们参与决策，甚至让他们感受不到存在感。他这样自我的处理问题的方式最终导致了严重的恶果。他被赶下台，身心都遭受了重创。美国最终没能加入国际联盟，美国历史也因此发生重大转变。

这个“让对方愿意助你”的办法，并不是只有政客与外交官才能使用，在日常生活中也同样适用。印第安纳州的戴尔·费里尔就借助这个原则成功激发了他的孩子们做家务的积极性。戴尔说：

“我交给儿子一个任务，那就是捡起掉落在田间地头的梨，这样在附近忙活的人们就不用担心干活时踩到这些梨了。可是杰夫并不喜欢这个任务，他总是敷衍了事。人们在干活时就得不时地停下来捡起散落的梨。我知道后，并没有对杰夫发火，我对他说‘杰夫，咱俩来做个交易吧，你每捡一筐梨，我就给你一美元。但如果我发现你完成工作后地上还有没捡的梨，每一个就要扣除一美元。你同意吗？’就像你想的那样，从那以后，他每次把各个角落的梨都捡起来，还恨不得把树上还没掉落的梨子拼命摇下来。”

我认识一个人，他经常会收到演讲的邀请，有时是朋友的邀请，有时是受其他人所托。他应付不来，经常需要拒绝这些邀约。他用委婉的方式拒绝，每次都没有惹恼前来邀请的人。他拒绝时不会说自己很忙，也不会给自己找任何推托的借口。他是怎么做到的呢？他首先会对对方的抬举表示感谢，然后会为自己无法应约道歉，紧接着他会给对方推荐一位演讲者。也就是说，他没有给对方不满意的时间，而是立刻转移了话题，让对方一下子把注意力转移到了他推荐的那名演讲者身上。

我们在西德培训时，有一名叫甘特·施密特的学员，他在管理着一家食品商店。他店里有一名员工做事粗心大意，总是将商品的价签放错，经常引发顾客的投诉。施密特先生数次提醒过这名员工，也当众批评过她，但都没起多大作用，最后施密特想到了一个办法。他把这名员工叫到他的办公室，让她担任店里价签的主管，负责检查店里的价签和商品是否一一对应。被委以重任的员工从那以后彻底改变了工作态度，她工作认真负责，做得很好。

你可能会觉得不可思议吧？也可以理解。人们就曾经这么说过拿破仑：他曾授予 15000 名士兵他设立的荣誉团体十字勋章，还授予 18 名将士“法兰西元帅”的称号。他将他的军队叫作“大军团”。对于他的这种做法人们不能理解。他们将他所颁发的勋章叫作哄人的“玩具”，只会令那些士兵们变得肆无忌惮，但拿破仑说：“玩具是能够救人的。”

拿破仑可以用他的权力和头衔治人，你也可以。我有一位住在纽约的朋友欧内斯特·金特夫人，她就用这个方法成功解决了自己的烦心事。在她家附近有些小男孩儿，总是喜欢跑来跑去，把她家的草坪践踏得一塌糊涂。她试过很多方法，责备、引导都不管用，于是她把小男孩儿里的头儿叫了过来，告诉他自己要交给他一个特别的工作，那就是做她家的私家侦探，保护她家的草坪不被踩踏得乱七八糟。问题一下子就解决了。她的这位“私家侦探”在草坪附近生了火，将烤得通红的烙铁举过头顶，威胁说谁要是胆敢再踏上草坪，他就不客气。

如果你想要改变别人的态度或是行为，需将以下几条建议铭记于心：

1. 注重事实：不轻易许诺，承诺了就要尽全力做到，不要总想着自己，要为他人着想；

2. 目标明确：清楚地知道你想让对方做什么；

3. 有同情心：问自己对方想要的是什么；

4. 换位思考：让对方知道帮你忙他能得到什么；

5. 互换利益：找到对两人都有利的结合点；

6. 态度明朗：要求别人做事时，明确告诉他能获得什么好处。

提要求时，我们可以简单粗暴地直接下命令：“强尼，有位客人明天要来我们这，快点把库房收拾干净，地也好好打扫，库房里的货物都码在货架上，窗台也要擦干净。”我们还可以换一种方式说，让他知道这样做的好处：“强尼，我们现在有一个打扫的工作要完成。如果现在我们能抓紧时间做完，就不用总想着这件事了。明天会有一些客户来参观我们公司的设备，我想带他们去库房看看。但是我们库房的货物太乱了，卫生也不好，请你把货物摆放整齐，地面、窗台和柜台都擦干净，这样一定能给他们留下好印象，而这一切都是你的功劳。”

强尼会开心地接受你安排的这个工作吗？要说开心可能有些夸张了，但至少这样说比第一种说法让人开心得多。如果你之前就了解强尼，知道他在意库房的整洁，也知道他是个为了公司愿意付出努力的人，那么这样说就更有效了，他会乐于配合你的工作，关键是你还提醒他了，早点做完就不用再想着这件烦心事了。

如果你觉得我们所说的方法能够解决所有问题，那你真的是异想天开了。但是大多数的实验证明，这些方法是多少能够改变别人的态度的，可能成功率只提高了10%，那也意味着你比之前已经进步了10%，这是你从中获得的益处。

想让别人为你做事的话，就请记住要做到：

原则9：让对方乐于帮助你。

【小结：如何成为领导者】

原则 1：欲批评，先表扬；

原则 2：委婉地提醒对方；

原则 3：先自我批评，再批评别人；

原则 4：以建议代替命令；

原则 5：给对方留足面子；

原则 6：对别人的每一个小小的进步都要肯定，发自内心地赞美别人；

原则 7：用赞美激励他人，他一定会尽力成为你口中的那个人；

原则 8：让对方有勇气做出改变，让改正错误不再像听起来那么困难；

原则 9：让对方乐于帮助你。

Chapter 05

一封神奇的信

我猜你看到这个标题会感到可笑吧，还说是一封神奇的信，听起来就很荒唐，难不成这是在学习卖药的广告吗？

就算你真的这么想，我不怪你。如果 15 年前的我拿起这本书读到这一句，想法会和你的一样。你不相信我吗？很好，年轻人，我不喜欢轻易就被说服的人。我在 20 岁之前都是在密苏里州生活的，我们那的人喜欢“证明给我看”的怀疑态度。人类思想上的每次突破和进步都源于有人敢于质疑和挑战，还有就是不轻易相信。

说实话，“一封神奇的信”这个叫法真的准确吗？不准确！这个说法太保守了。我们在这一章里就收录了几封信，营销专家肯·戴克评价说这些信产生的效果远胜过奇迹。戴克曾经是佳斯迈威跨国公司的营销经理，现在他在高露洁棕榄公司担任广告部总监，还是全美国广告协会的董事会主席。

戴克先生经常会向经销商索要信息，但他的去信很少能收到回复，可以说是寥寥无几，100 封信里常常只收到 5 到 8 封回信。他曾认为如果他的 100 封信里有 15 封回复，他就很心满意足了，能有 20 封那就是个奇迹了。

下面这些戴尔先生的信件收到了 42.5% 的回复率。用他自己的话来说这就是“双倍的奇迹”。面对这么高的回复率，没人能够淡定了。这可不是在开玩笑，这也不是偶然发生的，戴克先生的其他几十封信件也都收到了这样的回复率。

他是怎么做到的呢？要想弄清这个问题，还是让我们来看看戴克自己怎么说吧："我参加了卡耐基的'有效演讲与人际关系'课程之后，我信件的回复率就得到了大幅提高。到这个时候我才意识到我之前写信的方式是错误的，我对照教科书上的原则改进了自己的方式，回复率就提高了五至八倍之多。"

下面这封创造了奇迹的信，整篇都在围绕着"请对方帮忙"叙述，用这样的方式让对方有优越感，感觉良好。信中括号里是我的个人见解。

约翰·布兰克

××郡

印第安纳州

亲爱的布兰克先生：

有一件小事拜托您帮个忙。

（让我们一起来想象一下当时的场景吧。在印第安纳州的乡下，一个木材经销商人突然接到了一封来自佳斯迈威跨国公司一位高管的信。在信件开头，这个身居要职的经理居然说让他帮个忙。这位经销商应该是这样想的："这个大人物遇到困难想到了我，他可算是找对人了，我就是一个慷慨大方又热心肠的人，让我看看他到底遇到什么困难了。"）

去年我们发起了一个全年直邮广告宣传的活动，我们帮助经销商拓展房屋屋顶翻新业务，当然，这期间的所有费用都是我们佳斯迈威承担的。

（读到这里，收到信的人可能会想："钱当然要你们来付，赚的钱都被你们拿走了，我穷得连房租都交不起，比不了你们，赚的钱都数不过来。但是这封信到底是想让我做什么呢？”）

近来，我们公司向曾经负责直邮营销的1600名经销商发出调查问卷，通过调查我们获得了令我们满意的报告。百余封回信表明，经销商们对我们这种做法十分满意，肯定了我们这个方案在他们业绩提升上的作用。

基于以上喜人的成果，我们公司又推出了全新的直邮推广方案，并对此方案充满信心，我们相信这个方案一定会得到您和众多经销商的青睐。

但是今天早晨，我们公司的董事长问我：去年推出的直邮方案给我们业绩带来了多少增长？这个问题，只有您能帮我解答。

（“只有您能帮我解答”。这个来自纽约的大人物说得没错，但这句话足以表明他对这位经销商的重视程度。我想你应该注意到了，戴克并没有长篇累牍地讲述自己的公司有多么知名，而是一直在花时间告诉对方他是多么的仰仗他。戴克说的是没有他的帮助，他就不能给公司董事长一个准确的答案。这位印第安纳州的经销商一定和其他人一样，对这样的用词很是受用。）

请您告诉我：第一，我们去年的直邮方案为您带来了多少建造和翻修屋顶的订单，请您填写这封信的附件；第二，扣除你们的成本，这些订单能给你们带来多少利润。

如果您能给我提供以上信息，我将不胜感激，再次感谢您的热心。

您诚挚的，

肯·戴克

营销推广部经理

（注意到了吗？他在信件最后强调的是“您”，而不是“我”。他整封信都谦逊有礼，频繁使用的词语是“感激不尽”“感谢”“您的热心”等。）

多么简单明了的一封信啊。戴克先生用请求对方帮忙的方式，让对方感到自己深受重视，创造了“一封信的奇迹”。

这个心理模式很奏效。不管你是在销售建筑材料，还是开着福特汽车在欧洲旅行。

下面这个例子就能很好地说明。有一次我和霍默·克罗伊去法国旅游，在我们自驾游的时候迷路了。我们熄了火，从老福特汽车里走出来，向附近的农夫打听怎样能到达距这里最近的城镇。

没想到我们这个问题在那个穿木鞋的小乡下掀起了惊涛骇浪。在那些农夫眼中，美国人个个都是阔佬，汽车在这一带极其罕见。他们看着眼前开着汽车的我们，猜想我们一定是百万富翁，或者有可能是亨利·福特的亲戚。现在这两个身份尊贵的人正在有礼有节地向他们问路，他们一下子就有了优越感，大家七嘴八舌地说了起来。他们当中还有一个小伙子试图让别人都闭嘴，想亲口告诉我们。

你可以自己试试看，在陌生的城市迷路时，去找那些社会地位或是经济地位不如你的陌生人问路：“请您帮我个忙好吗？我想去这里，应该怎么走呢？”

本杰明·富兰克林曾经使用这个技巧将敌人变成了朋友，把那个尖酸刻薄刁难他的死对头变成了终生的知己。

富兰克林年轻的时候，曾投入自己的全部积蓄做起了印刷买卖。在他进入费城议会工作后，他负责官方文件的印刷工作，并因此赚得盆满钵满。但是紧接着他就有了麻烦，有一位费城议会中举足轻重能呼风唤雨的大人物，他很讨厌富兰克林。他从不掩饰对富兰克林的厌恶之情，在演讲中还公然抨击他。

长期这样下去，将对富兰克林的职业生涯造成严重威胁。富兰克林决定改变这位先生对他的态度。该怎么做呢？这个问题很棘手。他想主动帮对方的忙，又怕这样会引起人家的怀疑和蔑视。有勇有谋的富兰克林不会这样处事，他用的对策你我都想不到——让对方给他帮忙。

富兰克林没有跟对方借钱，而是向对方提了一个让他感觉很开心的请求，这一请求满足了他的虚荣心，让他禁不住沾沾自喜。富兰克林表示了自己对他的仰慕与尊重，富兰克林是这样给我们叙述的：

“我听说他的私人图书馆里有一本很有价值的书，所以我写信给他，表达了我渴望拜读到这本珍贵的书，请求他把书借给我几天。他收到信后，立刻把书寄给我了。我一周后把书寄了回去，并写了一封感谢信。”

“过了一段时间，我们在议政厅再次见面了，不同以往，他礼貌有加地向我打了招呼（以前我们见面他从未主动和我打过招呼），并告诉我任何时候只要他能做的他一定会给我帮忙。从那以后我们冰释前嫌，成为终生的好友。”

150年前，本杰明·富兰克林已经离世了，但他所使用的这个“请求对方帮忙”的原则却永远留了下来。

我有个学生叫艾伯特·阿姆泽尔，他就曾经使用这个原则取得了让人称赞的成绩。阿姆泽尔先生一直从事管道及供暖材料的销售工作。多年来，他一直想促成和布鲁克林的一位管道工的合作。因为这名管道工人的生意做得很大，业界口碑也不错。但是阿姆泽尔先生从开始洽谈就遇到了麻烦。这名管道工人性格暴躁，为人粗鲁，他的坏脾气让人望而生畏。阿姆泽尔先生每次去拜访他，都会看他坐在办公桌后面，叼着雪茄，说起话来就咆哮：“老子今天不想买东西，你别在这浪费你的唾沫星子了，赶紧滚蛋。”

有一天，阿姆泽尔先生决定尝试换种方法接近他。这个技巧让他成功结交了这个管道工，还促成了生意。当时，他的公司正准备在长岛的皇后区开个分店，据阿姆泽尔先生了解，那名管道工对那一带很了解，他在那有生意。因此再去拜访管道工时他这样说道：“先生，我今天来不是为了向您推销我的产品，今天我是有求于您。如果您有空的话，给我几分钟时间好吗？”

听到阿姆泽尔先生这么说，管道工略作迟疑，把雪茄从一只手交换到了另一只手上，问他：“你有什么事找我？”

阿姆泽尔先生说：“是这样，我们公司想在皇后区开一个分店，我知道您比当地人还要了解那里的情况，所以我想请问您对我们这个决定怎么看，我们这么做是不是个明智之举呢？还是……”

这种局面前所未有啊！多年来，这位管道工习惯于责骂销售人员，以此获得存在感。他没想到眼前这个销售人员居然站在他面前等他给建议。一个大企业的销售人员在等着他指点他们应该怎么做。

“你坐下吧。”管道工边说边拉出一把椅子让阿姆泽尔先生坐下。在接下来的一个小时的时间里，他给阿姆泽尔先生仔细分析了皇后区管道市场的特点和优势。最后他得出结论，可以在这个地方开分店。除此之外他还给阿姆泽尔先生提了很多宝贵的意见，关于商铺在哪购买、准备哪些材料及新店开张的有关事宜。能够指导大公司怎样做生意让他感到很骄傲，两人的聊天从公事转向私事，不亦乐乎。他友善了很多，还向阿姆泽尔先生倾诉他自己面临的烦心事。

“那天晚上谈话结束后，”阿姆泽尔先生说，“我怀里装着我们初次合作的订单，和日后继续合作的约定回家了。这个之前语气粗鲁，喜欢大喊大叫的管道工现在是我的高尔夫球友。我请求他的帮忙让他获得了成就感，从此就转变了他对我的态度。”

下面这个是肯·戴克的另外一封信，信中同样熟练运用了“请你帮忙”的原则。

几年前，戴克先生还在为收到回信的概率过低犯愁，他不知道怎么做才能让那些收到信件的生意人、承包商和建筑师们乐意回信给他。

那时他收到回信的概率连 1% 都不到，如果能有 2%，他就满足了，有 3% 那就太完美了，他从没奢望过能有 10%，那就是个奇迹啊！

下面这封回信达到了 50% 的回信率，创造了五倍的奇迹。有些回信达 3 页之多，写满了合理的建议，表达了合作的愿望。

这封信使用的心理策略与措辞方式与前文引述的信并无差别。当你准备读这封信的时候，请你注意仔细阅读，掌握写信人的言外之意，试着推测收信人的感受，看看创造了 5 倍奇迹的信是怎么写的。

佳斯迈威跨国公司

东 40 街 22 号

纽约市

×× 先生

×× 街

新泽西 ×× 市

当下我遇到了一个小困难，不知能否请您帮我解决。

为了方便我们双方开展工作，去年，我们公司出版印刷了一本产品目录，这本目录收录了我们佳斯迈威所有建筑材料的完整信息，以及这些建筑材料在装修及维护中的详细用途。

随信为您寄来的就是这个目录的初稿。到目前为止这个初稿的库存已经不多了，我向董事长请示此事的时候，他告诉我如果这个目录广受欢迎，他就同意增印。

我一下子想到了您，在此冒昧请求您和全国其他州的 49 名建筑师一起来做个决定。

为了不给您添更多麻烦，我已经在信件的背面列出了几个简单的选择题，后面还有回函用的信封。麻烦您抽空选出答案并寄给我，我感激不尽。如果您还有其他更好的建议，欢迎您给我们一并寄来。

当然，是否回函您说了算，在此我可请您帮我这个忙，是就此停印还是继续增印，取决于您的宝贵经验和建议。我现在就把这个决定权交到您的手上。

无论怎样，我都对您的配合表示感激，再次感谢您。

您诚挚的，

肯·戴克

营销推广经理

请允许我善意地提醒一下，以往的经验告诉我，有些人在读完这封信后，会套用我们所倡导的模式和技巧。他们试图通过虚伪的曲意逢迎和不是发自真心的赞美来满足对方的虚荣心，从而取得成功，这样做是不可行的。

因为人们会对由衷的欣赏和赞美心怀感激，会对虚伪的奉承和讨好嗤之以鼻。

我还想再次强调：这本书中所讲述的原则只有是发自真心的才能奏效。我并不提倡虚伪和奉承。我所提倡的，是站在全新的视角考虑问题，用新的态度解决问题。

Chapter 06

家庭幸福要遵守的七条原则

Section 01
不要埋葬婚姻

75 年前，拿破仑·波拿巴的外甥拿破仑三世，爱上了欧仁妮·德·蒙蒂若，一个世间最美的女子。他与这位西班牙特瓦的女伯爵结为夫妻。拿破仑三世的心腹们曾经不止一次地提醒过他，他中意的女子不过是一个没名的伯爵的女儿。拿破仑并不在意：“伯爵的女儿怎么啦？”他早已被年轻貌美、举手投足优雅迷人的女人迷住了。他对整个王国宣布说：“我已经决定了，要与这位我深爱的女子结为夫妻，我绝不会娶其他陌生的女子。”

拿破仑三世认为他和这位女士的婚姻就是天作之合，健康、财富、权力、名望、美貌、爱情享之不尽，婚姻带给了他莫大的幸福。

但激情过后，火热的心迅速冷却，只留下灰烬。拿破仑三世的皇后欧仁妮，野心勃勃，不管皇上如何爱她，给她多少权力，她都不满足。她每天都在不停地抱怨着，没有人能够阻止他。

欧仁妮有着强烈的嫉妒和怀疑的心理，对拿破仑的命令置之不理，也从来不注意保护他的隐私。她有事时，不管拿破仑三世是不是在处理国家大事，都会横冲直撞地冲进他的办公室，正在商讨的事情也不得不终止。她从不给他任何与别的女人单独相处的时间，她总是担心他被别的女人勾走。

欧仁妮总是和自己的姐姐抱怨，控诉自己的丈夫种种不好。她甚至在生气时还会乱闯拿破仑三世的书房，冲他大喊大叫。拿破仑三世这个高高在上的一国之主，在他奢华的宫殿里却找不到一个可以让自己心灵栖息的角落。

欧仁妮这么做能得到什么呢？在莱因哈特的著作《拿破仑与欧仁妮：帝国悲欢》这本书中我们能找到答案，他在书中这样描述：“拿破仑三世偷偷从侧门出来，帽檐儿压得很低，身边跟着忠实的随从和深爱的贵妇人。他们走在远离皇宫和欧仁妮的大街上，寻找往日的轻松和惬意，追忆怅然若失的自由和喘息的机会。”

这就是欧仁妮长期以来一直喋喋不休引发的后果。这个头戴皇后桂冠，美若天仙的女人，纵使拥有拿破仑三世再多的爱，也没有停止抱怨和嫉妒。欧仁妮曾捶胸顿足地哭喊道：“我就怕有今天，这样的事情还是发生了。”发生？事情原本可以避免，这都是她自己的嫉妒和抱怨造成的，她这是自食其果，多么可悲的女人啊！魔鬼为人类爱情设置了重重障碍，在这些障碍当中喋喋不休是最厉害的一种，就像眼镜蛇的毒液般可怕。

列夫·托尔斯泰伯爵的妻子在承受着严重后果的时候意识到了这一点，但是已经晚了。在生命的最后一刻，她告诉女儿们：“我是罪人，你们的父亲是被我害死的。”听到她这么说，她的女儿们都失声痛哭，泪如雨下。她们知道父亲的死确实是母亲造成的，是母亲喋喋不休的抱怨和批评害死了他们的父亲。托尔斯泰伯爵夫妇原本是一对和谐美满的夫妻，托尔斯泰是举世闻名的文豪，他的著作《战争与和平》和《安娜·卡列尼娜》为世人所熟知。

托尔斯泰在人生的巅峰时期曾有大批的粉丝追随，这些人对他的痴迷达到了疯狂的地步，他们将他的每一句话都当成圣旨，甚至他的一句“我想要睡觉了”都要写在自己随身携带的本子上。苏联政府计划把托尔斯泰的作品收集成册，然而他的著作实在是太多了，一百卷都没收集完。

托尔斯泰夫妇拥有了别人奋斗一生都要追求的所有——名誉、

财富、地位、后代……他们的结合堪称完美，结婚之初他们曾在上帝面前共同发誓，祈祷幸福美满能够永恒。然而好景不长，托尔斯泰逐渐变了，他不再像从前的那个他，他开始厌恶自己的著作，他开始写关于宣扬和平主义，反对战争与贫穷的小册子。

托尔斯泰说自己年轻时罪孽深重，甚至涉嫌杀人，他决心忏悔，遵照《圣经》放弃了一切，过起了农民的简朴生活。他在田间劳作，自己锄草劈柴，自己打扫房间，用木碗吃饭，穿自己做的鞋，对敌人和朋友都一样。

列夫·托尔斯泰的一生变成了一桩悲剧，而这一切的源头就在于他的婚姻。他的妻子讲究生活品质，他却不在乎；她迷恋功名利禄，他视若粪土；她喜欢金银财宝，他却觉得拥有财富是罪恶。很多年间，托尔斯泰坚持自己的著作免费出版，版税一分也不要，他的妻子气得一直在埋怨和责骂，丝毫不起作用。托尔斯泰的夫人看着眼前的利益被他放弃，气得拿着鸦片在地上翻来滚去地嘶喊，威胁托尔斯泰如果他不要钱她就死给他看。

多么令人惋惜！当初两人携手走进婚姻殿堂的时候是多么幸福，两人脸上闪耀着的动人光彩已经消失得无影无踪。48年后，托尔斯泰连妻子的脸都不想再看到。有一天深夜，年迈心碎的妻子跪在丈夫身边，寻找往日的温存，她拿出托尔斯泰年轻时写给她的情书，让他读给她听。他读着十多年前亲笔写下的炙热的情话，往日的美好一一在眼前重现，又很快消失在漆黑的夜里，再也找寻不见。这对老夫妻老泪纵横，相对无言。曾经的他们共同钩织着未来生活的美好蓝图都在现实生活中摔得粉碎，回想起来恍如隔世。

1901年11月的一个阴冷的夜晚，82岁的托尔斯泰不堪忍受不幸的婚姻，独自一人离家出走，消失在茫茫大雪中。没有人知道他打算逃去哪里。11天后他肺炎恶化，孤独地在火车站与世长辞。他留下了临终遗言，那就是再也不要看见自己的妻子。这就是托尔斯泰夫人长期歇斯底里的结果。你可能会想，他夫人的命真够苦的，有那么多事情需要抱怨。就算事实是这样，这也是另外一件事了。在这里只想告诉大家，喋喋不休是不能解决任何问题的，只能是火上浇油。托尔斯泰夫人也承认，自己当时的神经可能是错乱的。然而错已铸成，一切都回不到从前了。

亚伯拉罕·林肯的婚姻也是一桩悲剧。可以说他的婚姻比他的遇刺更让人感到惋惜。因为在布思开枪之前，林肯并不知道自己要中弹身亡。然而他在23年婚姻生活中，每天都在被“不幸的婚姻”折磨着，这句话是他的律师说的。律师的措辞已经很婉转了。在这23年中，林肯夫人一直在林肯面前唠叨个不停，她总是挑他的毛病，指责他做事情不对。还说他形象不好，不仅驼背走路姿势还怪异，像印度人一样看起来很沉重，不够优雅。她还模仿丈夫走路的样子，用她在列克星敦的寄宿学校里学的那套礼仪来规范他——让他足尖点地走路。

她还说林肯的招风耳太难看，鼻子不够挺拔，下嘴唇太厚，她抱怨说林肯看起来像个肺痨病人，手大脚大，头又很小。

他们两人从身份学识、背景教育、脾气秉性和精神境界上都相去甚远，因此两人经常拌嘴。

说起林肯的故事有一个人最有发言权，他就是参议员阿尔伯特·贝弗里奇。他在书中这样写道：“林肯夫人发起火来大喊大叫，声音能穿透一条街，她每次的责骂就像海水涨潮般势不可当，左邻右舍都听得真真切切。除了语言上的攻击外，她有时还会动手发泄，这样的例子实在是太多了。”

林肯夫妇婚后租住在雅各布·厄尔利太太那，雅各布·厄尔利太太是斯普林菲尔德一位医生的遗孀，她丈夫过世后，她不得不把房间出租以维持生计。

有一天早晨，林肯夫妇正在吃早餐，不知道是林肯的哪个举动激怒了他的妻子，到底是因为什么大家都不记得了，只记得林肯夫人在众目睽睽之下愤怒地端起热咖啡，当着大伙的面一股脑儿泼在了丈夫脸上。林肯当时一句话也没说，羞愧难当地坐在那一动不动。厄尔利太太赶紧拿来了湿毛巾，把他的脸和衣服擦干净。

林肯夫人的举动让人难以理解，她不顾及丈夫感受让他当面出丑，让人感觉震惊。年老后，她精神失常了，人们就把她那些不可理喻的行为归结为她精神失常的早期表现。

她的抱怨和愤怒改变了林肯吗？改变了，她成功改变了林肯对他的态度，林肯十分后悔与她结婚，并总是找借口躲着她。

在斯普林菲尔德这个小城，有 11 个人从事律师这个职业，当生意少的时候，他们就跟随大卫·戴维斯法官从一座城走到另一座城，借此包揽了第八司法区几乎所有的诉讼业务。每到周末，其他律师都会抓紧时间赶回家和妻儿团聚，林肯却例外。他接连几个月都不回家，躲到离小城远远的乡下的小旅馆里，即使环境简陋，他也不愿忍受妻子没完没了的唠叨。

林肯夫人、欧仁妮皇后和托尔斯泰伯爵夫人的喋喋不休给她们带来的后果就是造成了她们终生婚姻的失败，还酿成了惨剧。那些珍贵的感情最终都是被她们的喋喋不休亲手葬送的。

贝茜·汉博格在纽约的家事法庭工作了十一年，她曾处理过上千起离异诉讼。她说男人抛妻弃子的最主要原因就是妻子没完没了地唠叨。正如《波士顿邮报》所述：“妻子的咄咄逼人，亲手将婚姻埋葬。”

如果你渴求幸福的婚姻，请记得：

原则 1：停止唠叨。

Section 02
不要绑架爱人

迪斯雷利说过这样一句话："也许我的一生中会犯很多错，但是有一个错误我是绝对不会犯的，那就是我绝对不会为了爱而结婚。"他是这样说的，也是这样做的。在他35岁那年，他决定告别单身生活，他转而向一位比他大12岁的有钱寡妇求婚。那年这个50岁的寡妇已经两鬓斑白，他为什么这么选择呢？是因为爱情吗？当然不是！这位寡妇心里也清楚迪斯雷利这样做并不是因为爱她，而是因为她有钱。她对迪斯雷利提出了一个请求，请迪斯雷利给她一年的时间了解他的性格和脾气。一年后，两人喜结连理。

听上去是不是觉得这就是一场交易，没有幸福可言？你错了，他们夫妇的婚姻比其他大多数人的婚姻要幸福美满多了。

迪斯雷利的妻子名叫玛丽·安妮。她不年轻、不漂亮更不聪明。她学识浅薄，不懂历史和文学，常在谈话时闹出笑话，落人把柄。她竟"连罗马人和希腊人的时代都分不清楚"。她没有生活品位，服装搭配怪异，别墅也让她装得乱七八糟。但她有一样是极其难得的——她懂得男人的心。

玛丽·安妮巧妙地运用自己这一优点，与迪斯雷利幸福生活着。每次当迪斯雷利陪同伯爵夫人们聊天，累得精疲力竭回到家中时，玛丽·安妮会和丈夫开心地闲聊着，让他放松。对迪斯雷利来说，回到家全身心都得到了彻底的放松，他可以尽情在妻子给予的爱的港湾休息。多年来与妻子在家中共同度过的美好时光是他这一生中最幸福踏实的时刻。妻子不仅是他的伴侣，也是他的参谋。每天下班，他都迫不及待回到家中，与妻子分享参议院的种种乐事。最重要的是妻子给他的尊重，让他对自己充满自信。

30 年来，玛丽·安妮把全部的精力都放在了迪斯雷利身上，她这一生只为这个男人而活。财富在她眼中只是一种能够帮助丈夫成功的工具。她成了丈夫深爱的女神。迪斯雷利请求维多利亚女王把荣誉赐给自己的妻子，赐予玛丽·安妮贵族封号，他自己宁愿一直做一个下议院议员。1868 年，玛丽·安妮被封为比肯斯菲尔德子爵，她的丈夫在她去世后才获得爵位。

不管玛丽·安妮多么没有文化，在公众场合表现得有多愚蠢，迪斯雷利从来没对她有过一句埋怨，也没呵斥过她一句。任何人在迪斯雷利面前也不敢嘲笑他的妻子，因为他会毫不犹豫地袒护自己的妻子。玛丽·安妮只是一个平凡的家庭妇女，但是嫁给迪斯雷利后，她 30 年来一直称赞自己的丈夫、支持他、鼓励他，每次提起他她就无比骄傲。结果怎么样呢？迪斯雷利说："我们结婚 30 年了，但她始终都让我着迷。"（而旁观者竟然因为玛丽·安妮不懂文学就觉得她愚蠢！）

迪斯雷利毫不掩饰自己对玛丽·安妮的喜爱，那么玛丽·安妮对此是怎么评价的呢？她对朋友们说："感恩上苍让我遇见他，从此我们的生活里只有简单的两个字——幸福。"他们夫妻之间曾经还开玩笑说："你知道当初娶你是因为你的财富吗？"玛丽·安妮笑着回答说："知道啊，但是如果我再给你一次机会，你一定会因为爱我所以才想娶我，对吗？"他不得不点头承认妻子说得没错。

正如亨利·詹姆斯所言："走入婚姻的人需要学习的第一课就应该是学会尊重对方特有的生活方式。当然，不干涉对方的同时也不能放弃自我。"

请记住这个重要的观点："走入婚姻的人需要学习的第一课就应该是，学会尊重对方特有的生活方式。"

利兰·福斯特·伍德在其著作《在家庭中共同成长》中同样说道："婚姻的真谛不仅在于找到适合的爱人，更在于当一个称职的爱人。"

如果你希望婚姻美满，请记住：

原则2：不要试图改变对方。

Section 03
不要相互指责

格莱斯顿是迪斯雷利的政坛宿敌，两人在处理公务时总是意见相左，全英上下几乎所有的议题他们都要相互争论。但是这两位政治家却有一个共同点——他们的婚姻生活都美满幸福。

威廉·格莱斯顿和妻子凯瑟琳婚后60年的时间里，两人依旧恩爱如初。我会时常想象这位严肃的首相大人握着自己妻子的手，高兴地在壁炉前跳着舞，唱着歌谣的情景：

糟糠之妻　村野之夫

生活起落无常　携手笑看悲喜

格莱斯顿在政界是别人强劲的对手，在家对妻子柔声细语，和蔼可亲。有时他下楼发现家人都还没有起来，他不会大动肝火，他会用委婉的方式间接地提醒家人，表达他的不满。他可能会提高嗓音，高唱赞美诗，通过这样的方式提醒家庭成员他这个全英国最忙碌的男人正孤零零地站在楼下等着吃早餐。他从不允许自己把工作中的情绪带回家，在家里他总是既通情达理又善解人意。

凯瑟琳大帝也是这样。她在位之时执掌着全世界最庞大的帝国，掌握着千万臣民的生杀大权。在政坛上她是冷酷无情的暴君，喜欢发动战争，把敌人送上刑场。但她的厨师不小心把饭烧焦了，她却不恼火，而是微笑着默默把饭吃完。她的宽容值得所有美国人在家中学习。

多萝西·迪克斯是研究婚姻问题的资深权威人士。她声称全美国有一半以上的婚姻是失败的，而这些婚姻亮起红灯的根本原因是伴侣的责难。这些责难没有任何作用，却能让对方伤透了心。

如果你想让婚姻幸福，请记得：

原则 3：请勿责难你的爱人。

Section 04
学会欣赏

保罗·波普诺是洛杉矶家庭关系协会的会长，他曾经这样说过："大多数男人想要寻找的另一半应该是她们灵魂的伴侣，能够取悦他们，崇拜他们的人，而不是找个领导自己的人。有些女性主管在午饭时间也会受到邀请，如果她在吃午餐的时间里一直谈自己在哪所高等院校学习什么高深的课程，在用餐结束还坚持AA制，我相信从此再也不会有人约她吃饭了。"

有些人可能没读过几天书，她们却会处理人际关系。当男人邀请她们共进午餐时，她们在就餐时会用热情的目光注视对方，满怀热情地要求对方多讲讲他们的故事。她这样做那些男人们会怎么评价她呢？她长得不漂亮，但是与她聊天我觉得很舒心，比和其他人聊天都要舒服。

女人在化妆打扮上常常花费很多时间，男人们对此应该表示欣赏。可是粗心的男人们总是忽视女人们对于美的热爱。女人们上街时都很少关注男人们，她们关注的是街上那个漂亮的女人化了怎样精致的妆容，穿了什么时尚的衣裳。

我的祖母在她98岁高龄那年离世了。在她去世之前，我们拿出了一张她30年前的老照片给她看。年迈的她视力下降视物不清，根本看不清照片上的她，但她却问我们："这张照片上我穿的是哪条裙子？"你看吧，这个垂暮之年的老人，尽管身体虚弱、常年卧床，尽管记忆力下降到子女都不认得的地步，还是想要追问当年的她穿了哪条裙子。当时我就坐在祖母的病榻前，时隔多年，她的这句话依旧在我耳边回响。

如果你是位男士，读到这不妨想想，你一定不记得5年前的你穿过哪件衬衫，哪件外套，这些事你从来不放在心上，但是女人不同。法国上层社会的男孩子从小就被教育要懂得赞美女士的装扮，而且要数次赞美。500万法国人这样做一定是有道理的。

还记得在前面我讲过的一个故事吗？农妇劳作了一整天后，拖着满身疲惫回到家中，进屋就把一捆干草扔在老少爷们儿的饭桌上。男人们很生气，质问她是不是精神不好，她回答说："真奇怪，现在你们知道抱怨啦？我给你们做了20多年的饭，没听到你们的一句感谢，我以为对你们来说吃草和吃饭是一样的呢！"

莫斯科和圣彼得堡的那些人可比这些农夫懂礼貌多了，在沙皇俄国上流社会的餐桌上，人们用餐后会派人请出主厨，当面对他的辛苦付出表示感谢。

既然是这样，为什么不对妻子的付出赞赏一番呢？下回当妻子为你端上脆嫩的炸鸡时，你可以学一学那些贵族们，让妻子知道你对她的感激之情。正如知名女星德克萨斯·吉南的口头禅说的那样："多给小姑娘们一点掌声吧！"

要让对方知道你在她心目中是多么的重要。迪斯雷利贵是英格兰最伟大的政治家，他从不避讳谈起自己有个"那么感激他的小女人"。

几天前，我在杂志上看到了埃迪·坎特的专访，从中我读到了这样一段话：

> 在这个世界上，我欠妻子的比欠其他任何人还要多。年少时，她是我的好伙伴，我们共同成长；结婚后她是我的财富，她勤劳简朴。省吃俭用攒钱投资，给我积攒了一笔财富。我们有

5个子女，她给了我一个美好的家。今天我取得的所有成就，都应该归功于我的妻子，都是她的功劳。

好莱坞明星的婚姻处在危险的边缘，连伦敦的劳埃德保险商协会都不敢担保他们能保住婚姻关系。沃纳·巴克斯特夫妇的婚姻是为数不多的美满婚姻中的一个典型。威尼弗蕾德·布莱森嫁给沃纳·巴克斯特之后，放弃了演艺生涯，她做出了事业上的牺牲，却取得了婚姻生活的胜利。沃纳·巴克斯特说："我的妻子怀念站在舞台上的掌声，那我就用自己的掌声弥补她。她在我身上寻找的幸福，就是我给他的欣赏与爱。如果我真心爱她，欣赏她，我自己也沉浸在幸福中。"

这个道理不难理解，如果你想生活幸福，记住最重要的一点：

原则4：发自内心地欣赏对方。

Section 05

注重细节

古往今来，花一直都是爱情的象征。街上从来不缺少卖鲜花的花童，虽然花的价钱并不贵，买花的男人却寥寥无几，好像鲜花都是价格昂贵的空谷幽兰，或是阿尔卑斯山崖上稀有的薄雪草。

为什么不马上出去买一束玫瑰回家呢？为什么非要等到妻子生病住院了你才想起买花给她呢？如果你喜欢尝试新鲜感，不妨试试马上买一束鲜花送给妻子，看看效果如何。

百老汇的娱乐明星乔治·科汉坚持每隔一天给母亲打一个电话，即便他已红遍了全国也从未间断过。他总是有很多新奇的事要和母亲分享吗？当然不是，但是他每隔一天的问候，让母亲知道他的牵挂，想要让她开心，希望她一直平安幸福下去。

为什么女人那么看重生日和纪念日呢？男性可能永远无法理解女人的这种想法。他们普遍在这个问题上稀里糊涂的，但是他们会时刻谨记 4 个重要的日子：一是哥伦布发现美洲新大陆的日子；二是美国独立日；三是妻子的生日；四是结婚纪念日。如果你真的记不住这么多，那么只需记住后两个就好。

曾经处理过四万起婚姻诉讼，并调解了 2000 对夫妻的来自芝加哥的约瑟夫·萨巴斯大法官曾经这样说过："大多数不幸的婚姻都是由生活中的琐事引发的。其实这完全可以避免。丈夫出门前，妻子如果能给个温柔的拥抱，可能就会避免婚姻关系出现裂痕。"

罗伯特·布朗宁与妻子伊丽莎白·巴雷特·布朗宁的生活每天

都如沐春风般美好，他们的爱情有滋有味，彼此之间总是有惊喜和关怀。伊丽莎白·巴雷特·布朗宁体弱多病，罗伯特·布朗宁给她无微不至的照顾。妻子在写给自己姐姐的信中说：“现在我觉得我就像他的天使一样。”

大部分男人都忽视这些微小的细节。就像盖洛德·马多克斯在《画刊评论》的文章中所说的：“是应该允许一些所谓的‘坏习惯’走进我们的日常生活了，比如说，允许女人在床上享用早餐。这样的消遣方式会让很多女人享乐其中，它带给女人的满足感就像是男人出入私人会所得到的满足感一样。”

把眼光放长远，我们会发现，婚姻其实就是琐碎的事构筑而成的，看不透这一点往往婚姻就不幸福。埃德娜·圣文森特·米莱曾用一首的诗句总结道：

“让人们心碎的不是两个人之间没有了爱情，而是爱情在一点点消失两人却不自知。”

这句诗值得你牢记。在里诺市，每天都有人去民政局离婚，10%的婚姻以离婚收场。这其中有多少夫妻是因为发生了重大事情过不下去呢？寥寥无几，我敢说，如果你在现场听听那些过不下去的夫妻的控诉，你就会发现爱情其实是在点滴的小事上消失的。

下面这句话请你剪下来贴在梳妆镜前，每天洗漱完毕就默读一遍：

人生这条路，我走过，就算再给我一次机会，一切也都无法重来。所有力所能及的善举，一切萦绕心头的善念，我将毫无保留、倾囊相送。从此不再等待、不再迟疑、不再粗心大意，因为人生这条路，不可能重复走第二次。

原则 5：细节决定婚姻成败。

Section 06
谦和有礼

沃尔特·达姆罗什的妻子是美国总统候选人詹姆斯·布莱恩的女儿。两人在安德鲁·卡内基在苏格兰的家里相识并携手走进了婚姻的殿堂。

达姆罗什夫妇美满婚姻的秘诀是什么呢?

达姆罗什夫人说:“择偶固然很重要,婚后相敬如宾地相处同样重要。作为妻子对待丈夫要像对待陌生人那样温婉有礼,男人们看见泼妇只会想要拼命逃走。”

我们都心知肚明,粗鲁能葬送我们的爱情,但我们对待家人还是不客气,对陌生人都要比对家人热情。我们绝不会突然打断陌生人的谈话,也不会和他们抱怨说:“我的天啊,你还要让我重复多少次!”我们不会未经允许就拆开朋友的信,也不会肆意窥探他人的隐私,只有对我们最亲近的人,我们的家人,我们才会计较那些细微的过失。

请允许我再次引用萝西·迪克斯的名言:“那些伤人的话、侮辱人的话往往都是来自我们的家人。”听起来让人难以接受,可这就是事实。

亨利·克莱·雷思纳也曾经说过:“一个人如果拥有谦逊的品格,他就能看穿对方伪装的坚强,看到心底盛开的花朵。”谦逊对于婚姻来说,就像是发动机的燃料一样重要。

备受尊敬的诗人奥利弗·温戴尔·霍姆斯是“早餐桌上的独裁

者”，他在家人面前却是一位礼貌有加的君子。他对家人无微不至地关怀着，甚至在伤心失落时也在家人面前装作若无其事。他说，悲伤就让自己来扛，不需要家人跟着担忧。

奥利弗·温戴尔·霍姆斯是这样说的，也是这样做的。转身看看我们的身边人，他们都做了什么呢？工作上遭遇挫折的时候，没能抢到订单的时候，被老板批评的时候，身体稍有不适的时候，甚至是错过班车的时候，都是他冲家人发火的借口。

荷兰人有个进家门前将鞋子脱在屋外台阶上的习惯，我们应该学习荷兰人的这种习惯，不要把工作中的烦恼带进家里。

威廉·詹姆斯曾经写过一篇题为《人类认知的盲点》的文章，不妨仔细读一读。书中写道：“本书中所提及的‘盲点’就是指人们对于他人感受的漠视。人们对他人视而不见却不自知。”

人们不会对自己的客户或者生意伙伴恶语相加，却从不觉得呵斥自己的妻子有什么不妥。其实相比事业而言，婚姻更能让人感到幸福，起着决定性的作用。

婚姻幸福的普通人比孑然一身的天才幸福感更强。屠格涅夫是俄国著名的作家，但他却说：“如果能有一个女人每天牵挂我是否能按时回家吃晚饭，我愿意为了她放弃我所有的才华和作品。”

婚姻幸福的概率有多大呢？综上所述，多萝西·迪克斯说这个概率不到 50%。但是保罗·波普诺博士有不同的观点，他认为人们婚姻幸福的概率要高于事业成功的概率。在从事零售行业的男人们中，有 70% 的人生意以失败告终，而步入婚姻殿堂的男女中，有 70% 的婚后生活算是成功的。

对于这一点，多萝西·迪克斯是这样总结的：“与婚姻比起来，生死都只是我们人生旅途中的一个小插曲而已。”

“女人理解不了为什么男人们不能像重视他们的事业那般重视

家庭。”

“即使男人们知道一个体贴入微的妻子和一个温馨幸福的家庭远比百万美元重要得多，90% 的他们还是不愿意花时间去严肃地思考这个问题，更不会把婚姻当成事业去经营。在他人生中地位最重要的婚姻，全听天由命，婚姻的成败都交给了运气。对女人而言，温暖的贴心话比粗暴的命令更有效，她们无法理解为什么丈夫不懂这点。”

“男人们知道，只需要几句贴心话就能让妻子无怨无悔地做事，夸奖她会持家，教子有方，她就会为他的事业节衣缩食，勤劳简朴。男人们也要明白，你称赞几句妻子的衣裙漂亮，她就不会多看巴黎时装周的最新款服装一眼。男人也要懂得轻吻妻子的眼睛就会让她迷失自己，轻吻她的嘴唇就能让她甜言蜜语。”

“女人们早已把自己的弱点毫不掩饰地传递给自己的丈夫，却不明白为什么他们还是那么固执。男人宁愿和她争吵，吃难吃的饭菜自我惩罚，用买漂亮衣服和豪车讨好女人，也不愿用她渴望得到的方式取悦她们，对这样的男人，女人们不知道是应该生气还是应该失望到放弃。”

如果你希望家庭和睦，请记住：

原则 6：谦和有礼。

Section 07

读一本关于婚姻和性的好书

美国社会卫生局的秘书长凯瑟琳·贝蒙特·戴维斯博士曾经发起过一项针对婚姻的调查。1000名已婚女子参与了这项调查，她们如实回答了调查问卷比较私密的问题。调查结果大大出乎人们的意料——美国成年人的性生活满足程度竟然这么低。戴维斯博士因此得出结论，导致离婚率高的原因主要是夫妻性生活不协调，他公开发表了自己的这一言论。

汉密尔顿博士对于上述说法又进行了进一步的验证，他花了4年的时间持续追踪100名夫妻的婚姻生活，询问了他们夫妻生活中的种种细节，并且深入调查了他们婚姻生活中面临的问题。他细致全面的研究整整持续了4年的时间。这个研究为社会学的发展做出了重大的贡献，因此受到了很多知名慈善家的资助。如果你感兴趣，可以找到汉密尔顿博士和肯尼斯·麦高恩共同发表的论文《我们的婚姻到底怎么了》中找到详细的调查资料。

那么，我们的婚姻生活到底出了什么问题呢？汉密尔顿博士是这样回答的："婚后出现问题的源头往往是夫妻性生活不协调，除了非常狭隘武断的精神病学家，没人能够否认这一点。换言之，如果夫妻双方的性生活和谐，双方都能得到满足，那么就算生活中出现了其他问题，往往也会大事化小。"

全美国家庭生活研究方面的权威人士——洛杉矶家庭关系研究所的所长保罗·波普诺博士曾经调查过上千例婚姻，他得出的结论是：婚姻失败主要由以下四个方面导致，按其地位重要性列举如下：

1. 性生活失调；

2. 两人对于休闲方式的想法不同；

3. 家庭贫困；

4. 身体、精神或情感状态异常。

请注意，性生活失调是排在第一位的，它是最主要的原因。经济问题排在第三位，并不像人们想的那样，因为贫穷，所以婚姻不幸福。

婚姻问题的专家们一致认为，性生活是否和谐对婚姻有着非常重大的影响。辛辛那提市家事法院的霍夫曼法官曾经处理过上千起婚姻悲剧。几年前他曾说过："在所有的离婚案件中，有九成是因为夫妻之间存在性生活不协调的问题。"

美国著名心理学家约翰·华生曾经说过："生活中最重要的一点就是夫妻间的性生活是否协调，这也被公认为是导致两性关系危机的最主要诱因。"在我的课堂上，有好几位职业的医师也对这一观点表示赞同。在知识如此普及，教育如此全面的20世纪，导致婚姻与生活失败的竟然是人类原始的本能——性！多么悲哀。

卫理公会的奥利弗·巴特菲尔德牧师在传道了18年后，突然放弃了自己神圣的职业，做起了纽约家庭指导服务机构的主管。和大多数人一样，他年纪轻轻就结婚了。他说："当我还是个牧师的时候，曾亲眼所见情侣们相互拥抱，带着对爱情和未来生活的美好憧憬携手走进婚姻殿堂，实际上他们却是婚盲。"

他还说："有那么多人在婚姻中都处于被动地位，不得不面临婚姻中的难题，这样看来，16%的离婚率不算高。很多夫妻的生活状态不能称得上'已婚'，而是'尚未离婚'而已。他们两人都处在水深火热之中。"

巴特菲尔德博士还断言："美满的婚姻绝不是偶然出现的，它是建立在明智谨慎的言行之上的。"

为了帮助即将走进婚姻殿堂的夫妇们规划好未来生活，多年来，巴特菲尔德博士每次做婚礼主持都要求两人坦陈自己对未来生活的设想。正是他长久以来的坚持让他逐渐意识到，那些信誓旦旦的夫妻其实都是婚盲。

巴特菲尔德博士说："两人是否满足于自己的婚姻是受很多因素影响的，性是其中一个因素，也是其他因素的前提。"

那么如何能使性得到满足呢？巴特菲尔德博士说："我们要学会用冷静的思考代替逃避式的沉默。"

该怎么解决这个问题呢？巴特菲尔德博士说："要学会用冷静的思考代替逃避式的沉默。用客观的态度实践自己的想法。有些书可能会对你有所帮助，有一本我写的书，《婚姻与性生活和谐》。除了这本书，我还给你们推荐几本书。"

"在市面上这类书籍很常见，但我觉得以下三本书比较适合阅读：第一本是伊莎贝尔·赫顿的《婚姻性爱技巧》；第二本是麦克斯·埃克斯纳的《婚姻性事》；第三本是海伦娜·莱特的《婚姻中的性》。"

关于性的问题还需要从书本里学习吗？当然需要。几年前，哥伦比亚大学就和美国家庭卫生协会联合邀请了知名教育家到校园里，同大学生一同讨论性与婚姻。在交谈中，保罗·波普诺博士说："近期离婚率的下降，应该归功于人们比从前更加积极主动地阅读婚姻与性的相关书籍。"

正因为这样，我决定给大家推荐一些权威的书籍，以此来结束本章内容，希望能教给您理智、客观地看待性在婚姻当中的作用。

1.《生活中的性》玛丽·韦尔·丹尼特著，这是一本适合年轻人阅读的书。纽约州长岛市 29 街 24-30 出版。

2.《婚姻性事》埃克斯纳博士著。这本著作为婚姻中的性问题提供了可靠而适度的解读。诺顿出版公司纽约市第五大道70号。

3.《婚前准备》肯尼斯・沃克著。这本书明晰地阐述了婚姻问题。诺顿出版公司纽约市第五大道70号。

4.《婚后的性》玛莉・斯洛普斯著。书中对两性关系进行了开诚布公的探讨。普特曼森斯出版公司纽约市西45街2号。

5.《婚姻中的性》欧内斯特・R. 格罗夫与格拉迪斯・格罗夫著。此书内容翔实全面。艾默生出版公司纽约市西19街251号。

6.《婚前准备》(*Preparation for marriage*) 欧内斯特・格罗夫著。艾默生出版公司纽约市西19街251号。

7.《已婚女人》(*The married woman*) 罗伯特・罗斯博士与格拉迪斯・罗夫著。这是一本幸福婚姻的实用指南。全球出版集团旗下托尔图书纽约市西49街14号。

因此，令婚姻生活美满，须记住以下这条原则：

原则7：读一本关于婚姻和性的好书。

【小结：婚姻幸福的七条守则】

原则 1：不要埋葬婚姻；

原则 2：不要绑架爱人；

原则 3：不要相互指责；

原则 4：学会欣赏；

原则 5：注重细节；

原则 6：谦和有礼；

原则 7：读一本关于婚姻和性的好书。

1933 年《美国杂志》第六期中刊载了埃米特·克罗泽的一篇文章，题为《婚姻怎样误入了歧途》。在文章后有一个调查问卷，分为丈夫篇和妻子篇，肯定回答就加十分，如果你有兴趣就做做看，看看你的得分是多少。

丈夫篇

1. 你学会给妻子小惊喜了吗？是否给她送过鲜花？在她的生日和你们的结婚纪念日是否送她礼物了？有没有什么出乎她意料的体贴的举动？这些都是小惊喜。

2. 你是否避免在别人面前指责她？

3. 除了必要的生活开支之外，你还会给她零花钱吗？

4. 在她感到委屈疲惫、紧张忧虑、烦躁不安的时候，你能化解她的小情绪吗？

5. 你能做到用一半以上的业余时间陪伴她吗？

6. 你是否会注意不把自己妻子的厨艺和自己母亲或者是别人妻子作比较？（当然，如果她在这方面很擅长例外。）

7. 你是否注意过她的精神生活？比如说她参加了什么俱乐部或

者是社团、她读过什么书、对社会上发生的各种事件有什么看法。

8. 她和别的男人跳舞，别的男人欣赏你的妻子，这些你能容忍吗？并且不猜忌，不怀疑？

9. 你能做到有机会就称赞她几句，对她表达爱意吗？

10. 她为你做的小事有没有打动你？比如缝扣子、补袜子、洗衣服等。

妻子篇

1. 在丈夫的事业上你是否给了他百分百的支持，不议论他的同事，让他自由选择秘书，不怪他工作时间太长？

2. 对你们的家你是否用心，将家变成温馨愉悦的地方？

3. 你是否会用心对待一日三餐，让他对你新学的菜赞不绝口？

4. 在工作上你是不是一个贤内助，在他遇到坎坷时能给他点建议？

5. 在你们生活拮据的岁月里，你是否能坦然面对？不责怪他，也不用别的男人的成功刺激他？

6. 你是否努力和他的家人们和睦相处？

7. 在你为自己选择服装时，是否将丈夫对颜色和款式的喜好考虑在内？

8. 当你们意见相左时，你是否会为了全局出发做出妥协让步？

9. 你是否了解丈夫的喜好？比如他喜欢的游戏，爱看的比赛。并花时间陪他做他喜欢的事？

10. 你是否会关注日常新闻，看看新书，了解新的思想和观点，便于夫妻间加强沟通交流？

Chapter 07

如何保持平安快乐

Section 01
坚持做自己

很多人得精神疾病，就是因为他们丢失了自我。既然我们都有那么多潜能，为什么一定要自己像别人一样呢？坚持做自己不是很好吗？

爱迪丝·阿尔雷德太太住在北卡罗来纳州，她曾经给我写过一封信，内容如下：

> 曾经的我胆怯又敏感，我长得胖，脸颊上肉乎乎的，让我看起来更胖了。我的母亲是个老古董，在她看来，衣服太合身容易被撑破，应该穿得宽松些。她坚持让我这样穿衣服。那时我从来不去参加任何聚会，生活平淡如水。上学后我从不参加同学的活动，运动项目也不参加。我敏感而且总会感到害羞，因为我觉得我和别人不一样。
>
> 嫁人后，我还是和以前一样。我的丈夫是个对自己充满自信的人，我很想向他学习，却发现自己做不到。我模仿丈夫的行为，却发现自己像个小丑。有几次他试图帮忙，却发现适得其反。我变得越来越敏感，不愿与人接触，听见门铃声我都会惊慌失措。我知道我彻底完了。我很怕丈夫知道真相，所以在公共场合我都尽量保持微笑，有时难免装过了头。装过之后我就会觉得很疲惫，最后我觉得活着太累了，我想要自杀。

那么后来这位妇人怎么样了呢？她自杀了吗？

只是偶然间听到一句话，爱迪丝太太继续写道：

没想到一句话就改变了我的人生。有一天婆婆对我说，在她教育孩子时她会经常说一句话："无论发生什么，坚持做你们自己。"

"坚持做自己！"这几个字像闪电击中大脑一样，我不禁打了个寒战。我突然意识到我所有的不幸都是因为我将自己放在了一个不属于我的模式中。

就在那天起，我变了。我开始坚持做我自己。我努力研究自己的性格特点，挖掘自己的优点。我学会了怎样搭配适合自己的衣服，穿出自己的风格。我还交了朋友，参加了聚会。在一个小团体的聚会上，大家让我主持，开始我很害怕，但登上台后，我就有了面对的勇气。这是一段很艰辛的过程，但现在我比从前的那个自己快乐很多。现在我会将我这些经历讲给我的儿女听，告诉他们：无论发生什么，坚持做你们自己。

安吉罗·派屈写过13本书，发表过上千篇教育儿童的文章。他曾说过："对一个人来说，最糟糕的情况就是不能做自己，不能保持自我。"

很多好莱坞的明星就不能保持自我，他们喜欢模仿别人，这也是让导演很头疼的一件事，他们每个人都想成为拉娜·特勒斯，导演不停地告诉演员们："他已经过时了，观众需要看到新鲜的。"

山姆·伍德在导演《别了，希普斯先生》和《战地钟声》这两部名片之前，从事房地产工作，因此他身上有着销售员的特性。他认为商场上的规则也同样适用于演艺圈。照搬别人的一定没出息。山姆·伍德说："以往的经验告诉我，尽量不要用那些模仿别人的演员。"

保罗·伯恩在一家石油公司当主任。他曾面试过6000多人，并写过一本《求职的六大技巧》。我问他："求职者犯的最严重的错误是什么？”

他说：“他们最严重的错误就是不能坚持做自己。他们通常不会说出他们的答案，他们想说出你想要听的答案。”这是虚伪的，没人喜欢听不真实的答案。

我认识一个公交车司机的女儿。她一直梦想成为一名歌星，可不幸的是她长得难看，嘴巴很大还有龅牙。她第一次在公开场合演唱时为了让自己显得高雅些，故意用上唇遮住牙齿，看起来狼狈不堪。这样发展下去，那她就没前途了。

还好现场有一位男士看出了她的遮掩，很直率地告诉她：“你很有唱歌天赋，但是我也看出来了你想遮掩什么，是因为你的牙齿太难看吗？”

女孩儿当时脸就红了，羞愧不堪。男士继续说着：“龅牙又怎么了，不要总想掩饰，大胆张嘴唱歌，你越是遮掩越是引人注意，你越是不在意，观众就会越爱你，现在你讨厌它，将来说不定它能给你带来好运。”

这个叫凯斯·达莱的女孩儿接受了他的建议，登台唱歌再也不遮掩自己的龅牙了。她将全部精力都集中到了演唱上，后来成了家喻户晓的明星，现在有很多人还想模仿她呢。

威廉·詹姆斯曾说过：“我们对人类潜能的使用率还不到10%，我们只是利用了身心资源的很小一部分，我们活在了自己设置的限制中，拥有很多资源，却不知道好好利用。”

既然我们有这么多没被发挥的潜能，又为什么一定要成为其他人呢？你就是这个世界上独一无二的存在，以前没有人和你一样，以后也不会有。

我有资格谈论这个话题，因为我对此有过深切的体会。当我从密苏里州的玉米地来到纽约的时候，我报名参加美国戏剧学院，希望成为一名演员。当时我就有一个自以为是的主意：多研究几个知名的明星，把他们的优点集中起来变成我的，那我不就出名了吗？多么愚蠢的想法啊，为这个想法我浪费了很长时间去模仿别人，最后发现我只能做我自己，成为不了任何其他人。

这么惨痛的教训后，我有没有意识到自己的过错呢？没有，我实在是太蠢了。当我想写一本公共演讲方面的书的时候，我又找来了一批相关书籍，想从中借鉴他们的想法，变成自己的文章。最后发现我又错了，这么做只会让我的文章变得枯燥无味，没人愿意读。

坚持做自己，这也是美国作曲家欧文·柏林给后辈乔治·格希文的忠告。柏林与格希文初次见面时，柏林就已经声名显赫，而格希文还是个无名之辈。柏林欣赏格希文的才华，告诉他，坚持做你自己，总有一天你会出人头地。

格希文接受了柏林的忠告，逐渐成了美国著名的作曲家。

原则 1：不要迷失，坚持做自己。

Section 02
养成好习惯

我们每天都感觉晕头转向的，不是因为工作太多，而是我们没有弄明白自己究竟有多少工作要做，该从哪做起。

下面要说的四点，被公认是能提高工作效率的好习惯。

第一，把你要处理的文件留下，其他文件都整理好。

芝加哥西北铁路公司的董事长罗南·威廉士曾经说过："一个人如果能将堆满文件的桌子清理好，只留下待处理的文件，他的工作效率就能提高很多。"

第二，按照事情的重要程度排序。

查尔斯·卢克曼说："我只知道每天早晨 5 点起床后，就要精心周密地安排自己一天的工作，我会按照事情的重要程度决定做事的先后顺序。"长期以来的经验告诉我们，一个人不可能总是按照事情的重要程度决定做事的先后，但是按计划做事总比随性做事效率高。

第三，当你遇到问题时，尽量在当场果断地做决定。

我有一名学员霍华告诉我，他在担任美国钢铁公司董事的时候，每次开董事会都会花很长时间。会议中他们有很多要讨论的问题，当场能达成意见一致的又很少，所以每次开完董事会，董事们都得抱着一大堆报表回家研究。后来霍华建议每次开会只讨论一个问题，当场就要决议，不耽搁，不拖延。

他们这样做后，取得了惊人的效果。很多陈年旧账都理清了，工作也顺畅起来，董事们不用抱着一大堆报表回家看了，大家不用再忧虑那些没有解决的问题了。

这个办法不仅适用于美国钢铁公司的董事们，也适用于我们。

第四，学会组织和监督。

很多商人自己受累，是因为他们不懂得把责任分给别人，凡事要求亲力亲为，结果势必会有很多琐碎的事让他们心烦。要学会组织和监督，将自己的工作分担出去，分担了权力也分担了责任。

原则 2：好习惯有助于提高工作效率。

Section 03
理性看待批评

1929年，美国发生了一起震惊教育界的大事。全国各地的学者都纷纷赶往芝加哥去看热闹。芝加哥大学新任命了一位校长，这位校长叫罗伯·郝金斯。几年前他半工半读从耶鲁大学毕业，当过作家、家庭教师，做过伐木工人还卖过衣服。8年之后30岁的他成了美国芝加哥大学的校长。老一辈人听说这个消息都直摇头，批评就像泥石流般汹涌。有人甚至在报纸上攻击他，说他经验不足，教育理念不成熟等。在罗伯·郝金斯上任那天，有个朋友告诉他的父亲："我从报纸上看见一篇批评你儿子的文章，写得太过分了。"

"我也看见了，话说得很难听。这却证明了我儿子是多么的优秀，他那是遭人嫉妒。"

有时我们遭到别人的恶意批评，是因为他们这样做能找到自己的存在感，意味着我们已经引起了别人的注意。有些人骂那些比他们教育程度高，或某方面比他们强的人时，能找到满足感。例如当我写这篇文章的时候，就收到了一个女人的来信，她在信中辱骂创建救世军的威廉罗伯·郝金斯·布茨将军。我曾经在节目中表扬过布茨将军，所以这个女人写信给我，说将军侵吞了她募捐给穷人的800万元善款。她纯属无中生有，她这么做就是为了满足自己的虚荣心。叔本华曾说过："庸俗之人喜欢在伟人的错误中获得满足感"。

下面我拿1909年4月6日乘雪橇到达北极，震惊全世界的著名探险家佩瑞海军上将举例说明一下：

几百年来，无数人为了征服北极挨饿受冻甚至丧命。佩瑞也加入了这个队伍中，他几次险些丧命。他的八个脚趾因为冻伤不得不切除，他所遭遇的险境差点儿逼疯他。而华盛顿的海军官员们却因为他受到了重视而心生嫉妒。他们诬告佩瑞，说他借机敛财，其实是无所事事地在北极“逍遥快活”。

如果当时佩瑞坐在华盛顿的海军总部，他还会受到这些批评吗？不会的，那样的他还没重要到遭人嫉妒的地步。

格兰特将军比佩瑞还要惨，让我们看看他经历了什么吧。

1862 年，格兰特将军赢得了一次决定性的胜利，一下子成了全民的偶像。从缅因州一直到密西西比河畔，到处都敲钟点火对他表示庆贺。但是就在这次伟大胜利的 6 周以后，格兰特将军被捕，兵权被夺走了。

为什么格兰特将军在巅峰时刻会被捕呢？恰恰是因为他的成就引发了上级们对他的嫉恨。

原则 3：正确面对批评，那可能是出于嫉妒的反应。

【小结：】

原则 1：不要迷失，坚持做自己；

原则 2：好习惯有助于提高工作效率；

原则 3：正确面对批评，那可能是出于嫉妒的反应。

后　序
出类拔萃的途径

1953 年 1 月的那个寒冷的夜晚，呼啸的寒风没能阻挡人们前行的脚步，2500 多名听众朝着同一个方向走着，他们要去宾夕法尼亚酒店的宴会厅。7 点半，宴会厅里已经座无虚席，8 点的时候，听众依旧在陆续往里走，所有的包厢里都挤满了听众。很快宴会厅里就没有了落脚的地方。这其中有很多是忙碌了一整天的商界人士，他们不顾满身疲惫，在这个拥挤的地方站了一个半小时，是为了什么呢？

他们在等着看时装表演吗，还是自行车比赛，或者是等着看明星克拉克·盖博？错！都不是，他们都是被报纸上的广告吸引而来的。就在此前两天，《纽约太阳报》上刊登了一篇整版广告——学习有效演讲，掌握领导力。

听起来不陌生，这不是新话题，但是在这个全世界精英最多的城市，尽管当时经济萧条，20% 的人口失业，这则广告还是吸引了 2500 多人前来。

这些听众有的是管理者，有的是雇主，有的是各行各业的专业人士。他们来参加的就是一个内容超前，话题新颖的讲座。这个课程就是戴尔·卡耐基精彩演讲及人际关系联合会开设的《有效演讲及影响商界人士》一课。

这 2000 多名商界精英为什么都会来呢？是因为萧条的经济背景需要他们加强学习吗？

不是的。因为在过去的 24 年里，这一培训每季度都在纽约开课，每场都爆满，从戴尔·卡耐基课程毕业的商界人士已有 15000 名。诸多审慎保守的大型集团：西屋电气公司、麦格劳希尔出版公司、布鲁克林联合煤气公司、布鲁克林商会、美国电气工程师协会、纽约电话公司等都邀请过戴尔·卡耐基机构到他们公司，为他们的员工及管理层人士培训。

这些毕业了十几年的学生重新选择通过培训提升自己，可见当下我们的学生教育效率和时效之低。

有一个问题我们必须弄明白，那就是成年人想要学到什么呢？为此，芝加哥大学、美国成人教育协会及基督教青年联合会学校花费了两年时间进行调研。

调研结果证明，年轻人最关心的是健康问题和人际交往的能力问题。他们最想要学习人际交往的技巧。他们不是想要成为演讲家，也不想学习那些刻板的心理学理论，他们需要的是能够在事业上和生活中适用的技巧，这就是他们最渴望学到的东西。

调研人员说："既然是这样，那么我们就给他们提供这样的学习机会吧。"

调研人员找遍了所有的书籍，也没找出一本能够帮助人们解决生活中遇到的人际关系问题的书。

听起来很荒谬，数百年来希腊语、拉丁语和高等数学的著作数不胜数，然而大多数成年人却并不需要这些。人们渴望得到的实用指南，却一本也找不到。

因此 2500 名成年人在报上看到广告后，就满怀热情地奔向宾夕法尼亚酒店宴会厅。很明显，他们来寻找长期以来遍寻不到的答案。

他们还是学生时，认真读书，因为他们相信知识就是力量，是改变自己命运的基石。

但是在经历了职场的摸爬滚打后，他们一下子就醒悟了。他们意识到了那些成功的商界人士，除了拥有知识，还有很多他们不具备的能力，比如说沟通能力、表现自己的能力等。

他们发现，要想成为商界精英，必须在人格魅力和沟通技巧上下功夫，这远比认识个拉丁词语或者拿到一张哈佛毕业证有用得多。

《纽约太阳报》宣称这一讲座会生动有趣，事实也达到了这样的效果。18 位参与过这个课程的学员在台上站成一排，其中的 15 人每人有 75 秒的时间演讲，分享自己的故事，时间一到就会被立刻叫停，下一位上场。

会场的节奏紧凑，内容丰富，观众站了一个半小时，认真观看着。

演讲者来自不同的行业，有销售员、连锁商店老板、烘焙师行业协会主席、银行家、保险经纪人、会计师、牙医、建筑师、专程从印第安纳波利斯来到纽约上课的药剂师，以及一位从古巴的哈瓦那远道而来的律师。他们不辞辛苦远道而来，是为了给自己准备一个十分重要的 3 分钟的演讲。

第一个演讲者叫帕特里克・奥海尔，是盖尔人。他出生在爱尔兰，在读了 4 年书后来到了美国，做过机修工，后来转行做货运司机。

如今他已人到中年，身上肩负着养家糊口的重任，他试着转行做卡车销售，但自卑的心理让他连试一下的勇气都没有。每次他都要在应试单位门前徘徊好久才能鼓足勇气去敲门。用他自己的话说，这简直太要命了。在尝试销售失败后，他打算干回自己机修工的老本行。就在他犹豫不决的时候，他收到了出席戴尔・卡耐基有效演讲课程的机构会议的邀请函。

开始他不打算去，他怕参加的都是年轻的大学生，怕自己站在那尴尬。他已经心灰意冷的妻子劝他说：“帕特，你还是去听听看吧，这会对你有好处的，你一定很需要这样的活动。”听了妻子的劝告，他来到了宾夕法尼亚酒店的宴会厅。在大厅外他站在人行道上呆愣了5分钟才鼓足勇气推门走进去。

之前他在公众场合讲话时，总会紧张得眩晕，但是随着时间的推移，他逐渐摆脱了演讲的恐惧，越发地喜欢讲述自己的观点，他的听众越来越多了。他也不再像从前那样畏惧上司，他开始敢于阐述自己的观点和看法，并因此很快升了职，成为公司中受人爱戴的一分子。这一晚，在宾夕法尼亚酒店，帕特里克·奥海尔轻松地在2000多人面前讲述着自己的转变。从观众席传来的阵阵笑声可见他的演讲多么精彩。

第二个演讲的是一个老银行家，叫戈弗雷·迈耶，他有11个孩子。上学时，他不敢在全班同学面前发言，他会紧张得说不出话来，大脑一片空白。他的经历证明会说话的人往往都能成为精英。

迈耶先生25年来一直住在新泽西的克利夫顿，在华尔街工作。原来他与自己所居住的社区人员不怎么接触，很少参加社区活动，也就认识500个人。

参加了卡耐基的学习后的一天，他收到了税单，账单上的不合理的费用让他很恼火。

以往的他遇到这种情况，一定会生闷气，或者是和邻居抱怨。但是这次不同，他穿戴整齐走出门去，在众市民会议中当众表达了自己的不满。

听完迈耶先生一番慷慨激昂的演讲后，克利夫顿的市民决定推选他为市议会议员。从那之后的数周时间里，他都奔走于各个会场之间，对市民普遍存在的铺张浪费陋习加以抨击。

在竞选的96名候选人中脱颖而出，他的名字——戈弗雷·迈耶，名列榜首。一夜之间，他成了他们那个40000人的社区中的知名人士。他在一个半月的时间里交到了25年前多8倍的朋友，之所以取得这样的成绩，完全得益于他精彩的演讲。

他此前在卡耐基课程上的投资，很快得到了千倍的回报。

第三位演讲者是全国食品生产商协会的一个领导，他告诉我们，他在以前参加董事会时，连站起来表达自己想法的勇气都没有。

在经过学习后，他发生了很大的变化。随后很快就被推举为协会的主席，在美国各地主持会议。他的精彩演讲被美联社专线报道，并在全美国各大报刊上刊载。

他在两年内为公司产品做的宣传比他们此前投入的25万美元的广告费产生的效益还要多，他说，这都是因为他掌握了谈话的技巧。他说此前他从没想过能与曼哈顿的商界名流共进午餐，更没想到演讲能带给他这么多，很多想都不敢想的大人物主动打电话邀约吃饭，还为耽误他的宝贵时间致歉。

交谈的能力就是出类拔萃的途径。掌握了这个能力，就如同把自己置于聚光灯之下，很快就能脱颖而出。

一场成人教育的浪潮在美国疯涨，在这一大潮中最大的推动力量就是戴尔·卡耐基。他是我们国家听过和评论过演讲最多的人。根据雷普利“信不信由你”出品的卡通片显示，经卡耐基评判过的演讲有15万场之多。我来给你分析一下这个数字是多么的惊人，这15万多场意味着自哥伦布发现美洲新大陆以来，每天都有一场演讲。或者说，如果把演讲者召集到一起，每人3分钟，一个接一个地说，卡耐基要日夜不眠地听10个月才能将演讲听完。

卡耐基在职场上摸爬滚打多年，他用自己的亲身经历告诉我们，一个人要对生活充满激情，头脑中要有想法，靠自己的实力一步步迈向成功本身就是一个让人震撼的故事。卡耐基成长在密苏里乡的一个农场里，十分偏僻，离他们家最近的火车道都在十英里以外，直到他12岁的时候，他才第一次见到有轨电车。到了46岁，他的足迹遍布了世界的每个角落，从亚洲的中国香港到欧洲最北部的哈默菲斯特。他可以说是最接近南极的人，比到过美利坚考察站营地的海军上将伯德离南极的距离都近。

这个小时候需要摘草莓和苍耳子赚钱贴补家用的小伙子，每个小时只能赚到5美分的少年，现在是身价倍增的教师，他站在讲台上为大型集团的管理者们传授人际交往的语言艺术。

这个昔日奔跑在南达科他州的西南部农场看管牛群的牧童，会给刚出生的小牛犊打上烙印，此后乘飞机抵达伦敦，给贵族王室演讲。

这个在创业之初搞砸了很多次演讲的小伙子，后来成了我的经纪人，我的成功源于他的培训。

卡耐基小的时候受了很多苦，厄运接连降临密苏里西北的那个老农场。首先是泛滥的洪灾，淹没了百姓的农田，卷走了土壤和干草，紧接着霍乱流行，白白胖胖的猪崽儿接二连三地死亡，后来牛骡市场不景气，价格一路下滑，银行见此情景要收回房屋抵押的贷款。

在经历了一次次打击之后，他们不得不举家搬迁，搬到了密苏里州的瓦伦斯堡，在州立师范院校的附近买下了另一家农场。

那时在镇上寄宿每天只要一美元，可是小卡耐基就连这一美元都拿不出来，他不得不每天都骑马三英里，往返于农场和学校之间。放学回到家，他要挤牛奶、劈木柴、喂猪，做完家务他就借着煤油灯微弱的灯光学习，直到打瞌睡到起不来才能休息。

每天睡觉已经是午夜时分，小卡耐基还是得把闹表设定在每天的凌晨3点。因为爸爸养了几只血统纯正的杜洛克大红猪，猪生了小猪，要将这些小猪养大很不容易，它们怕冷，寒冷的夜晚有被冻死的可能，所以他们把小猪装进篮子用麻袋盖好，把它们放在厨房火炉的后边。小猪凌晨3点需要喂一次奶，小卡耐基就每天三点起来，爬出温暖的被窝，提着小猪来到猪妈妈身边，让小猪吃饱喝足，再把他们送回温暖的火炉旁。

他们学校学生有600多名，住不起镇上房子的人只有6人，戴尔·卡耐基就是其中一个。因为家庭贫困，他每天不得不骑马往返，回到家还要干很多活，他为这样的贫穷感到羞愧，也为自己身上那过小的衣服裤子感到抬不起头。他变得越来越自卑，他想要找到一个让自己出类拔萃的途径。很快他就注意到了学校里有些很有名望的社团——篮球队、足球队的队员们，以及那些在辩论和演讲比赛中获奖的学生们。

卡耐基否定了前者，他清楚地知道自己不擅长运动，于是他把全部精力都投入演讲，他一定要赢得一次演讲比赛。他花了数月的时间准备，抓住一切时机练习。往返的路上背稿子、挤牛奶的时候也练习，背着干草进仓房的时候，对着咕咕叫的鸽子他也练个不停，他的慷慨激昂手舞足蹈吓跑了鸽子。

他已经做了充分的准备，可还是接二连三地失败。那年他18岁，年少轻狂又内心敏感的年纪，他承受不住失败的打击，甚至想过要结束自己的生命。终于，突然有一天，他开始赢了，赢得了每场比赛。

很多同学前来找他，求他传授取胜的方法，按照他教授的，他们都赢了。大学毕业后，他做起了销售员的工作，负责向内布拉斯加州和怀俄明州东部沙丘地带的农场主销售函授课程。无论他怎样激情洋溢地宣传，都没有达到预期目标。有一天中午，他觉得很疲惫，垂头丧气地回到内布拉斯加的住所，他躺在床上，泪像断了线的珠子滑落下来。面对这残酷的生活他想要逃避，他想重新回到校园，但他清楚这都是不可能的。于是他决定换个地方重新开始。

因为付不起火车票钱，他选择了货运列车，给两车厢的野马喂食，用劳动换取免费乘车。到了奥马哈市南部后，他找了一份销售员的工作，帮助阿穆尔公司推销培根、香皂和猪油。

他的销售区域在达科塔州西南部，那里生活着印第安人还有牛群。他每天辗转于马匹、货车、驿站之间，居住在用布料当隔断的窄小房间里。

在这期间，卡耐基读了很多有关销售的书，他骑着烈马去拜访印第安人，与他们打牌聊天，摸透他们的脾气，探索收账的途径。如果杂货店的老板在他那拿了培根和火腿却没有钱支付，他就会在杂货店选一打鞋子抵账，转身把鞋子卖给沿路的铁路工人，再把卖来的钱交给阿穆尔公司。

他会经常坐货车跑到100英里以外的地方，当火车停下来卸货的时候，他用最快速度冲到镇子上，他会找到三到四个商人，说服他们从他手中进货。刚听到鸣笛，他就会用最快的速度跑回火车站，奔向已经开动的列车。

他用了两年的时间改变了这一地区的销售业绩，他们的出货量一下子从原来的倒数第四位跃升到第一位。

阿穆尔公司想给他加薪升职，公司高管对他赞不绝口，说他创造了奇迹。但是卡耐基拒绝了加薪和晋升的机会，辞职来到了纽约。他来到美国艺术戏剧学院学习，在《马戏之花》电影中饰演哈特利博士。

后来他逐渐意识到自己在表演天分上的匮乏，觉得自己永远不能成为布思或是巴里摩尔这样的影坛传奇，于是他重新回到销售岗位，找到了一份在帕卡德汽车公司卖车的工作。

他没有关于机械方面的知识，对机械也没有任何兴趣。这份工作让他感觉力不从心，但他还得逼迫自己完成工作任务。他没有了学习的时间，也没有了时间构思大学时就想写的那本书。最后他受不了了，又辞职了。他决定白天写小说，晚上就去夜校教书解决自己的吃住问题。

到夜校去，能教什么呢？回想起自己的大学时代，他想起了自己的演讲，是演讲带给他信心、勇气、冷静处事和人际交往的能力。大学课堂里所学的所有知识都没有演讲带给他的多。

他恳请纽约的基督教青年会学校给他一个工作的机会，他可以教给从经商者怎样演讲。

荒谬！教经商的人怎么演讲，有什么用！基督教青年会学校不相信这是有意义的事。他们从前尝试过开设类似的课，都没有成功。因此他们拒绝付给卡耐基每晚两美元的薪水，学校承诺如果这课程能够盈利，他们同意给卡耐基分成。接下来的 3 年里，基督教青年会学校付给卡耐基的工资平均下来达到了每晚 30 美元。

这个课程一开课就很快传播开来，在本校迅速传遍其他各个城市。戴尔·卡耐基不仅在纽约、费城和巴尔的摩有巡回的演讲，后来又飞到伦敦和巴黎演讲。多名商界人士慕名前来学习，市面上刻板的学术性强的书本对他们来说没有什么价值。因此卡耐基撰写了一本《公共演讲对商界人士的影响》。这本书后来被作为了基督教青年会、美国银行家协会以及美国信贷协会的官方教材。

戴尔·卡耐基认为，每个愤怒的人都能言善辩。比如说，你把一个人打倒在地，就算他是全镇最愚蠢的人，他也会立刻暴跳如雷，表达自己的愤怒，这时他的口才可能连世界上最能言善辩的威廉·詹宁斯·布赖恩都无法比拟。卡耐基还说，人们一旦有了自信，有想表达的欲望，那么每个人都能成为演说家。

他说，想要增加信心就要大胆地去做自己喜欢但是惧怕的事，不到成功绝不言弃。他在课堂上鼓励他的每一名学员当众发言，因为同学们都面临相同的处境，所以他们彼此之间更加理解和包容，信心和激情在课下都不减。

戴尔·卡耐基让我们知道了，他这一生不只是要教授人们如何做好公众演讲，这只是其中一小项，重要的事，他想要帮助人们树立信心，战胜恐惧。

卡耐基最初只是想单纯地开设一门公共演讲的课程。当他看到报名来的学员都是商界人士，他们已经30多年没有学习了的时候，他决定改变策略，这些学员大部分都用分期付款的方式付学费，他希望自己的课堂能够带给他们立竿见影的效果，希望他所教授的第二天就能被这些商界人士在商务洽谈或者是会议讲话上用到。

就是因为这样，卡耐基要求自己的课程一定要节奏快且实用性强。于是他费心打造了一套独特的培训系统，将公共演讲、销售方法、人际关系以及应用心理学融会贯通，最后取得了惊人的效果。

卡耐基相信世间万物都可变化，他勇敢地创出了一条新路，让自己的课程生动而又有趣。

从他那毕业的学生们，自发组织，数年来一直坚持每月聚会两次。在费城有个由19名学生组成的俱乐部，他们每年的冬季隔一周见一次，17年来一直没间断过。一些学员远道而来听他的课，有一位学员每周都往返于芝加哥和纽约之间。哈佛大学的威廉·詹姆斯教授曾经说过，人们并没有充分发挥自己的潜能，通常被发挥出来的只有10%。戴尔·卡耐基帮助学生们挖掘他们自身的潜能，成为人类历史上成人教育一次影响最深远的变革。

洛厄尔·托马斯

1936年

注：洛厄尔·托马斯（1882—1981年），美国作家、记者、旅行家。代表作《阿拉伯的劳伦斯》，是卡耐基好友。